5594.
H.

HISTOIRE
ET REGNE
DE HENRI II.
ROI DE FRANCE.
TOME SECOND.

HISTOIRE
ET REGNE
DE HENRI II.
ROI DE FRANCE.
Par M. l'Abbé LAMBERT.

TOME SECOND.

A PARIS
QUAI DES AUGUSTINS,

Chez CLAUDE-JEAN-BAPTISTE BAUCHE,
Libraire, à Sainte Génévieve, &
à Saint Jean dans le Desert.

M. DCC. LV.
Avec Approbation & Privilége du Roi.

HISTOIRE
DU REGNE
DE HENRI II.
ROI DE FRANCE.

LIVRE TROISIÉME.

ENRI s'étoit trop ouvertement déclaré en faveur de Jeanne de Suffolc, pour que Marie pût pardonner à ce Prince les oppositions qu'il avoit mises à son élevation; mais elle dissimula son ressentiment, & parut même recevoir avec reconnoissance les complimens que Henri lui fit faire sur son avenement à la Couronne. M. de Noailles qui avoit été renvoyé en

1554.

Négociations pour la paix rendues inutiles.
La Popel. liv. 2. *p.* 52.
Rabutin, liv. 6. *p.* 33.
Annales de France, liv. 6. *p.* 1563.
Lettre de Salignac au Cardinal de Ferrare.

Tome II.   A

Angleterre avec la qualité d'Ambassadeur, fut reçu de la nouvelle Reine avec beaucoup de bonté ; elle le chargea d'assurer le Roi son maître, qu'elle n'oublieroit rien de ce qui pourroit contribuer à entretenir l'étroite union qui depuis quelques années régnoit entre les deux nations ; & elle donna à Sa Majesté les mêmes assurances dans une lettre qu'elle lui écrivit ; mais c'étoit là des promesses sur lesquelles la France ne pouvoit guères compter, & en effet étoit-il naturel de penser que Marie ne se laisseroit point ébranler par les vives sollicitations de son mari & de son beau-pere, engagés dans une guerre sanglante contre la France ; & qui sembloit ne devoir pas finir sitôt. Ce n'est pas que de part & d'autre l'on ne fît de tems en tems des propositions de paix, mais il paroissoit qu'on ne les faisoit que parce qu'on prévoyoit qu'elles ne seroient pas acceptées. Le Cardinal Polus chargé d'offrir aux deux puissances la médiation de Sa Sainteté, les trouva l'une & l'autre peu disposées à se prêter à un accommodement raisonnable. J'ai rapporté

DE HENRI II.

la réponse faite par le Roi aux propositions de l'Empereur ; Henri ne voulut rien rabattre de ses prétentions, & Charles que l'alliance qu'il venoit de faire avec l'Angleterre rendoit plus intraitable encore, rencherit sur les conditions qu'il avoit proposées ; ainsi la guerre se fit tant en Flandres qu'en Italie avec une nouvelle fureur.

1554.

L'armée de France divisée en trois corps, se mit la premiere en campagne. Le gros de l'armée commandé par le Connétable, s'assembla à Creci en Laonois. Ce premier corps étoit composé de vingt-cinq enseignes d'infanterie Françoise, de deux regimens Allemands sous les ordres du Rhingrave, & du Colonel Reiffenberg, de vingt-cinq compagnies Suisses, de quinze cent hommes d'armes, de deux mille tant chevaux légers qu'Arquebusiers à cheval commandés par le Duc d'Aumale qui venoit de recouvrer la liberté. A toutes ces troupes étoient joints deux mille gentilshommes de l'arriere-ban, sous la conduite du brave la Jaille, avec quelques compagnies de

L'armée de France divisée en trois corps se met en campagne. La Popel. liv. 2. ibid. Rabutin, liv. 6. p. 34.

A ij

HISTOIRE
de cavalerie Angloise & Ecossoise.

1554.

Le second corps commandé par Charles de Bourbon, Prince de la Roche-sur-Yon s'assembla à Saint Quentin. Il étoit de neuf à dix mille hommes de pied, la plûpart Picards, de trois cent hommes d'armes, & de cinq à six cent hommes de cavalerie, tant chevaux légers qu'arquebusiers à cheval.

Sous les ordres du Duc Nevers Gouverneur de Champagne, qui commandoit le troisiéme corps d'armée, étoient quatre compagnies d'Anglois & d'Ecossois, vingt enseignes de vieux soldats François qui avoient été tirés des garnisons de Metz, de Toul, de Verdun, d'Ivoy & des autres places des environs, les deux regimens de lansquenets du Comte de Roquendorff, & du Baron de Fontenai avec trois cent hommes d'armes, deux cent pistoliers Allemands, & huit cent chevaux légers & arquebusiers à cheval qui avoient à leur tête le Prince de Condé.

Le Prince de la Roche-sur-Yon ravage l'Artois.

Les troupes ayant été ainsi partagées afin que l'ennemi ne put soupçonner le chemin qu'elles devoient

prendre, le Prince de la Roche-sur-
Yon passa la riviere de Somme, &
alla ravager l'Artois, pendant que le
Connétable feignit de marcher à
Avesnes; & par cette ruse il obligea
les Imperiaux d'abandonner Chimai,
Glaion, Trelon, Couvins, & quelques autres petites places dont il fit
démolir les fortifications.

1554.
*Rabutin,
liv. 6. p. 39.*

 Le Duc de Nevers ne demeura pas
pendant ce tems-là dans l'inaction;
s'étant jetté dans les Ardennes, il
marcha à Orchimont qu'il fit sommer
de se rendre par le Seigneur de Jamets, mais Colas Loys qui commandoit dans la place en l'absence de
Barson qui en étoit gouverneur,
ayant refusé de se soumettre, on fut
obligé de trainer à force de bras du
canon devant ce Château environné
de deux côtés par un rocher escarpé:
à peine les batteries eurent-elles été
dressées, que le commandant accompagné de quelques-uns de ses amis
se sauva par une porte dérobée, &
laissa à la garnison la liberté de capituler. Elle n'attendit pas une seconde
sommation pour battre la chamade.
Hors d'état de se défendre elle se

Expédition
du Duc de
Nevers dans
les Ardennes.
*La Popel.
liv. 2. p. 53.
Belleforet,
liv. 6. p. 1569.*

A iij

rendit à discretion ; Villars & le fort de Jadines n'opposerent aucune résistance ; mais il fallut amener du canon pour forcer le Château de Beaurin, où le Duc de Nevers laissa pour garnison une enseigne de gens de pied avec cinquante arquebusiers à cheval. Je ne dois pas oublier une action qui fait trop d'honneur à ce Prince pour ne pas la rapporter ici. Ayant sçu qu'un grand nombre de femmes & de filles étoient tombées entre les mains de ses soldats : pour les dérober à la violence, il les fit toutes enfermer dans une grange & leur laissa le lendemain la liberté de retourner chez elles ; ayant défendu sous peine de la vie qu'on ne leur fît aucune insulte.

Siége & prise de Mariembourg par les François.
Premiere lettre de Salignac au Cardinal de Ferrare.
La Popel. liv. 2. p. 53.

Cependant le Connétable informé que la garnison d'Avesnes avoit été considérablement renforcée, & que celle de Mariembourg étoit très-foible, fit prendre les devants au Maréchal de Saint-André pour aller reconnoître cette derniere place. Le Maréchal accompagné de deux à trois mille chevaux, de l'infanterie Suisse, & de quelques regimens

François, partit le vingt-deuxiéme de Juin de Maubert-Fontaine avec une partie de l'Artillerie, & fit tant de diligence que le lendemain vers les dix-heures du matin il se trouva devant Mariembourg. Cette marche fut d'autant plus admirable que le Maréchal fut obligé de faire sept grandes lieues au milieu des bois & des forêts, & que les chemins naturellement difficiles, l'étoient devenus encore davantage par les soins que les ennemis avoient pris de les rendre impraticables, soit en les couvrant d'eau dans les endroits voisins des marais, soit en faisant de distance en distance des fossés profonds, ou enfin en coupant de côté & d'autre des arbres dont ils avoient embarrassé les routes. Si ceux de Mariembourg furent épouvantés à la vûe inopinée de nos troupes qui marchoient en bon ordre dans la plaine, ils le furent encore plus le lendemain lorsqu'ils sçurent que Julien Romero, qui leur amenoit du secours avoit été deux fois repoussé : ils ne laisserent pas cependant que de faire bonne contenance ; mais le feu continuel

1554.

A iiij

8 HISTOIRE

1554.

de leur artillerie n'empêcha pas que le Maréchal ne reconnût la place, & que l'on ne dressât les batteries. Le Connétable étant arrivé le lendemain avec le reste de l'armée, on serra la Ville de plus près, & les batteries commencerent à tirer; mais le feu ne dura pas long-tems; la garnison capitula après trois jours de siége, & consentit à rendre la place avec toutes les munitions de guerre & de bouche qui s'y trouvoient; il fut permis aux soldats de se retirer bagues sauves : mais Rinsart, Gouverneur de la Ville, & les autres Officiers demeurerent prisonniers de guerre. Marie Reine de Hongrie, sœur de l'Empereur, & Gouvernante des Pays-Bas avoit donné son nom à cette place, qu'elle avoit eu soin de bien fortifier. Henri voulut qu'elle portât le sien, & elle fut appellée Henri-bourg; mais elle reprit son premier nom dès qu'elle cessa d'être à la France.

Le Roi fait fortifier Rocroi.

Le Roi s'étant rendu au camp le dernier jour de Juin, il visita sa nouvelle conquête, & résolu de la conserver, il ordonna que l'on achevât les fortifications qui avoient été commencées, & que l'on y en ajoutât de nouvelles. Gonnor déja Gouverneur de Metz, obtint encore le gouvernement de Mariembourg, & fut honoré du collier de l'Ordre de Sa Majesté. Le Roi voulut aussi que l'on fortifiât le petit Village de Rocroi situé entre Mariembourg & Maubert-Fontaine, & on laissa dans cette nouvelle place une Enseigne de gens de pied sous les ordres du Capitaine de la Lande.

1554.
Rabutin
liv. 6. p. 80.
La Popel.
liv. 2. p. 84.

Le premier jour de Juillet les troupes du Roi décamperent & marcherent à Givets où s'étoit déja rendu le Duc de Nevers. Ses troupes jointes à celles qui étoient sous les ordres du Connétable formoient une armée composée de dix-sept cent hommes d'armes, de deux mille sept cent chevaux légers, d'un corps nombreux de Pistoliers Allemands, de sept mille cinq cent Suisses, de huit mille lansquenets; de quatorze à quinze mille fantassins François, de quelques enseignes Ecossois, de douze cent chevaux de l'arriere-ban & de mille chevaux de la Maison du Roi.

Jonction des deux armées.
Recueil de piéces du tems.
Premiere lettre de Salignac, datée du 12 Juillet 1554.

1554.

Prise de Château-Thierri, d'Hierre, de Fumai & d'Agimont.

La Popel. liv. 2. p. ibid.
Rabutin, liv. 6. p. 41.

Le Duc de Nevers après la prise du château de Beaurain avoit dépêché le Hérault d'Angoulême aux habitans de Dinant, Ville du pays de Liége, pour sçavoir d'eux s'ils étoient déterminés à garder une exacte neutralité; mais ils eurent l'insolence de répondre, que s'ils avoient en leur disposition le cœur & le foye du Roi & du Duc de Nevers, ils le feroient cuire, & s'en régaleroient avec plaisir, & ne se contentant pas d'avoir fait cette brutale réponse, ils violerent le droit des gens en tirant quelques coups d'arquebuse sur le Hérault & sur ceux qui l'escortoient; le Duc de Nevers qui n'avoit pas assez de forces pour faire le siége de Dinant, ordonna à une partie de sa cavalerie, de passer la Meuse & d'aller investir le château d'Agimont défendu par Evrard de la Marck, bâtard du Comte de Rochefort; & en attendant qu'il eût été joint par l'armée Royale, il se saisit de Château-Thierri que les ennemis furent obligés d'abandonner, & où les troupes du Duc firent un riche butin. Hierge & le château de Fumai tomberent aussi sous la puissance du Roi, & furent pris par Salsede, Commissaire des vivres qui avoit sous ses ordres six Enseignes de gens de pied.

1554.

Sur ces entrefaites l'avant-garde de l'armée du Roi parut devant le château d'Agimont. L'impatiente bravoure des fantassins François ne leur permit pas d'attendre que l'artillerie fût arrivée pour battre la place, ils essayerent de la prendre par escalade, & firent de si grands efforts, qu'ils obligerent les ennemis d'abandonner les remparts; s'étant jettés dans le château, ils passerent au fil de l'épée ce qui leur opposa quelque résistance.

Les deux armées après s'être rafraichies aux environs de Givets jusqu'au septiéme de Juillet, continuerent leur chemin des deux côtés de la Meuse; & allerent camper à la vûe de Bouvines & de Dinant. La premiere de ces deux places fut prise d'emblée par les troupes du Roi. Une partie des habitans fut taillée en piéces. Plusieurs qui voulurent se sauver se noyerent dans la Meuse, ou furent tués à coups d'arquebuse. Ceux qui passerent l'eau à la nage,

Bouvines est emportée d'emblée. Premiere lettre de Salignac. Annales de France, liv. 6. p. 1569.

n'en furent pas pour cela plus heureux. Ils tomberent entre les mains du Duc de Nevers qui les fit irremissiblement tous pendre pour avoir témérairement résisté à une armée puissante commandée par le Roi en personne; Sa Majesté cependant en considération de l'humanité dont les Espagnols avoient usé à l'égard des François à la prise de Terrouane fit grace à un petit nombre d'habitans qui s'étoient retirés dans une tour, & pour mettre leurs femmes & leurs filles à couvert de toute insulte, elle ordonna qu'elles fussent conduites en lieu de sûreté par un Hérault.

Prise de la Ville & du Château de Dinant.
Rabutin, liv. 2. p. 34.
Première lettre de Salignac.
La Popel. liv. 2. p. 54.
Annales de France, liv. 6. p. 1569.

Les Dinantois se défendirent avec plus plus de courage que ceux de Bouvines; ils firent un si grand feu de leur artillerie, lorsque nous voulumes faire les approches, qu'ils nous tuerent beaucoup de monde; le Seigneur de Jamet qui étoit allé reconnoître la place avec le Duc de Nevers, eut son cheval tué sous lui d'un coup d'arquebuse à Croc. Cette résistance des assiégés n'empêcha pas qu'il n'y eut dès le lendemain deux batteries dressées de quinze piéces de canon chacune, l'une en deçà de la Meuse, & l'autre au-de-là du côté du Septentrion. Elles furent si bien servies qu'au bout de deux jours il y eut une bréche de dix pas, mais si haute que l'on ne pouvoit sans témérité essayer d'y monter ; cependant l'Amiral de Coligni qui commandoit l'infanterie Françoise en l'absense de d'Andelot son frere retenu prisonnier, fit résoudre l'assaut ; mais il fut mal secondé par ses gens de pied qui se laisserent honteusement repousser, pendant que leurs Officiers se signaloient par des prodiges de valeur : de ce nombre furent Maugiron, les Capitaines Scurai, Gosse, Gourdes, la Molle & le Fort qui reçurent plusieurs coups de feu. En vain l'Amiral pour animer le courage des soldats François, les exhorta à ne pas dégénérer de la bravoure de leurs ancêtres, & à penser qu'ils alloient acquerir une gloire immortelle, ou se couvrir en présence de leur Roi d'une honte éternelle ; indigné de leur lâcheté, il monte le premier à la bréche ayant avec lui le brave Montpezat qui s'étant saisi d'une en-

1554.
Paradin;
p. 739.
Belcar, liv.
26. p. 858.

seigne, alla la planter sur la muraille; mais cet exemple d'intrépidité ne put engager le soldat à revenir à la charge, & la nuit étant survenue, il fallut se retirer.

Cependant les Dinantois qui n'avoient point oublié l'insulte qu'ils avoient faite au Duc de Nevers, & qui prévoyoient que si leur Ville étoit prise d'assaut on ne leur feroit aucun quartier; implorerent la miséricorde du Roi & capitulerent entre les mains du Duc, qui leur promit que la Ville ne seroit point brûlée, & qu'ils auroient la liberté d'en sortir vie & bagues sauves; & pour leur tenir parole, il fit entrer dans la place les Capitaines Boisse & Duras avec leurs compagnies, & leur ordonna d'empêcher qu'on n'insultât les habitans; mais les Allemands nouvellement arrivés au camp, s'étant imaginé que le Duc vouloit que ces compagnies profitassent seules du butin, escaladerent les murailles, pendant que d'autres enfonçoient les portes de la Ville, & y étant entrés en foule, ils la pillerent, & y commirent les plus grandes violences. Leur fureur ne s'en tint pas là : malgré toute la réſiſtance que les ſoldats François purent leur oppoſer, ils forcerent une Egliſe où les femmes & les filles avec tous les jeunes enfans de l'un & de l'autre ſexe s'étoient retirés : mais le Roi les fit relâcher, & voulut même qu'on leur fournît des vivres, quoique le camp fût aſſez mal pourvû de munitions de bouche.

1554.

La reddition de la Ville entraîna celle de la citadelle, mais ce ne fut qu'après que l'on eût de nouveau foudroyé la place pendant toute la nuit, & que l'on ſe fût mis en devoir d'aller à la ſappe. Floyon, Gouverneur du château, & Hamol, qui commandoit les Allemands vinrent trouver le Duc de Nevers, & conſentirent de ſe rendre, pourvû qu'on leur permît de ſortir avec tous les honneurs de la guerre ; demandes que le Duc ne crut pas devoir leur accorder : tout ce qu'ils purent obtenir fut qu'on leur laiſſeroit leurs épées & leurs poignards avec leur bagage. Julien Romero, qui après avoir inutilement eſſayé de ſecourir Mariembourg, s'étoit jetté avec ſes Eſpagnols dans la citadelle de Dinant, ne voulut pas souscrire à cette capitulation, que sa fierté lui faisoit regarder comme trop honteuse. S'étant donc addressé au Connétable, il lui représenta que son honneur ne lui permettant pas d'accepter les conditions dont on étoit convenu, il demandoit la liberté de se retirer à la tête de ses Espagnols tambour battant & enseignes déployées, prétendant que c'étoit là une distinction que l'on ne pouvoit refuser à ceux de sa nation dont il exagera la valeur en termes magnifiques ; mais toutes ces rodomontades ne servirent qu'à le tourner en ridicule ; cependant comme il ne finissoit point, Bouillon & Rabodanges allerent par ordre du Connétable trouver les Espagnols, & leur proposerent de se rendre aux mêmes conditions qui avoient été acceptées par les Allemands : moins délicats que leur chef sur le point d'honneur, ils se soumirent & capitulerent sans lui : mais Romero ne se rendit pas pour cela ; il demanda qu'il lui fût permis de rentrer dans la citadelle, & osa se vanter de pouvoir

voir la défendre avec le seul secours de quelques amis qui l'avoient accompagné dans le camp des François : le Connétable lui accorda sa demande ; mais ce fut en l'avertissant que conformément aux loix de la guerre, il seroit irrémissiblement pendu si la place étoit prise d'assaut. Sa constance & sa fierté ne purent tenir contre une pareille menace, & il lui en couta la liberté pour n'avoir pas voulu signer les articles qui lui avoient été proposés. La garnison composée de huit cent hommes de troupes choisies fut conduite à Namur. Comme il n'étoit pas possible de conserver Bouvines & Dinant, sans affoiblir l'armée par les garnisons que l'on auroit été obligé de mettre dans ces deux places ; le Roi en fit raser les fortifications.

L'Empereur informé de la reddition de ces deux Villes, ne songea plus qu'à sauver Namur qu'il croyoit menacée d'un siége prochain ; & pour cet effet il mit dans cette place une garnison nombreuse, & donna ordre au Prince de Piemont, devenu Duc de Savoye par la mort de Char-

Les François ravagent le Hainaut. Seconde lettre de Salignac. Rabutin, liv. 6. p. 49. Paradin, p. 801. Belcar, liv. 26, p. 859.

les son pere, de rassembler ses troupes & de venir se retrancher à Givelou, bourg peu éloigné de Namur, & qui est arrosé par la Meuse & par la Sambre; le dessein du Roi étoit de faire passer cette derniere riviere à son armée & d'aller ravager le Hainaut, étant resolu de livrer bataille à l'ennemi, s'il se presentoit pour nous disputer le passage; mais la peur le retint dans ses retranchemens; & toute l'armée traversa ce fleuve sans qu'aucun obstacle eut retardé sa marche. Elle alla le lendemain (vingtiéme de Juillet) camper à Jumets défendu par deux Châteaux qui furent démolis. Ce même jour le Comte de Rokendorff s'étant mis à la tête de son regiment de lansquenets & de la compagnie d'hommes d'armes du Duc de Bouillon, marcha à Nivelle avec deux piéces de campagne; mais la place s'étant trouvée hors d'insulte, il se retira après avoir pillé & brûlé les fauxbourgs.

Le Duc de Savoye Général des troupes ennemies ne put empêcher que le plat païs ne fût mis à feu & à sang; il côtoyoit cependant notre

1554.

La Popel. liv. 2, p. 56.
Annales de France, liv. 6. p. 1569.

armée; mais c'étoit avec cette précaution, qu'il évitoit toute occasion qui auroit pû le mettre dans la necessité d'en venir aux mains; il vit brûler Marimont, maison de plaisance de la Reine de Hongrie, & ne fit rien pour secourir Binche où cette même Princesse avoit fait bâtir un superbe palais, enrichi des meubles les plus précieux, & où brilloit de toutes parts, une magnificence vraiment Royale. Le Roi voulu reconnoître lui-même la place qui n'étoit défendue que par deux compagnies d'Allemands. De Blosses leur commandant ne se rendit qu'après avoir essuyé cinq ou six volées de canon. La Ville & le Palais furent reduits en cendres, après qu'on en eût tiré ce qui meritoit le plus d'être preservé des flammes; le Château de Rœux eut le même sort; aussi bien que Bavais, Ville que l'on croit avoit été bâtie par les Troyens. C'est ainsi que la France vengea les ravages affreux que les troupes de la Reine de Hongrie, commandées par le Comte de Rœux avoient faits en Picardie durant les dernieres campagnes.

B ij

1554.

Le Duc de Savoye dont l'armée venoit d'être renforcée de deux mille Reîtres, conduits par le Duc de Brunswic, & de quelques troupes qu'il avoit tirées de différentes places sembla faire mine de vouloir nous attaquer pendant que nous nous trouvions engagés au milieu du pays ennemi ; nous étions en effet à une distance à peu près égale de Mons, d'Avesnes, de Landreci, de Valenciennes, de Cambrai & du Quesnoi. Le vingt-troisiéme de Juillet nous vinmes camper au-dessous de cette derniere place ; & le lendemain nous traversâmes un vallon qu'un large ruisseau sépare par le milieu. Il ne restoit plus de l'autre côté que quinze cent chevaux de l'arriere garde, commandés par le Maréchal de Saint-André, lorsque ses coureurs vinrent l'avertir qu'ils avoient apperçu un nombreux détachement de cavalerie ennemie ; le Maréchal au lieu de faire passer ses troupes à la hâte, ce qui n'auroit pu se faire sans confusion, les distribua sur une éminence, au pied de laquelle couloit le ruisseau qu'il falloit traverser ; & pour se procurer le loisir d'exécuter le dessein qu'il méditoit, il régla que Lancques & Fregose iroient au devant de l'ennemi, afin de l'amuser par des escarmouches. Elles durerent assez longtems pour que notre cavalerie partagée en petites troupes pût passer sans aucun désordre ; lorsqu'une troupe quittoit le poste qu'elle occupoit sur l'éminence, elle étoit dans le même moment remplacée par une autre troupe qui descendoit à son tour, & alloit se ranger en bataille de l'autre côté du ruisseau, que le Maréchal avoit garni d'Arquebusiers destinés à favoriser le passage ; les Comtes de Saulx, de Suse & de Crussol conduisirent la derniere troupe, ils oserent même faire feu à l'ennemi & le charger. Cette retraite fit d'autant plus d'honneur au Maréchal que la partie étoit plus inégale, puisque sans la belle manoeuvre qu'il fit il se seroit vû enveloppé par plus de six mille chevaux ; & ce qu'il y eût d'admirable c'est qu'il ne perdit pas un seul homme, & que les ennemis en perdirent plusieurs, qui furent ou tués ou faits prisonniers.

On ne doutoit pas que l'ennemi ne se présentât pour livrer bataille & dans cette persuasion on se préparoit au combat; mais au lieu d'avancer il recula, afin d'éviter les occasions d'en venir aux mains. L'armée Françoise après avoir demeuré inutilement un jour à Villei pour y attendre les Impériaux marcha à Crevecœur, dont on ruina les fortifications. Le Cambresis ne fut pas plus épargné que le Hainaut; les malheureux habitans de ces Provinces eurent à souffrir les mêmes incendies, les mêmes ravages, le même dégât.

Siége de Renti.
La Popel. liv. 2. p. 58.
Belleforet, liv. 6. p. 1569.
Rabutin, liv. 6. p. 56.
Troisiéme lettre de Salignac.
Belcar, liv. 26. p. 859.
Memoire de Tavanes, p. 173.
Paradin 804.

Avant que l'armée décampât de Creve-cœur pour marcher à Renti, elle fut renforcée des troupes que commandoit le Prince de la Roche-sur-Yon, qui amenoit du pays ennemi, où il avoit été envoyé pour y faire le dégât, une grande quantité de vivres & de munitions. Le Duc de Vendôme fut détaché avec un corps nombreux de cavalerie & de gens de pied pour aller sommer Renti de se rendre. Cette place une des mieux fortifiées des Pays-Bas, est bâtie au milieu des marécages sur un ruisseau qui remplit un large & profond fossé. D'un côté elle couvre les frontieres de l'Artois, & de l'autre elle confine au Boulonnois où les ennemis faisoient de fréquentes courses; ainsi la perte ou la conquête de cette place ne pouvoit être indifférente pour les deux partis; mais la principale raison qui déterminoit le Roi à en faire le siége, étoit qu'il ne doutoit pas que l'Empereur ne se presentât pour la secourir, & dans ce cas ce Prince ne pouvoit éviter la bataille que Henri étoit bien résolu de lui livrer. Une partie de l'armée de France fut postée au-delà du ruisseau, & l'autre en deçà; & afin de procurer aux deux camps une libre communication, l'on construisit un pont de bateaux, & l'on fit de bons retranchemens qui mettoient les deux camps hors d'insulte; mais une précaution qui échappa au Connétable fut de ne pas se saisir d'abord du Bois-Guillaume, & de n'y avoir pas mis beaucoup de monde pour le garder; comme étant le seul endroit par où les ennemis pouvoient secourir la place assiégée; & il faut ajouter que maîtres de ce poste, ils auroient pû foudroyer les lignes du Connétable. Heureusement le Duc de Guise attentif à tout, répara la faute de ce vieux Officier en plaçant dans ce bois trois cent arquebusiers avec quelques piquiers armés de cuirasses; ayant donné ordre à ceux-ci de se montrer sur les hauteurs, & de se retirer au petit pas dès que les ennemis approcheroient, afin de les attirer dans l'embuscade.

Bataille de ce nom perdue par l'Empereur.
Idem, pag. suiv.

Cependant l'Empereur à la tête d'une armée nombreuse, étoit venu camper entre Marque & Fouquemberg à une lieue de Renti. Ce que le Duc de Guise avoit prévu ne manqua pas d'arriver; deux mille Espagnols eurent ordre de se saisir du bois Guillaume, & de s'y retrancher: mais ils furent si bien reçus par nos arquebusiers qu'ils se virent forcés de se retirer, apres être venu deux fois à la charge. Au point du jour, Gonzague Général de l'armée ennemie sortit de son camp avec quatre mille hommes de pied choisis, deux mille lances, quelques piquiers & sept canons. Après lui venoit

noit le Duc de Savoye à la tête de la cavalerie légere. Les troupes Flamandes commandées par le Comte d'Assaut marchoient ensuite, & elles étoient suivies des Reîtres & des Lansquenets, conduits par le Comte de Vulsensourt & le Maréchal de Cleves. Le Duc de Guise hors d'état de se maintenir dans le poste qu'il occupoit, donna ordre à ses carabiniers de se retirer peu à peu, mais toujours en combattant; & il fit en même tems avertir le Roi, qu'en attendant qu'on lui envoyât du secours, il alloit faire tête à toute l'armée ennemie. Henri qui ne desiroit rien avec plus d'ardeur que le combat, se hâta de ranger ses troupes en bataille dans une plaine longue de cinq cent pas & large de deux cent. L'infanterie Françoise occupa les premiers rangs, l'Allemande les seconds, & les Suisses les derniers. La Gendarmerie fut distribuée à gauche & à droite sur les flancs, & la cavalerie légere avec une troupe d'arquebusiers à pied, commandés par le Duc d'Aumale, fut postée sur les hauteurs de Fouquembert. Cependant la retraite de nos arquebusiers qui avoient abandonné la forêt enfla si fort le cœur aux ennemis qu'ils se crurent assurés de la victoire ; & Gonzague en particulier en doutoit si peu, qu'il fit sçavoir à l'Empereur que l'avant-garde de notre armée ne se défendoit plus que foiblement, & il le pria d'ordonner que le reste de l'armée avançât promptement. Charles sur cet avis se mit à la tête d'une partie de ses troupes, & passa avec elle le vallon qui séparoit les deux camps.

Après bien des momens inutilement perdus par le Connétable, qui sembloit oublier le danger où étoit notre avant garde, il passa enfin le ruisseau avec quelques troupes. Les Suisses ayant demandé selon leur coutume à être soutenus par quelque Gendarmerie, le Roi leur répondit qu'il se croyoit si assuré de leur valeur qu'il vouloit qu'ils combattissent à ses côtés, ajoutant qu'ils les soutiendroit comme ses amis & ses alliés.

Le Duc de Guise quoique bien inférieur en forces à l'ennemi n'hésita pas de le prévenir. Le Duc de Nemours eut ordre de commencer l'attaque avec sa cavalerie légere, qui devoit être soutenue par la compagnie d'hommes d'armes du Duc de Guise & celle du Comte de Tavanes : le choc fut rude, la Noblesse Françoise fit au-delà de ce qu'on devoit attendre de sa bravoure ordinaire; mais malgré tous ses efforts, accablée par le nombre, elle fut obligée de plier. Le jeune Baron de Curton fut tué avec de Forges, Guidon de la compagnie du Comte de Tavanes. Le Vicomte d'Auchi, Randan, Amanzai, Jovi, Bourbilly, Branches, Avence, & plusieurs autres gentilshommes furent dangereusement blessés; mais le Duc de Guise & de Tavanes ayant promptement rallié leurs troupes, & s'étant fait soutenir par la cavalerie légere que commandoit le Duc d'Aumale, ils fondirent avec tant de furie sur les Reîtres, qu'ils les culbuterent sur les Lansquenets Impériaux qui les suivoient, & qui furent mis en déroute, pendant que le Duc de Nevers de son côté attaqua avec un égal succès les arquebusiers Espagnols, qui soutenus de quelque cavalerie s'étoient rangés en bataille à l'entrée du Bois-Guillaume. L'Amiral qui avoit mis pied à terre les poursuivit jusques bien avant dans la forêt & en tua un grand nombre. Le carnage auroit été plus grand si la nuit n'eut fait cesser le combat. Le Duc de Savoye, Gonzague, Granvelle Evêque d'Arras & Chancelier de l'Empereur dûrent leur salut aux ténèbres, à la faveur desquelles ils se sauverent & regagnerent leur camp. Cette victoire ne nous coûta que deux cent hommes, & les ennemis en perdirent plus de deux mille avec dix-sept drapeaux, cinq étendarts, & huit piéces de canon. Le Connétable voulut coucher avant la garde sur le champ de bataille; on lui impute bien des fautes en cette occasion, & l'on prétend que sa lenteur empêcha que l'armée ennemie ne fut entierement défaite; le Comte de Tavannes qui après le Duc de Guise (*a*),

---

(*a*) L'Auteur des Memoires du Comte de Tavannes ne convient pas que le Duc de Guise se soit plus signalé que ce brave Officier. M. de Guise dit-il, *essaye ôter l'honneur à M. de Tavannes, il s'en pare courageusement en ces mots* (M. de Tavannes nous avons

s'étoit le plus distingué dans cette bataille, s'étant présenté devant le Roi avec son épée encore toute teinte du sang de l'ennemi, Sa Majesté l'embrassa tendrement & s'étant arraché le collier qu'elle portoit, elle lui mit au cou. Mendose, Anterwal, Petronien, Cleri & Anois, Colonels des Suisses furent honorés de la même marque de distiction.

Dans l'incertitude où l'on étoit si l'ennemi ne voudroit pas avoir sa revanche le lendemain, une partie de l'armée se tint sous les armes jusqu'au jour, mais ont fut informé par les coureurs que les Impériaux dans la crainte d'être forcés d'en venir une seconde fois aux mains, avoient employé toute la nuit à se couvrir par

fait la plus belle charge qui fût jamais. (le dit sieur de Tavanes ne lui voulant avouer qu'il y eût été), respond (M. vous m'avez bien soutenu.) Après M. de Guise lui mande qu'il s'allast rafraichir, qu'il en avoit besoin, desirant que son escadron demeurast à la teste. Le sieur de Tavanes fin, respond qu'il est en la place que Dieu & son espée lui avoient acquise. Mais Salignac & Rabutin témoins oculaires attribuent à la valeur, & à la sagesse du Duc de Guise le principal succès de cette glorieuse journée.

30 HISTOIRE

1554.

bons retranchemens ; on sçut même que l'Empereur avoit délibéré dans son conseil s'il ne décamperoit pas ; parti qu'il auroit infailliblement embrassé, si Gonzague n'eût sçu piquer sa vanité en remontrant à ce Prince que s'il décampoit le premier il laisseroit aux François toute la gloire du combat, & qu'ainsi l'on devoit attendre quel seroit le succès du siège de Renti.

Ce n'étoit pas l'intention de Henri de se retirer si-tôt ; flatté de l'espérance d'une seconde victoire, il voulut que le Connétable allât reconnoître si l'on ne pourroit pas forcer les ennemis dans leur camp ; mais on les y trouva si bien retranchés qu'il y auroit eu de l'imprudence à les attaquer. On essaya de les tirer de leurs forts, mais ce fut inutilement que notre avant-garde alla se ranger en bataille devant leur camp. Elle demeura dans cet état depuis le point du jour jusqu'à midi, sans qu'ils fissent aucun mouvement.

Levée du siége de Renti.
Rabutin.

La disette de vivres & de fourages, jointe aux maladies dont le camp étoit attaqué, & qui étoient causées par un air infecté, ne permettant pas aux François de continuer le siége; ce fut pour eux une nécessité de songer à la retraite. Mais le Roi avant que de décamper, envoya annoncer son départ à l'Empereur, & lui fit dire que s'il vouloit tenter le hazard d'une seconde bataille, il la lui offroit, promettant de l'attendre pendant quatre heures en deçà de Renti; mais Charles content d'avoir fait lever le siége de cette place, s'en tint à cette avantage dont il ne pouvoit cependant guères se faire honneur, puisque pour conserver une bicoque il avoit perdu une bataille.

1554.

liv. 6. p. 64. Troisiéme lettre de Salignac. La Pop'le liv. 2. p. 60. Belcar. liv. 26. p. 861. Annales de France, liv. 6. p. 1570.

La retraite de l'armée de France se fit en bon ordre, & avec autant de tranquillité que s'il n'y avoit point eu d'ennemis en campagne; son premier logement fut à Montcarvé à une lieue de Montreuil, où elle se rafraichit pendant cinq jours, & elle continua ensuite sa marche vers Ardres & Boulogne où l'on mit de fortes garnisons; le Roi se rendit de là à Compiegne, & laissa le commandement de ses troupes au Connétable qui commença par licencier les Suisses & renvoyer

C iiij

l'arriere-ban : peu de jours après il partit pour la Cour avec le Maréchal de Saint-André, & remit le commandement entre les mains du Duc de Vendôme.

1554.

Ravages faits par les ennemis.
Quatriéme lettre de Salignac.
Rabutin, liv. 6. p. 66.
Belleforet, liv. 6. p. 1570.

Les ennemis informés du départ de nos Généraux, & de la retraite d'une partie de l'armée, se rassemblerent en corps & marcherent vers Hedin. Le Duc de Vendôme ayant sçu que leur dessein étoit d'assiéger Dourlens, passa la riviere d'Authie, & s'approcha de Dampierre ; mais ayant été averti que la cavalerie Impériale avoit pillé & brûlé Auxy-le-Château, & qu'elle avoit défait une troupe de nos chevaux legers qui défendoient le passage de la riviere, il décampa de Dampierre, & s'avança jusqu'à Abbeville qu'il pourvut aussi bien que Dourlens de toutes les choses nécessaires pour soutenir un long siège, & ayant ensuite passé la Somme, il alla se poster à Pontdormi où il fit de bons retranchemens destinés à couvrir le plat pays. L'on ne put cependant empêcher que les ennemis ne s'avançassent jusqu'à Saint Riquiers, après avoir pillé & brûlé tout ce qui se trouva à deux au trois lieues à la ronde ; mais le Duc d'Enguien s'étant mis à leurs trousses avec trois cent lances, & quelque cavalerie legere les serra de si près qu'il leur ôta la liberté de se répandre dans la campagne. Tout le mal qu'ils purent faire se borna à l'incendie de Dampierre, de Douvrie, de Machi, de Machie, de Maintenon & de quelques autres villages ou châteaux qui se trouverent sur leur route ; comme on avoit quelquelque sujet de croire qu'ils en vouloient à Montreuil, le Duc de Vendôme fit entrer dans cette place neuf Enseignes de gens de pied avec six vingt lances tant de sa compagnie que de celle du Maréchal de Saint-André. Cette prévoyance du Duc ayant fait perdre aux ennemis toute espérance de réussir dans leur dessein, ils passerent la riviere d'Authie, & reprenant le même chemin par où ils étoient venus, ils s'approcherent du Mesnil, que l'Empereur avoit ordonné que l'on fortifiât comme devant servir à couvrir le Comté de Saint-Pol & le territoire d'Hedin ; & le Roi de son côté fit fortifier Saint-Esprit

34 HISTOIRE

1554.

de Reux pour l'opposer à cette nouvelle forteresse.

Affaires intérieures de la France. Edits Burfaux.
De Thou liv. 13. p. 468.

La guerre ne se fit pas avec moins de fureur en Italie que dans les Pays-Bas. Le Piémont, la Toscane & l'Isle de Corse furent inondés des troupes des deux partis; ce fut pour Henri une nécessité d'avoir recours à quelques édits qui le missent en état de fournir aux frais d'une guerre si coûteuse. Le Cardinal de Lorraine qui avoit l'administration des finances, conseilla au Roi de créer un grand nombre de charges dont la vente serviroit à remplir le vuide du trésor de Sa Majesté. On doubla donc presque le nombre des Juges du Parlement de Paris (a) & des Présidiaux du Royau-

(a) » Ce Parlement qui avoit été ambulatoire dans son origine, étoit devenu sédentaire sous le régne de Philippe de Valois, l'an 1344. Alors on fixa un certain nombre de Juges pour rendre la justice, & exercer leur charge sans interruption depuis le 11 de Novembre jusqu'au 11 de Septembre. Ils étoient au nombre de cent, la Grand'Chambre avoit trois Présidens, quatre Maîtres des Requêtes, quinze Conseillers Clercs & autant de Laïques. Il y avoit à la Chambre des Enquêtes, appellée vulgairement la

me, & ils furent distribués par semestre; en sorte qu'ils se succédoient les uns aux autres après avoir pris quelque relâche; leur honoraire fut aussi augmenté; on supprima les épices qu'ils recevoient des plaideurs; mais ces changemens n'eurent lieu que pendant trois ans, & les choses furent rétablies sur l'ancien pied lorsqu'on eut vendu les nouvelles charges.

1554.

Le nombre des Secrétaires du Roi qui étoient déjà six vingt fut aussi augmenté, & on le fit monter jusqu'à deux cent. Par un troisiéme édit on permit aux habitans de la Guienne & des Provinces voisines de se racheter des droits de la gabelle, mais cette grace qu'on leur accordoit leur

>> Chambre des Auditeurs du Pays Coûtumier
>> vingt-quatre Conseillers Clercs & dix-sept
>> Laïques; & cinq Clercs & trois Laïques
>> aux Requêtes du Palais, dont on pouvoit
>> interjetter appel au Parlement: en ajoutant
>> à tous ces Officiers les douze Pairs de Fran-
>> ce, on trouve en tout le nombre de cent.
>> Sous François I. on y ajouta vingt Con-
>> seillers, & huit Maîtres des Requêtes. *De Thou, liv. xiij.*

devoit coûter douze cent mille écus qu'ils furent bligés de payer.

Une partie de cet argent fut destinée à l'entretien de l'armée commandée par le Maréchal de Brissac. L'Empereur fatigué des plaintes continuelles que les peuples du Piémont & du Milanès faisoient depuis long-tems contre Gonzague s'étoit enfin déterminé à le rappeller ; & il lui avoit donné pour successeur Suarés de Figueroa, ancien Ambassadeur de Sa Majesté Impériale à Gênes, homme moins propre aux emplois militaires qu'aux affaires du cabinet ; aussi sa mollesse, son indolence, son peu d'expérience firent généralement regretter son prédécesseur, même par ceux qui s'étoient le plus ouvertement déclarés contre lui. La bravoure, la vigilance & l'habileté de César Maggio suppléerent dans bien des occasions à l'incapacité du nouveau Général.

Cet Officier s'étant mis à la tête de l'infanterie Impériale, prévint par sa diligence la Mothe Gondrin qui avoit ordre de se saisir des défilés par où l'on pouvoit jetter du secours

1553.

Affaires de Piémont.
Gonzague est remplacé par Figueroa.
Ribier, Tom. 2. page 485.
Guichenon, p. 669.

Prise de Sommerive par le Comte de la Trinité.
Guichenon, 669.
Villars, liv. 8. p. 375.

dans Valfenieres assiégée par le Maréchal de Brissac, & dans le même tems le Comte de la Trinité prit Sommerive qui fut bientôt après reprise par les François. Bonnivet & François Bernardin chargés de cette expédition firent tant de diligence qu'ils arriverent devant la place peu d'heures après que le Comte de la Trinité se fut retiré à Brai dans l'intention de retourner à Sommerive, si nous entreprenions de forcer cette place ; mais informé par ses coureurs qu'il alloit être attaqué par un détachement de l'armée du Maréchal, il changea de dessein, & pour éviter l'occasion d'en venir aux mains, il repassa la Sture au-dessous de Queiras, & abandonna Sommerive qui se rendit à la premiere sommation.

1553.

Environ ce tems-là Maggio, Gouverneur d'Ulpiano forma sur Turin une entreprise qui fut heureusement découverte par les soins du Président Birague. Ayant fait arrêter un espion qui fut mis à la question, il apprit de lui qu'il avoit été souvent envoyé à Ulpiano par un soldat de la com-

Entreprise sur Turin découverte.
Villars, liv. 5. p. 376.

pagnie du Capitaine Remonet; & celui-ci ayant été pareillement appliqué à la torture, avoua qu'il avoit promis à Maggio de lui livrer un poste sur les remparts par où il lui seroit facile d'introduire des troupes dans la Ville; le Maréchal de Brissac ayant eu avis de cette conspiration envoya à Turin un renfort de quatre cent hommes choisis, & donna ordre que l'on en fît sortir la compagnie du Capitaine Remonet; mais que l'on retînt le soldat coupable, afin qu'il pût donner le signal dont il étoit convenu avec l'ennemi. Le Gouverneur d'Ulpiano suivi d'un nombreux détachement ne manqua pas de se trouver au rendez-vous à l'heure marquée. Six cavaliers de sa suite ayant pris les devants, le soldat François à qui ils devoient s'addresser parut sur les remparts, & leur fit le signe qu'ils attendoient, mais s'étant approchés des fossés, ils furent saisis d'une odeur de mêche qui leur fit soupçonner que l'on se préparoit à bien recevoir leur chef, & sur ce soupçon, ils se retirerent bien vîte, quoique les ténèbres de la nuit les eussent empêchés d'appercevoir quatre cent Arquebusiers couchés sur le ventre, & dont les méches étoient couvertes. Tout l'avantage que Maggio tira de cette entreprise fut de se saisir en retournant à Ulpiano du château de Sivolet bâti sur une montagne à huit mille de Turin. Mais ce poste lui fut bientôt après enlevé. Biron & Montbasin eurent ordre d'assembler les garnisons de Chivas, de Turin, de Quiers & de Montcaillier, & d'aller avec trois cent chevaux serrer cette place de si près qu'elle ne put être secourue. Deux cent hommes de pied qui y avoient été mis en garnison, & qui n'avoient rien oublié pour mettre ce château en un bon état de défense, furent obligés de capituler faute de munitions de guerre & de bouche.

La levée du siége de Valfenieres par le Maréchal de Brissac, consola les ennemis de ce petit échec. La retraite de la flotte Ottomane, & la perte de la bataille de Marciano ayant procuré à Figueroa des renforts considérables, il rassembla toutes ses troupes, & marcha à Valfe-

Levée du siége de Valfenieres par Brissac.
Guichenon, p. 669.

nieres où jusqu'à lors il avoit inutilement essayé de faire entrer du secours. Le Maréchal dont l'armée étoit bien inférieure à celle de l'ennemi, ne crut pas devoir tenter les hasards d'un combat ; mais il ne demeura pas pour cela dans l'inaction, il s'empara de San-Salvadore, & se rendit maître de tout le pays des Langhes. A ces conquêtes il ajouta celle d'Ivrée, place importante qui ouvroit aux Suisses destinés à renforcer notre armée, l'entrée du Piémont, & qui procuroit au Maréchal la facilité d'étendre ses contributions sur le territoire de Pavie l'une des plus fertiles contrées du Duché de Milan.

L'armée composée de sept mille fantassins François, de quatre mille Suisses, de trois mille lansquenets, d'autant d'Italiens, & de douze cens chevaux ne se mit en marche pour cette expédition qu'au commencement de Décembre dans un tems où toute la terre étoit couverte de neige. Bonivet & Louis de Birague allerent investir la place avec douze cent hommes de pied & quatre cent chevaux ;

1554.

Villars, liv. 5. p. 382.

Il se rend maître d'Ivrée.
Paradin, p. 307.
Fastes du Regne d. Henri II. p. 36.
Mémoires de Villars, liv. 5. p. 401.
Belcar. liv. 26. p. 865.
Guichenon, 669.

vaux; & ils furent le lendemain suivis de toute l'armée. Il ne tint pas à Maggio que Morales, Gouverneur d'Ivrée ne mît cette place à couvert de toute surprise; mais son orgueilleuse témérité lui fit rejetter dédaigneusement tous les avis qu'on lui donna; il répondit à Maggio que si on venoit l'attaquer il se sentoit assez fort pour marcher au-devant de l'ennemi; sa présomption n'étoit fondée que sur ce qu'il ne pensoit pas que la Doire pût être gueable au mois de Décembre. Mais il changea de langage dès qu'il vit que l'avant-garde de l'armée Françoise avoit passé cette riviere. Au bout de deux jours il y eut deux batteries dressées, l'une de deux canons qui furent braqués contre le fort Malvoisin, & l'autre de dix canons & de quatre couleuvrines que l'on pointa contre l'endroit de la Ville qui regarde la Doire, & qui étoit le plus foible. A peine le fort eut-il essuyé quatre à cinq volées de canon que l'Officier qui y commandoit capitula, & promit de ne point tirer jusqu'à ce que la Ville se fût rendue, & pour sureté de sa parole, il

Tom. I. D

donna deux ôtâges. La batterie dreſ-
ſée contre les murailles tira avec le
plus heureux ſuccès, & il y eut en
peu de jours une bréche aſſez large.
Dès le lendemain (a) vingt-neuvié-

(a) M. de Thou dit qu'Ivrée ſe rendit le
quatorziéme de Décembre & que le Château
ſe rendit cinq jours après, le Gouverneur
ayant été obligé d'accepter les conditions que
Briſſac lui preſcrivit. Ceux qui liront les Auteurs contemporains, ou de bons anciens
Mémoires, reconnoîtront que M. de Thou
ſe trompe très-ſouvent, & ſur tout par rapport à ce qui ſe paſſoit hors de la France;
pour revenir aux fautes qui ont donné occaſion à cette remarque, j'en découvre trois.
Villars témoin oculaire, dit qu'Ivrée fut
rendue le vingt-neuviéme de Décembre &
non le quatorziéme, comme le dit M. de
Thou; il ajoute que les aſſiégés obtinrent une
capitulation très-honorable, ils ne furent
donc pas obligés d'accepter les conditions
qu'on leur preſcrivit, comme l'aſſure M. de
Thou; enfin il ne fait aucune mention de ce
Château dont parle M. de Thou, qui ne ſe
rendit que cinq jours après; circonſtance eſ-
ſentielle que Villars qui entre dans un grand
détail, n'auroit pas oublié ſi elle eût été véritable. Il parle bien du fort Malvoiſin, qui ſe
rendit après avoir eſſuyé quelques volées de
canon, & c'eſt là peut-être le Château dont
veut parler M. de Thou; mais il ſeroit toujours vrai, qu'il ſe tromperoit par rapport

me de Décembre, l'on se prépara à monter à l'assaut à la faveur d'un grand nombre de planches & de clayes dont on forma une espéce de pont que l'on jetta sur la riviere qui est fort étroite en cet endroit, & qui n'avoit alors que deux pieds d'eau; mais au premier mouvement que firent nos troupes pour aller à la brêche, les assiégés battirent la chamade. Ils durent à la rigueur de la saison qui n'auroit pas permis de continuer long-tems le siége d'une forte place défendue par une nombreuse garnison, la capitulation honorable qu'ils obtinrent; ils sortirent avec armes & bagages, tambour battant & enseignes déployées; mais il fut réglé que toutes les munitions de guerre & de bouche qui se trouveroient dans la place y demeureroient.

1554.

Le fort de Masin bâti sur une haute montagne entre Verceil, & Ivrée se rendit peu de jours après aux mêmes conditions, après avoir essuyé douze cent coups de canon; Bielle, petite Ville mal fortifiée se rendit au tems de la reddition de ce fort ou Château.

Il prend Masin & Bielle.
Villars, liv. 5. p. 40.
Guichenon, p. 969.

1554.

Affaires de Sienne.
Côme se fortifie de quelques alliances.

avant que l'on eût fait aucun effort contre ses murailles.

Mais les avantages que les ennemis remporterent en Toscane, les dédommagerent bien abondamment des pertes qu'ils firent en Piémont. Côme de Medicis, Duc de Florence se voyant abandonné par les Impériaux qui mal menés en Italie & dans les-Bays-Bas n'étoient guéres en état de le secourir, se crut obligé de suppléer par lui-même aux secours étrangers qu'il ne pouvoit plus espérer, & qui lui paroissoient cependant d'autant plus nécessaires qu'il avoit gardé trop peu de ménagemens avec la France pour n'avoir pas tout à craindre du ressentiment de cette couronne. Ainsi il crut qu'il n'y avoit pas plus de risque pour lui à courir, en faisant ouvertement la guerre aux François, que s'il continuoit de secourir foiblement l'Empereur.

Cependant pour se fortifier de quelques alliances dont il espéroit tirer de très-grands avantages, il consentit à donner une de ses filles en mariage au Seigneur Fabiano, neveu de Sa Sainteté. Lanfac Ambaſſadeur de Sa Majeſté à la Cour de Rome, avoit eu ordre de propoſer le mariage d'une Princeſſe du ſang de France avec le même Fabiano; mais la réponſe du Pape à cette offre qui ſembloit flatter infiniment ſon ambition fut qu'il avoit trop d'obligations à Sa Majeſté pour conſentir à une alliance qui ne pouvoit que deshonorer le plus noble ſang de la Chrétienté.

1552.

Côme dans la même vûe d'intérêt maria Iſabelle ſa fille aînée à Paul Jourdain chef de la Maiſon des Urſins qui de tout tems avoit été entiérement dévouée à la France; mais quelque ſecours que le Duc de Florence pût tirer de ces alliances pour s'affermir dans ſa nouvelle domination, il comprit bien qu'étant réſolu comme il l'étoit de déclarer la guerre à la France, il falloit s'il ne vouloit pas être accablé qu'il agît de concert avec l'Empereur, non moins intéreſſé que lui à chaſſer les François de l'État de Sienne. Barthelemi Concini, Secrétaire de Côme fut chargé de cette négociation, & la

Traité de ce Prince avec l'Empereur.
De Thou, liv. 14. p. 476.

1554.

termina au gré de son maître. Il fut réglé que l'Empereur feroit passer en Toscane deux mille Allemands, & autant d'Espagnols avec trois cent lances, & que la solde de ces troupes pendant un an, ou du moins pendant les dix premiers mois seroit prise sur les revenus du Royaume de Naples; que le Duc à son retour seroit chargé de fournir à tous les autres frais de la guerre jusqu'à l'entiere évacuation des François, mais à condition que les sommes qu'il auroit avancées, lui seroient incontinent après remboursées en argent comptant, ou en terres situées dans le Royaume de Naples ou dans le Milanès, & que cependant les places qui seroient prises sur le territoire de Sienne lui seroient données en dépôt pour la sûreté de sa dette.

Il donne le commandement de ses troupes au Marquis de Marignan.

Il ne restoit plus à Côme qu'à mettre à la tête de ses troupes un Général dont l'habileté répondît au zéle qu'il auroit pour son service. Ces deux qualités se trouvant réunies dans Jacques de Medicis, Marquis de Marignan, le Duc de Florence le choisit pour commander son armée;

cet Officier s'étoit fait un grand nom dans les dernieres guerres de Flandres & d'Italie. Mais comme s'il ne lui suffisoit pas de s'être élevé par ses talens militaires ; il eut la sotte vanité de prétendre qu'il sortoit de la même tige que les Medicis de Florence, quoiqu'il ne fût que le fils d'un simple Commis, & osa même prendre les armes de cette illustre maison; non seulement Côme ne s'opposa point à cette usurpation, mais prévoyant les services qu'il pourroit tirer du Marquis, il poussa la complaisance jusqu'à l'honorer du titre de cousin ; & c'est ainsi qu'en flattant son orgueil, il avoit sçu l'attacher à ses intérêts.

La France opposa au Marquis de Marignan un Général d'une valeur éprouvée dans mille occasions ; ce fut Pierre Strozzi fils du fameux Philippe Strozzi (a) qui ayant été

1554

La France oppose Strozzi au Marquis. B. Icar. liv. 26. p. 863. Bellefôret liv. 6, p. 1573.

(a) Il étoit d'une des plus anciennes & des plus riches familles de Florence ; & il fut un des plus ardens à rendre la liberté à sa patrie, par l'expulsion d'Alexandre de Medicis. Voici ce que nous lisons sur ce sujet dans Balsac, Entretien 34, chap. VI, pag. 330. Philippe condamné par le Duc de Florence à Strozzi, mari de Clarice de Medicis, niéce du Pape Leon X. ne pouvant souffrir le régne du Duc Alexandre de Medicis, exhorta Laurent de Medicis son cousin de conspirer contre la vie du Duc Alexandre, & de rendre la liberté à sa patrie. Laurent lui témoigna toute disposition à une entreprise si dangereuse; mais il appréhenda que deux filles qu'il avoit ne courussent risque de leur honneur, à cause de la confiscation de ses biens qui étoit assurée. Philippe répondit à cela que cette appréhension ne devoit pas le retenir, & l'assura que quel que fût le succès de son action, il feroit épouser ses deux filles à deux de ses fils. Ce qui arriva d'autant que Laurent n'ayant sçu recueillir le fruit du meurtre du Duc Alexandre, & s'étant sauvé après le coup; Philippe voulut s'acquitter réligieusement de sa parole, & donna Laodamie de Medicis à Pierre Strozzi, depuis Maréchal de France son fils, & Magdelaine à Robert Strozzi qui est mort à Rome. Le même Philippe après la mort du Duc Alexandre, résista à l'établissement de Côme son successeur, premier Grand Duc de Toscane. Mais ayant perdu contre lui la bataille de Marone près de Florence, il fut retenu prisonnier; & ne pouvant souffrir d'être en la disposition de son ennemi, qu'il croyoit devoir le faire empoisonner ou mourir ignominieusement, se résolut de se tuer de ses propres mains dans sa prison. Avant qu'exécuter cette étrange résolution, il fit son testament, où entre autres dispositions, il or-

portes

DE HENRI II.

1554.

porter sa tête sur un échaffaut, se tua lui-même après avoir conjuré ses enfans de le venger : la haine de Strozzi contre le Duc fut la mesure de l'empressement avec lequel il sollicita le commandement des troupes destinées à protéger les Siennois. Proche parent de la Reine, il représenta à cette Princesse qu'elle ne devoit pas laisser échapper l'occasion qui se présentoit de rentrer en possession d'une souveraineté dont sa Maison avoit été injustement dépouillée ; que le Duc étoit généralement haï de tous ses sujets à cause

donne, & prie ses enfans de vouloir déterrer les os du lieu où on les aura mis dans Florence, & les vouloir transporter à Venise, afin dit-il, que s'il n'a pû avoir le bonheur de vivre dans une Ville libre, il puisse jouir de cette grace après sa mort ; & que ses cendres reposent en paix hors de la domination du Vainqueur. Cela fait il grava avec la même pointe du poignard dont il se tua, sur le manteau de la cheminée de la chambre où il étoit détenu, ce vers de Virgile.

Exoriare aliquis nostris ex ossibus ultor.

Ce que ses enfans exécuterent fidélement, étant venus en France au service du Roi, contre l'Empereur Charles V. qui avoit fondé la domination des Medicis à Florence.

Tome II. E

des impôts exhorbitans dont il les accabloit, & des violences qu'il exerçoit contre la Noblesse ; que les bannis de Florence dont le nombre étoit infini, accoureroient de toutes parts pour se ranger sous les enseignes de la France, dès qu'ils verroient paroître une armée commandée par un chef non moins animé qu'eux à la vengeance ; Catherine de Medicis flattée de l'espérance de recouvrer tout ce que sa Maison dont elle étoit héritiere avoit possédé en Toscane, fut très-ardente à solliciter l'emploi que Strozzi demandoit ; & le Roi persuadé par les mêmes raisons que ce Seigneur avoit exposées à la Reine, se laissa aisément gagner; mais une faute que fit Henri, fut de de ne pas avoir restraint au seul commandement des armes le Généralat de Strozzi. En vain la Duchesse de Valentinois & le Connétable représenterent à Sa Majesté que le Cardinal de Ferrare à qui l'on avoit confié l'administration de l'Etat de Sienne, ne pourroit voir qu'avec peine qu'on ne lui eût réservé aucune portion de l'autorité ; que justement indigné d'un pareil procédé, il n'auroit plus le même zéle à remplir les fonctions de sa charge; ces remontrances ne firent aucune impression sur l'esprit du Roi; Strozzi partit de la Cour sans que son pouvoir eût été réformé. S'étant embarqué à Marseille, il fit voile vers la Corse, & de-là après avoir eu plusieurs conférences avec le sieur de Thermes, Lieutenant de Roi dans cette Isle, il se rendit à Rome par Civita Vecchia; dans l'audience qu'il eut du Pape, il assura Sa Sainteté qu'il n'entreprendroit rien qui pût préjudicier à la tranquillité de l'Italie; que les ordres dont le Roi son maître l'avoit chargé, n'avoient pour objet que le maintien de la liberté des Siennois qui s'étoient mis sous la protection de la France. Strozzi obtint aisément de Jules qui aimoit la paix que la tréve qui avoit été conclue pour Parme & la Mirandole, & qui étoit prête à expirer fût continuée pendant deux années encore.

Cependant les choses tournerent ainsi que le Connétable & la Duchesse de Valentinois l'avoient prévû;

1554.

Jalousie du Cardinal de Ferrare contre ce Général.

dès que Strozzi fut arrivé à Sienne, le Cardinal de Ferrare offensé de se voir privé de la direction absolue des affaires, ne put s'empêcher de laisser éclater sa jalousie, & l'on ne fut pas long-tems sans s'appercevoir de son relâchement dans l'exercice de sa charge, sur-tout par rapport à la conduite des finances. Ce n'est pas que Strozzi ne fît ce qu'il pût pour se concilier l'amitié du Cardinal; non seulement il le prévint en tout, mais il lui abandonna toute l'autorité civile, & affecta même de ne paroître que rarement à Sienne pour donner moins d'ombrage à ce Prélat, & tous ces ménagemens furent inutiles.

Pendant que la mésintelligence régnoit entre les deux chefs, le Général ennemi profitant de l'absence de Strozzi qui étoit allé visiter Grosseto que l'on croyoit menacé d'un siége, s'approcha de Sienne, & à la faveur de la nuit, il s'empara d'un fort qui avoit été élevé près de la porte Camolia. Camille Bentivoglio qui commandoit dans la place sous les ordres du Cardinal de Ferrare, voulut sortir à la tête d'un nombreux détache-

1554.

De Thou, liv. 14. p. 477.

Siége de Sienne par le Marquis de Marignan.
Belcar. liv. 26. p. 863.
Gestes de Henri II. p. 38.

DE HENRI II.

ment pour reprendre ce poste ; mais le Cardinal sous prétexte que cette sortie pourroit occasionner quelque sédition dans la Ville, s'opposa à cette résolution ; ainsi les ennemis eurent tout le tems de se fortifier dans le poste dont ils venoient de s'emparer, & d'où l'on pouvoit battre la Ville de Sienne à coups de canon.

1554.

Ce fut là le premier acte d'hostilité de la part du Duc de Florence. Je supprimerai l'ennuyeux détail d'une foule d'actions peu importantes ; je ne rapporterai que les événemens militaires les plus intéressans ; tels furent la journée de Chiusi, la bataille de Marciano & le fameux siége de Sienne.

Santiacco, Gouverneur de Chiusi avoit obtenu du Duc de Florence, dont il étoit sujet, l'abolition de quelques meurtres & de plusieurs autres crimes dont il s'étoit rendu coupable ; & pour reconnoître une si grande faveur il avoit promis au Duc de tuer Strozzi ; mais gagné par les caresses de ce Seigneur, il s'étoit depuis attaché à son service, & ne

Défaite des Impériaux à la journée de Chiusi.
Belleforêt, liv. 6. p. 1570.
Belcar. liv. 26. p. 863.
Gestes de Henri II. p. 38.

E iij

cherchoit que les occasions de lui témoigner son zéle; le hazard lui en présenta une qu'il ne laissa pas échapper. Ascagne de la Corne neveu du Pape & Général de l'Infanterie Italienne informé des secrettes intelligences que Santiacco entretenoit avec le Duc de Florence ne douta pas qu'il ne pût aisément l'engager à lui livrer la place où il commandoit: Santiacco ne fit en effet aucune difficulté de promettre ce qu'on lui demandoit; & il convint que ce seroit la nuit du Jeudi au Vendredi Saint qu'il effectueroit sa parole. La seule condition qu'il exigea fut qu'Ascagne ne vint accompagné que de quatre cent hommes; mais Ascagne pour ne s'exposer à aucune surprise, résolut de mener avec lui la plus grande partie de l'armée; Rodolphe Baglioni, un des Officiers Généraux du Duc de Florence voulut être de la partie; mais elle n'eut pas à beaucoup près le succès que les ennemis s'en promettoient. Strozzi instruit par Santaccio de tout ce qui se passoit, rassembla huit cent Mousquetaires choisis & toute sa cavalerie, & leur ordonna d'aller se mettre en embuscade à Sarteano proche Chiusi. Ascagne avec ses troupes se trouva au rendez-vous à l'heure marquée, mais il fut reçu tout autrement qu'il n'espéroit. Le mot de *France* qu'il entendit crier dès qu'il parut, lui fit comprendre qu'il avoit été trahi. L'unique ressource qui lui restoit étoit de chercher son salut dans une prompte retraite ; mais pour n'avoir pas eu la précaution de s'assurer d'un pont par où il devoit passer à son retour, & dont nos troupes s'étoient déja emparées ; il ne put éviter le combat. Nos troupes qui étoient en embuscade ayant attaqué par devant, & la garnison de Chiusi par derriere, les ennemis furent bientôt défaits, tous leurs gens de pied furent ou taillés en piéces ou faits prisonniers. Leur cavalerie ne fut guéres mieux traitée ; à peine purent-ils sauver quatre-vingt chevaux légers ; Boglioni fut tué d'un coup de mousquet, & Ascagne (*a*) tomba entre les mains des ennemis.

(*a*) On lit dans M. de Thou que lorsque la nouvelle de cette défaite fut apportée à Jules

HISTOIRE

1554.

Le Prieur de Capoüe rentre au service de France; mort de ce grand homme.

Annales de France, liv. 96, p. 1570.
Gestes de Henri II, p. 392.

Ce fut peu de tems après cette défaite des ennemis que Leon Strozzi, Prieur de Capoue, gagné par les sollicitations du Maréchal son frere, rentra au service de France. En vain Omedes Espagnol, Grand-Maitre de Malthe & Dom Jean de Vega, Vice-Roi de Sicile lui firent les offres les plus séduisantes pour l'engager à s'attacher au parti de l'Empereur; l'espérance de rendre la liberté à sa patrie lui fit rejetter toutes les propositions avantageuses qu'on lui put faire. Après avoir attendu inutilement pendant un mois les secours qu'on lui préparoit dans les ports de Marseille & de Toulon, & qui devoient venir le joindre à Portereolé, pour ne pas demeurer plus long-tems dans l'inaction, il équippa trois galeres sur lesquelles il fit monter trois enseignes de gens de pied, & s'approcha du château d'Escarling place

III. oncle maternel d'Ascagne de la Corne, il la reçut en plaisantant à son ordinaire, & que faisant allusion au nom de Santaceio, qui signifie en Italien un petit Saint, il dit qu'il s'étonnoit que son neveu, qui ne croyoit ni en Dieu, ni aux grands Saints du Paradis, eût été assez sot pour croire un *Santaceio*.

dépendante de l'Etat de Piombino, qui n'étoit défendue que par une garnison de quatre-vingt soldats; sur le refus qu'elle fit de se rendre, le Prieur (a) ordonna qu'on tirât trois

1554.

(a) » Ce Prieur de Capoue, dit Brantome, a
» esté un aussi Grand Capitaine de mer com-
» me son frere de la terre, de sorte que tous les
» ports, les costes & les mers de Levant re-
» sonnent de lui, tellement que son nom
» les remplit encore. Son premier avene-
» ment fut lorsqu'il vint servir la France,
» lorsque Barberousse vint en la mer de Pro-
» vence & qu'il assiégea la Ville de Nice, là
» où il alla bravement à l'assaut avec sa
» troupe de Florentins, depuis le Roi Fran-
» çois le prit en grande opinion & amitié;
» & le Roi Henri venant à la Couronne,
» mondit sieur le Prieur eut ordre d'aller fai-
» re la guerre en Ecosse, là où il la fit fort
» bien avec ses vaisseaux, & surtout fit très-
» bien, quand il prit le fort Château de la
» Ville de Saint André : voici le tombeau
» que lui fit M. du Bellay, (comme à son
» frere) en Latin, dont la substance est telle.
« Moi, ce grand Capitaine, Leon Strozze,
» je ne gis ici dans ce vase; car un si petit
» vase ne sçauroit comprendre un si grand
» homme, la terre ne me comprend non
« plus; mais une gloire plus grande que la
» terre m'a enlevé au Ciel, comme un bel
» astre pour les Nautonniers, afin que com-
« me jadis les eaux ont porté & soutenu mes
» vaisseaux, & ployé sous moy, maintenant

canons des galeres ; & voulut aller reconnoître la place. Mais à peine eut-il fait quelques pas qu'il reçut dans l'aîne un coup de mousquet, tiré par un Paysan caché derriere une haye. Ainsi périt à l'âge de trente-neuf ans le meilleur homme de mer qui fût en Europe après le célébre André Doria.

Le Duc de Somme qui avoit accompagné Strozzi dans cette malheureuse expédition ayant fait approcher le canon de la place, la garnison n'attendit pas une seconde sommation pour se rendre. Montluc nommé par la Cour pour succéder au Cardinal de Ferrare qui s'étoit retiré, arriva en Toscane deux jours après la prise d'Escarlin.

Bataille de Marciano perdue par les François.
Montluc, liv. 3. p. 30.
Gestes de Henri II. p. 39.
Belcar, liv. 26. p. 863.
Belleforêt, liv. 6. p. 1571.

Cependant les ennemis qui n'osoient se promettre de prendre Sienne de force, continuoient de serrer cette place de près dans l'espérance de l'affamer. Strozzi pour les obliger de s'en éloigner, alla attaquer

» il me plaît être Dieu de la mer. Allez donc
» vous autres, qui viendrez après & qui au-
» rez ma charge, allez hardiment sur les
» eaux, car je vous y prépare & dresse un
» bon chemin & très-sur.

quelques places du Duc de Florence, ne doutant pas que le Marquis de Marignan ne reçût ordre d'aller les secourir, ce qui arriva en effet. Nos troupes après s'être emparées de Laterina, de Fera, d'Oliveto, de Foiano, de Marciano & de quelques autres petites places, allerent mettre le siége devant Civitella ; mais à l'approche de l'armée ennemie elles se retirérent. Cette armée bien supérieure à la nôtre, étoit composée de douze mille hommes de pied Napolitains, Siciliens & Corses ; de deux Regimens Allemans, de six mille Italiens, de douze cent chevaux légers, & de trois cent hommes d'armes. Strozzi n'avoit avec lui que deux mille chevaux sous les ordres du Comte de la Mirandole, six mille Italiens, dix compagnies d'Allemands, autant de Grisons, & quatorze compagnies d'infanterie Françoise ; cette inégalité de forces ne l'empêcha pas de marcher à l'ennemi, qui après avoir repris Marciano, faisoit le siége de la citadelle. Les deux armées n'étant separées que par une vallée, il n'étoit pas possible qu'il

HISTOIRE

1554.

n'y eût de fréquentes escarmouches; il s'en fit une entr'autres qui dura huit heures, & qui ne fut distinguée d'une action générale que parce que toutes les troupes n'y combattirent pas toutes à la fois.

Cependant les deux camps souffroient presque également de la disette d'eau, & à cette incommodité étoit jointe celle d'une chaleur excessive; ainsi c'étoit une nécessité de décamper. Deux raisons déterminerent Strozzi à se retirer le premier, l'une étoit, que les vivres commençoient à lui manquer; l'autre que vingt-quatre mille écus d'or qui lui venoient de Venise & qui étoient destinés à payer ses troupes avoient été enlevés par le Comte de Bagni, Pensionnaire de l'Empereur. Cet argent cependant étoit d'autant plus nécessaire au Maréchal dans la conjoncture présente, que les Grisons de son armée corrompus par le Marquis de Marignan qui leur promettoit double paye, s'ils vouloient passer dans le camp Impérial, ne paroissoient que trop disposés à une prochaine révolte; mais cette retraite devenue nécessaire, le

Maréchal de Strozzi vouloit la concilier avec son honneur, il s'agissoit de sçavoir s'il la feroit de jour ou de nuit. Montluc qu'il consulta la dessus le conjura très-instamment de ne rien donner au hazard, & pour l'engager à prendre le parti le plus sûr, il lui rapporta l'exemple de plusieurs grands Capitaines qui n'avoient pas cru se deshonorer en se retirant à la faveur des ténèbres. Strozzi s'en tint d'abord au conseil de Montluc ; mais persuadé par les raisons de Thomas d'Elbenne, il changea bien-tôt de sentiment, & se fit un point d'honneur de se retirer en plein jour à la vûe d'une armée d'un tiers plus forte que la sienne ; toute la précaution qu'il prit pour que rien ne retardât sa marche, fut de faire partir son artillerie & le gros bagage la nuit du second d'Août, & le lendemain matin il sortit de ses retranchemens. Le Général ennemi informé de ce mouvement, détacha deux mille fantassins Espagnols avec soixante maîtres, pour harceler l'arriere-garde de notre armée, en attendant qu'il pût joindre avec toutes ses troupes. Stroz-

1554.

zi quoique obligé de faire face de tems en tems au détachement ennemi, continua heureusement sa marche, & ne s'arrêta que lorsqu'il fut descendu dans une vallée spacieuse, divisée par un fossé large & profond, qui recevoit les eaux de toutes les montagnes voisines. Ce fut au-delà de ce fossé dont il prétendoit disputer le passage à l'ennemi, qu'il rengea son armée en bataille : à la droite furent placés les Lansquenets, ayant d'un côté l'infanterie Grisonne & de l'autre l'infanterie Françoise. Les Italiens occuperent la gauche, & sur les aîles furent distribués les hommes d'armes, & les chevaux légers.

Le Marquis de Marignan divisa son armée en trois corps, dont chacun étoit tout entier composé de fantassins d'une seule nation ; le premier étoit d'Espagnols, le second d'Allemands, & le dernier d'Italiens. La Gendarmerie, & la Cavalerie légere fut de même que dans l'armée Françoise distribuée sur les aîles.

Jean de Luna & Marc-Antoine Colonne, qui commandoient l'avantgarde de l'armée ennemie firent la premiere attaque. S'étant mis à la tête de leur cavalerie ils passerent le fossé, & fondirent avec impétuosité sur celle de France qui étoit sous les ordres du Comte de la Mirandole. Bigueli, Guidon du Comte, soit par trahison, soit par lâcheté, prit honteusement la fuite; & entraina sa troupe après lui. Strozzi désesperé du malheureux succès de ce premier choc, se distingua par des prodiges de valeur. Blessé en trois endroits, renversé de son cheval, après en avoir eu un tué sous lui, il monta sur celui de Montacuti banni de Florence, son ami particulier, & fit les plus grands efforts pour rallier sa cavallerie; n'ayant pu en venir à bout, il accourt à son infanterie prête à s'ébranler, & par sa présence & par ses discours, il l'encourage de telle sorte qu'il l'engage à attendre de pied ferme les Impériaux. Le Marquis de Marignan jugeant par la posture de cette infanterie qu'il ne lui seroit pas facile de l'enfoncer, fit avancer quatre piéces d'artillerie pour la rompre; dès qu'il vit qu'elle s'ébranloit, il la fit attaquer par son infanterie Espagnole, qui fut d'abord

1554.

1554.

repoussée ; mais obligée de se défendre tout à la fois & contre les Lansquenets Impériaux, & contre la cavalerie du même parti qui la prit en flanc, elle fut enfin obligée de plier après deux heures d'un combat opiniâtre ; il fallut que les amis de Strozzi lui fissent un espéce de violence pour l'obliger de se retirer ; tout couvert de blessures à peine eut-il assez de forces pour gagner Lucignano, où il rassembla les débris de son armée.

Selon Montluc nous pérdimes dans cette bataille quatre à cinq mille hommes, & six cens furent faits prisonniers. De ce nombre furent Fouquévaux qui combattit successivement avec distinction à la tête de la cavalerie & de l'infanterie ; Paul des Ursins, les Comtes de Cajazzo & de Tienne, un Bentivoglio & Masin d'Eibenne ; mais ce dernier étant tombé entre les mains du Comte de Santa-Fioré, son ami, fut relâché. Clermont, Montbason, Gino, Caponi, Valere Bentivoglio, Colonel de l'infanterie Françoise, & plusieurs autres Officiers de marque perdirent

perdirent la vie dans le combat. La perte que firent les Impériaux n'égala pas à beaucoup près la nôtre; ce fut à l'occasion de cette célébre victoire gagnée par les ennemis que le Duc de Florence institua l'Ordre de Saint Etienne, parce que la bataille se donna le jour même que l'Eglise célébre l'invention du corps de ce saint Martyr.

1554.

La reddition de la citadelle de Marciano fut une suite de la défaite de notre armée; Lucignano où Strozi s'étoit retiré, & dont il s'étoit fait porter à Montalcino, se rendit par la lâcheté de Conti qui se retira à l'approche de l'ennemi, quoiqu'il eût promis de tenir ferme pendant quelque tems. Sa lâcheté ne demeura pas impunie; Strozzi lui fit trancher la tête, & Bigueti fut puni du même supplice. Toute notre artillerie qui la veille avoit été conduite à Lusignano tomba entre les mains des ennemis.

Prise de Marciano & de Lucignano par les Impériaux. Belcar. liv. 26. p. 864. Gestes de Henri II. p. 40. Belleforet, liv. 6. p. 1571.

L'armée victorieuse ne trouva jusqu'à Sienne aucune place qui l'arrêtât sur sa route. L'embarras des Siennois étoit d'autant plus grand que

Lansac est fait prisonnier. Montluc, liv. 3. p. 460.

Tom. II. E

Montluc si dangereusement malade qu'on désespéroit de sa vie, ne pouvoit plus depuis quelque tems veiller à la défense de la place. Strozzi dans une si fâcheuse conjoncture eut recours à Lansac qui étoit allé continuer son ambassade à Rome; & le pria de venir se renfermer dans Sienne. Lansac s'étant rendu à Montalcino, en partit la nuit n'étant accompagné que de deux guides & d'un valet; mais son malheur voulut qu'il fût pris par les ennemis qui l'ayant remis entre les mains de leur Général, celui-ci le fit conduire à Florence où Lansac demeura long-tems en prison.

Strozzi se jette dans Sienne.
Gestes de Henri II. p. 40.
Montluc, liv. 3. p. 51.

Strozzi retenu au lit par ses blessures qui n'étoient pas encore fermées, n'eut pas plutôt appris cette infortune que bravant les dangers où il alloit exposer sa vie, il se fit monter à cheval, & partit de Montalcino à l'entrée de la nuit, n'étant accompagné que de trois enseignes de gens de pied, & de deux compagnies de cavalerie. Arrivé à Crevoli il prit avec lui trois autres enseignes de gens de pied, & se fit suivre par cent bêtes de somme chargées de vivres. Mais son départ ne put être si secret que le Général ennemi n'en fût informé, & là-dessus il vint se mettre en embuscade à Sontebrandi avec une partie de ses troupes. Strozzi n'étoit plus qu'à un mille de Sienne lorsqu'il se vit tout à coup enveloppé. Sa cavalerie & son infanterie épouvantées par une attaque si imprévûe se dissiperent bientôt; renversé de son cheval par ses gens mêmes qui fuyoient en désordre, il se traîna vers des masures où il se tint caché avec l'Evêque de Montalcino qui l'accompagnoit; la présence d'esprit de Serillac neveu de Montluc tira son Général d'embarras. Sa prévoyance lui avoit fait porter avec lui plusieurs trompettes qui ayant sonné toutes à la fois les ennemis ne doutant pas qu'ils n'allassent avoir sur les bras toute la cavalerie Françoise se disperserent, & laisserent à Serillac le tems de rallier les fuyards, & de rassembler les bêtes de charge; Strozzi étant remonté à cheval continua son chemin, & arriva à Sienne avant que

F ij

les ennemis se fussent apperçus de leur erreur.

Montluc contre toute espérance commençoit à être hors de danger; & ses forces revinrent insensiblement; Strozzi après avoir passé douze jours à Sienne, en partit secrettement, & reprit la route de Montalcino où il arriva heureusement, non sans avoir couru bien des dangers.

Rien de plus admirable que les mesures que prit Montluc pour empêcher que l'ennemi ne réussît dans le dessein qu'il avoit d'affamer la place: le pain de munition qui étoit de vingt-quatre onces fut d'abord réduit à vingt pour les Allemands & à quinze pour les Italiens comme étant plus sobres; l'on dressa un état exact de tous les vivres qui étoient dans la Ville & qui dès lors ne furent plus distribués que par poids & mesures; les Bourgeois se soumirent aux mêmes loix que le soldat, & on les vit pousser l'œconomie jusqu'à se refuser souvent le nécessaire.

Assaut donné à Sienne.

Tant de fermeté & de constance

de la part des assiégés, fit comprendre au Général ennemi qu'il falloit tenter une autre voie que celle de la faim pour hâter la reddition d'une place défendue par des gens résolus de se défendre jusqu'à la derniere extrêmité. Le Duc de Florence de son côté, las de fournir aux frais d'une guerre qui l'épuisoit, ne souffroit qu'avec peine que le siége traînât en longueur; & il ne cessoit de presser le Marquis de donner un assaut général à la place. Le Marquis s'y détermina enfin ; mais avant que d'en venir là, il voulut essayer s'il ne pourroit pas surprendre la citadelle & le fort de la porte Camolia par une escalade. La veille du jour même destiné à cette entreprise, il envoya à Montluc par un trompette la moitié d'un cerf, six chapons, six perdrix, six flacons d'un excellent vin, & six pains blancs pour son dîner de la fête du lendemain qui étoit le jour de Noël; *mais cependant que le Marquis me caressoit avec ses présens lesquels je payois en grands mercis, il pensoit bien*, dit Montluc, *à me faire un autre festin, car la nuit même envi-*

1554.

par le Marquis de Marignan.
Montluc, liv. 3. p. 70.
De Thou, liv. 14. p. 535.
Gestes de Henri II. p. 41.

ron une heure après minuit il donna l'escalade avec toute son armée. Les Allemands Impériaux & les Espagnols se présenterent devant la citadelle & y dresserent leurs échelles ; mais il arriva qu'elles se trouverent trop courtes. Cet obstacle n'empêcha cependant pas que cinq ou six soldats des plus courageux & des plus agiles ne se guindassent sur la muraille, & ne forçassent les Allemands qui gardoient ce poste ; mais Montluc dont la prévoyance s'étendoit à tout, avoit heureusement réglé quelques jours auparavant qu'une compagnie de Bourgeois plus intéressés que des Etrangers à veiller à la sûreté de leur Ville, se tiendroit à portée de secourir les Allemands en cas de surprise, & ce fut cette compagnie qui sauva la citadelle en taillant en piéces ceux des ennemis qui y étoient entrés.

L'attaque du fort de la porte Camolia réussit mieux aux Impériaux. Saint-Aubin à qui la garde de ce poste avoit été confiée s'étoit contenté d'y laisser son Lieutenant, jeune homme sans expérience, qui à la vûe de l'ennemi prit l'épouvante, & s'enfuit avec fa troupe; fa lâcheté fut imitée par quatre foldats qui étoient dans une tour voifine; trois d'entre eux fe jetterent du haut en bas; & le quatriéme que Montluc foupçonnoit avoir été corrompu par le Marquis, tendit la main aux ennemis, afin de leur aider à monter. Le Comte de Cajazzo & Corneille Bentivoglio à la tête d'une troupe de Bourgeois défendirent courageufement la porte Camolia jufqu'à l'arrivée de Montluc qui craignant que les ennemis n'euffent quelque intelligence dans la Ville, fit publier dans tous les quartiers qu'ils avoient été repouffés, afin d'empêcher que leurs partifans ne fe déclaraffent: fur ces entrefaites Saint-Aubin s'étant préfenté, Montluc s'avance vers lui l'épée à la main, & le menace de la lui paffer au travers du corps s'il ne répare par quelque action hardie la faute qu'il avoit faite en abandonnant fon pofte. *Ou tu fauteras le premier dans le boulevard,* lui dit-il, *où tu es mort à l'inftant même.* Saint-Aubin ne s'en fit pas dire davantage: ayant invité les Capitaines Luffan,

1554.

Blacon & Combas ses amis à le suivre, il se jette à corps perdu au milieu des ennemis ; quinze à vingt soldats des plus déterminés de la garnison, le suivirent de près ; Montluc lui-même, Bentivoglio & le Comte de Cajazzo braverent les mêmes périls. Ce combat fut d'autant plus meurtrier que le lieu où il se fit étant fort resserré, l'on ne pouvoit se servir d'autres armes que de l'épée ou du poignard. Une partie des ennemis fut tuée, & l'autre fut précipitée dans les fossés.

Il ne restoit plus à reprendre que la tour dont les Impériaux s'étoient emparés ; le Capitaine Charri quoiqu'il ne fût pas encore gueri d'une blessure qu'il avoit reçue à la tête fut chargé de cette commission, & il l'exécuta plus heureusement qu'on n'auroit pensé.

Cependant environ à trois heures après minuit le Marquis de Marignan à la tête de toutes ses troupes éclairées par cent cinquante torches, se présenta pour soutenir ceux qui formoient l'attaque en dehors. Mais Montluc ayant distribué deux cent Arquebusiers

Arquebusiers Siennois sur le rempart, & ordonné qu'on amenât deux canons à la faveur des flambeaux que les ennemis avoient apportés, l'on fit sur eux un feu si vif & qui fut continué jusqu'au point du jour, que le Marquis fut obligé de se retirer après avoir laissé dans les fossés six cent de ses meilleurs soldats, & de notre côté nous n'eumes que cinquante hommes tués ou blessés.

Cet avantage remporté sur les ennemis ne contribua pas peu à confirmer le Marquis dans le dessein qu'il avoit d'abord formé de réduire la place par famine; mais l'Empereur & le Duc de Florence ne furent pas de son avis, & il lui fut ordonné de tenter à quelque prix que ce fût le hazard d'un assaut général, & pour cet effet on lui renvoya un renfort de vingt-huit piéces de gros canon; ce qui intimida si fort les Siennois qu'ils s'assemblerent au palais pour y délibérer s'ils ne préviendroient pas par une honorable capitulation l'assaut dont ils étoient menacés. Mais Jerôme Espano un des huit Gentilshommes qui durant le siége étoient

Bel ordre établi à Sienne par Montluc.
Mem. de Montluc, liv. 3. p. 108.

74 HISTOIRE

chargés des affaires de la guerre ayant informé Montluc de ce qui se passoit, celui-ci s'étant fait habiller d'une façon qui le rendoit méconnoissable (*a*) se rendit à l'assemblée

(*a*) La description que Montluc fait de son habillement est trop plaisante pour ne pas la rapporter ici. Je me fis bailler, dit-il des chausses de velours cramoisi que j'avois apportées d'Albe, couvertes de passements d'or, & fort découpées, & bien faites, car au tems que je les avois fait faire, j'étois amoureux. Nous étions lors de loisir en nostre garnison, & n'ayant rien à faire, il le faut donner aux Dames. Je prins le pourpoint tout de mesme; une chemise ouvrée de soye cramoisie & de filet d'or bien riche, puis prins un collet de bufle, & me fis mettre le hausse-col de mes armes qui étoient bien dorées. En ce tems là je portois gris & blanc pour l'amour d'une Dame de qui j'étois serviteur, lorsque j'avois le loisir, & avois encore un chapeau de soye grise fait à l'Allemande avec un grand cordon d'argent, & des plumes d'aigrette bien argentées; puis me vestis un casaquin de velours gris garni des petites trefles d'argent à deux petits doigts l'un de l'autre, & doublé de toile d'argent tout découpé entre les tresses, lequel je portois en Piemont sur les armes. Or avois-je encore deux petits flacons de vin Grec, de ceux que M. le Cardinal d'Armagnac m'avoit envoyés. Je m'en frottai un peu les mains; puis m'en lavai fort le visa-

accompagné de tous les Officiers de la garnison, & par son éloquence militaire il rassura si bien les esprits que l'on ne songea plus qu'à se bien défendre.

Montluc assuré de la généreuse résolution des Siennois prit toutes les mesures qu'il jugea les plus nécessaires pour la sûreté de la place il la partagea en huit quartiers, & il en confia la garde aux huit de la guerre. L'on dressa par son ordre un rôle exact de tous les hommes, femmes & enfans capables de porter les armes ou qui pouvoient être employés à remuer ou à porter la terre. Montluc dit dans ses mémoires que son dessein étoit de faire creuser en deça de la muraille un large fossé qui devoit être bordé de canons chargés à cartouche, & d'une nombreuse troupe d'Arquebusiers qui feroient leurs décharges dans le même tems

ge, jusqu'à ce qu'il eut prins un peu de couleur rouge, & en beus, prenant un petit morceau de pain, trois doigts, puis me regardai au miroir, je vous jure que je ne me connoissois pas moi-même, & me sembloit que j'étois encore en Piemont amoureux, comme j'avois esté.

G ij

que l'artillerie tireroit; & immédiatement après cette décharge générale tous les Officiers & les Bourgeois les plus courageux devoient se présenter sur la bréche & fondre de toutes parts sur l'ennemi mis en désordre par les coups de canons qu'il auroit essuyé.

Montluc pour être assuré des endroits où les ennemis devoient dresser leurs batteries, faisoit souvent entrer dans les fossés de la Ville deux à trois Officiers suivis de quelques paysans qui avoient ordre de se traîner ventre contre terre jusqu'à l'endroit où ils entendroient parler trois ou quatre personnes ; parce qu'il y avoit sujet de penser que ces personnes ne s'approchoient pendant la nuit près des fossés que pour venir reconnoître le lieu, où les assiégés devoient placer leurs canons ; & sur le rapport que faisoient ces Officiers on travailloit sans perdre de tems à fortifier l'endroit que l'on prévoyoit devoir être attaqué; l'ardeur des Siennois pour ce genre de travail étoit si grande que les Dames & les Demoiselles les plus qualifiées se faisoient un plaisir de passer les nuits entieres à porter la hotte ou à remuer la terre ; mais voici une preuve bien marquée de la générosité des Siennois ; il arriva un jour que Montluc se trouva dans un très-grand embarras à cause d'un retranchement qu'il vouloit faire, & que l'on ne pouvoit élever sans abbattre plus de cent maisons, mais les propriétaires de ces maisons plus jaloux de conserver leur liberté que leur bien, tirerent Montluc d'inquiétude ; ils mettent eux-mêmes les premiers la main à l'œuvre, bouleversent avec joye leurs jardins & leurs terres, & encouragent au travail ceux qui étoient venus les aider à détruire leurs héritages.

Plus de quatre mille Bourgeois travaillerent pendant deux jours & deux nuits à ce retranchement, & avec tant de diligence qu'il fut achevé avant que les assiégeans eussent dressé leurs batteries entre la porte Ovile & la grande Observance ; un Canonier Siennois si habile qu'il étoit toujours sûr de son coup démonta six de leurs canons ; mais peu s'en fallut qu'il ne fît un bien plus beau

Danger que court le Général ennemi. Montluc, liv. 3. p. 131.

coup. Le Marquis de Marignan porté dans une litiere à cause de sa goutte qui ne lui permettoit pas de monter à cheval s'étoit posté derriere une petite maison, & s'entretenoit avec un Gentilhomme de la chambre de l'Empereur à qui il faisoit remarquer le retranchement que nous avions élevé, lorsque le Canonier Siennois abattit d'un coup de canon une partie de la muraille de cette maison qui étoit de brique, ensorte que la litiére du Marquis se trouva entiérement couverte des ruines de ce mur. La peur dont il fut saisi lui rendit l'usage de ses jambes, & lors de la reddition de Sienne il avoua à Montluc que depuis ce tems-là il n'avoit eu aucun ressentiment de goutte. L'épreuve qu'il venoit de faire, l'engagea à reprendre son premier dessein qui étoit d'affamer les assiégés.

Montluc se défait des Allemands & des bouches inutiles.
Mem. de Montluc, liv. 3. p. 134.

Il avoit d'autant plus d'espérance de réussir que les Allemands ne se faisoient point du tout au jeûne auquel ils étoient condamnés; & que déja leurs murmures éclatoient de toutes parts; dans l'impossibilité où l'on étoit de les appaiser, Montluc prit le parti de les faire sortir de la place, & voici l'expédient qu'il imagina pour leur faire agréer son dessein; par une lettre qu'il écrivit à Strozzi, & qui lui fut portée par le Capitaine Cosseil, il le pria de faire sçavoir à Reincroc, Colonel des Allemands qu'il avoit un besoin extrême de sa troupe pour une expédition importante qu'il méditoit. Strozzi se conforma aux intentions de Montluc, & le Capitaine Flaminio fut le porteur de la lettre qu'il écrivit au Colonel Allemand. Reincroc ayant assemblé ses Capitaines leur fit la lecture de la lettre qu'il venoit de recevoir, & leur demanda leur avis. Quelque danger qu'il y eut à traverser les lignes du camp ennemi, la gloire de mourir les armes à la main, s'il falloit combattre, leur parut préférable à la nécessité de mourir de faim ou de racheter leur vie par une capitulation honteuse; ainsi tous les Capitaines Allemands ayant opiné pour un prompt départ, Montluc pour assurer leur retraite, ordonna que les Capitaines Charri & Blacon avec le Comte Cajazzo se mettroient

G iiij

chacun à la tête d'une enseigne de gens de pied, & iroient attaquer les corps de gardes des ennemis, pendant que les Allemands passeroient le fossé. Ces dispositions furent suivies du plus heureux succès; trois corps de gardes furent forcés, & nous n'eumes que quarante soldats tués ou blessés; mais le sort des Allemands n'en fut pas pour cela plus heureux. Ils furent presque tous massacrés auprès de Lacignanello, & de toute cette troupe, il n'en échappa que deux cens qui se retirerent à Montalcino.

Il ne fut pas difficile à Montluc de justifier sa conduite. S'étant rendu au Palais, où le Senat s'étoit assemblé, il exposa ses raisons & il n'y eut personne qui ne les approuvât. On fit plus, pour lui témoigner la confiance que l'on avoit en sa sagesse, on le créa Dictateur; le premier usage qu'il fit de l'autorité que sa nouvelle charge lui donnoit fut de se défaire des bouches inutiles, dont le nombre montoit à près de quatre mille cinq cent. En vain le Marquis de Marignan essaya de les faire rentrer dans la place, toutes les portes leur furent fermées, il n'y eut qu'un petit nombre de ces malheureux qui se sauva à la faveur des ténèbres, tout le reste perit de misere. Il en faut cependant excepter plusieurs belles femmes & belles filles ; *celles-là dit Montluc avoient passage ; car la nuit les Espagnols en retiroient quelques-unes pour leur provision.*

1554.

Cependant le fort des assiégeans n'étoit guères moins triste que celui des assiégés ; obligés de tirer de leurs munitions de Florence éloignée de plus de trente mille de leur camp, ils manquoient souvent de vivres, & étoient reduits à se nourrir de mauves. Il n'y avoit dans toute leur armée qu'une compagnie de cinquante chevaux ; encore falloit il la rafraichir tous les quinze jours, & tirer de Buonconvento un pareil nombre de chevaux ; si les neiges se fussent jointes à toutes ces incommodités, il n'est pas douteux que le Marquis n'eût été forcé de décamper. Dans cet embarras il eut recours à une ruse qui l'auroit rendu maître de la place sans les précautions extraordi-

82 HISTOIRE

naires que prit Montluc pour la sauver.

Un certain Pietro de l'ordre du peuple s'étant laissé corrompre par le Marquis, reçut de lui les blancs signés de quelques gentilshommes Siennois qui étoient dans le camp ennemi au service de l'Empereur. L'usage qu'il devoit faire de ces billets étoit de les remplir de façon que ceux à qui ils seroient addressés comprissent qu'ils n'avoient aucun secours à esperer, & qu'ainsi on leur conseilloit de ne plus se laisser amuser par les trompeuses, promesses du Gouverneur François, & on les exhortoit à recourir à la clemence de l'Empereur qui se feroit un plaisir de les recevoir en grace, s'ils vouloient se joindre aux autres gentilshommes Siennois qui lui avoient promis de se déclarer en sa faveur; & pour leur faire connoître ces gentishommes, on leur indiquoit la rue où ils demeuroient, & afin qu'ils ne pussent pas se méprendre, on leur apprenoit qu'ils trouveroient la porte de leur maison marquée d'une croix blanche.

1554.

Trahison d'un Siennois découverte, *Memoire de Montluc, liv. 3. p. 195.*

Le traitre Pietro ne s'acquita que trop bien de la commission dont il s'étoit chargé; les blancs signés qui avoient été envoyés, & qu'il avoit eu soin de remplir ainsi qu'il en étoit couvenu avec le Marquis, furent addressés à ceux des gentilshommes de Sienne, que l'on sçavoit être le plus zelés pour la liberté de leur patrie. Pietro ne doutoit pas que ces lettres ne dûssent être portées aux Magistrats, qui selon toutes les apparences ne manqueroient pas de faire arrêter les gentilshommes designés par ces lettres, & dont les maisons se trouveroient marquées d'une croix. L'avantage que le Marquis de Marignan esperoit de retirer de cette infame trahison étoit que le peuple furieux demanderoit la mort des gentilshommes qui se seroient rendus suspects, & que les gentilshommes indignés de se voir sacrifiés aux soupçons du peuple prendroient les armes, & se saisiroient d'un quartier de la Ville près des murailles, afin de se procurer la facilité de pouvoir traiter avec l'ennemi. Mais la sagacité de Montluc lui ayant fait soupçonner les vûes

1554.

du Marquis, il prit toutes les mesures nécessaires pour le faire échouer dans ses desseins. Le Magistrat & le peuple vouloient que l'on conduisît à l'échaffaut deux gentilshommes qui avoient été successivement arrêtés, & qu'ils fussent punis comme traitres à leur patrie, puisque la petite croix blanche marquée sur le seuil de la porte de leur maison, ne permettoit pas que l'on doutât de leur intelligence avec l'ennemi. Ce ne fut pas sans peine que Montluc obtint que l'on différât leur châtiment ; mais trois ou quatre jours après, un troisiéme gentilhomme ayant été conduit en prison pour la même raison, il ne fut plus possible de contenir le peuple qui vouloit que les traitres portassent sur le champ leurs têtes sur l'échaffaut. Il fallut que Montluc se rendit au Palais pour plaider en leur faveur ; là après avoir remontré que l'on avoit tout sujet de penser que ce qui se passoit étoit une suite des intrigues du Marquis, qui ne cherchoit qu'à diviser le peuple d'avec la Noblesse, il dit qu'il avoit déja bien des indices qui lui laissoient entrevoir la vérité; mais qu'il falloit avoir recours à Dieu par des prieres publiques, & qu'infailliblement les artifices des ennemis se découvriroient en peu de jours. Ces remontrances de Montluc calmerent la fureur du peuple, & il fut réglé que l'on feroit le lendemain une procession générale.

1554.

Cependant des émissaires distribués dans les rues avoient ordre d'épier pendant la nuit ce qui s'y passoit, afin de reconnoître ceux qui jettoient des billets sous les portes. Un gentilhomme qui faisoit le guet au coin d'une rue entrevit par hazard un homme qui s'étant baissé allongeoit le bras sous une porte. Il le laissa faire tout ce qu'il voulut, & ne courut à lui que lorsque ce traitre se fut un peu éloigné de cette maison; Pietro (car c'étoit lui-même) ne s'imaginant pas qu'il eut été apperçu, n'hésita pas à se nommer & dit qu'il alloit au corps de garde voisin. Le gentilhomme sans faire paroître aucun soupçon le laissa partir, mais sans perdre de tems il alla frapper à la porte de la maison où Pietro s'étoit arrêté, & on trouva effectivement une lettre conçue dans les mêmes termes que celles qui avoient été addressées aux trois gentilshommes prisonniers ; Pietro appliqué à la question confessa toute l'intrigue ; quelque grand que fût son crime, comme le coupable étoit de l'ordre du peuple, que l'on ne pouvoit trop ménager, Montluc s'interressa en sa faveur, & obtint qu'il ne fût condamné qu'à un bannissement perpetuel ; les trois gentilshommes détenus prisonniers furent renvoyés absous, & gagnés par les prieres de Montluc, ils voulurent bien se soumettre à aller remercier les Magistrats, de ce qu'ils ne les avoient pas livrés à la fureur aveugle du peuple.

Capitulation des Siennois. Belcar, liv. 26. p. 864. Memoire de Montluc, liv. 2. p. 150.

Mais l'heureuse découverte de cette trahison ne sauva pas les assiégés dont la misere ne faisoit qu'augmenter chaque jour ; la portion du soldat étoit reduite à onze onces de pain, & celle du bourgeois à neuf ; & c'étoit cependant là toute la nourriture des uns & des autres ; chevaux, ânes, mulets, chiens, chats ou rats tout avoit été mangé ; les Siennois ose-

rent se flatter pendant quelques jours
que le Maréchal de Brissac marcheroit à leur secours. Mais cette espérance s'étant trouvée vaine ils se déterminerent enfin à traiter de la reddition de leur Ville. Le Duc de Florence qui avoit toujours eu en vûe
d'ajouter Sienne à ses Etats, en traita
les habitans bien plus favorablement
qu'ils n'avoient osé l'espérer : par les
articles de la capitulation, il fut convenu que la République de Sienne
continueroit de demeurer sous la protection de l'Empereur & de l'Empire,
que les Citoyens seroient maintenus
dans leurs priviléges & rétablis dans
leurs biens & dignités ; qu'ils auroient la liberté de se retirer où ils
voudroient & de s'y établir ; qu'il
seroit permis à l'Empereur de mettre
dans la Ville une garnison qui seroit
entretenue à ses dépens ; mais qu'il
ne pourroit faire construire une nouvelle citadelle, ni rétablir l'ancienne
sans le consentement des habitans ;
que la garnison sortiroit avec tous les
honneurs de la guerre ; mais que les
Napolitains, les Milanois, & les Florentins qui étoient dans la Ville se-

1554.

Montluc refuse de la signer & il la fait réformer.
Mem. de Montluc, liv. 3. p. 169.

roient retenus prisonniers comme rébelles à leurs Princes.

Avant que ce traité fut apporté à Sienne, le Marquis de Marignan fit prier Montluc par un trompette de lui envoyer quelque personne de confiance avec qui il seroit charmé de s'entretenir, Bentivoglio & le Capitaine Charri étant venus trouver le Marquis, il leur dit qu'il avoit été fort surpris que les Siennnois se fussent avisés de capituler pour la garnison qui étoit à la solde du Roi, qu'il paroissoit convenir que le Gouverneur François traitât au nom de Sa Majesté; & le Marquis promit d'accorder les conditions les plus honorables, mais Montluc ayant renvoyé Bentivoglio & Charri au Marquis, lui fit dire qu'il ne trouvoit pas mauvais que les Siennois eussent capitulé pour la garnison; mais que jamais on ne verroit le nom de Montluc souscrit à une capitulation, & que si l'on s'avisoit de vouloir lui faire quelque chicane là dessus, il sçauroit prendre son parti en homme d'honneur. *Eh que veut donc dire M. de Montluc,* reprit le Marquis surpris d'une d'une réponse si hardie, *voudroit-il faire un coup de désespéré, n'en doutez pas*, repartit Bentivoglio, *vous le verrez sortir l'épée à la main à la tête de ses troupes, s'il n'obtient ce qu'il désire,* eh bien dites lui donc répondit le Marquis, *que je suis son serviteur & son ami & que je ferai tout ce qui dépendra de moi pour le contenter.*

1554.

Montluc entreprit de faire réformer la capitulation & il y réussit. Il représenta aux Magistrats que l'article qui concernoit les bannis de Naples, de Milan & de Florence étoit un piége qu'on tendoit à la République; que les Siennois ne pouvoient avoir oublié qu'ils avoient été déclarés rébelles par la Chambre Impériale, *& quand les ennemis seront ici dedans*, ajouta-t-il *& que vous serez en leur puissance, quels juges voulez-vous qui jugent ce procès, sinon les bourreaux avec vos têtes; ce seront là les piéces qu'ils visiteront.* Et là dessus il exhorta si vivement les Siennois à prendre les armes, que tous ceux qui étoient en état de les porter se préparerent à fondre sur le camp ennemi.

Le Marquis ayant été informé de

Tome II. H

1554.

le résolution de la République se hâta d'en donner avis au Duc de Florence qui craignant qu'une Ville dont il pouvoit se rendre maître ne lui échapât, accorda que l'exception qui regardoit les proscrits fût ôtée de la capitulation. Ce fut le vingt-deuxième d'Avril de l'année 1555. que la garnison sortit de la place après plus de dix mois de siége. Huit cent Siennois ne pouvant se résoudre à vivre en esclaves dans leurs anciennes murailles, suivirent les troupes & se rendirent à Montalcino, où ils établirent le siége de leur République & formerent un nouveau Senat. Montluc après avoir passé quelques jours avec Strozzi alla à Rome, & de là à Civita-Vechia, où il s'embarqua pour retourner en France; surpris par la flotte d'André Doria, il fut assez heureux peur ne pas tomber entre les mains de ce vieux Amiral. On ne peut rien ajouter à l'accueil gracieux que Sa Majesté fit à notre brave Officier Gascon. Elle l'honora du collier de l'Ordre; & *cet Ordre* dit Montluc *étoit une marque d'honneur que S. M. n'accordoit pas facilement.*

A cette glorieuse marque de distinction, le Roi joignit plusieurs riches présens & deux pensions considérables, l'une sur le trésor & l'autre sur le Domaine, avec deux charges de Conseillers au Parlement de Toulouse que Montluc demanda, & qui lui servirent à marier une de ses filles.

1554.

Pour ne pas interrompre le récit d'un siége aussi fameux que celui de Sienne, j'ai cru pouvoir anticiper sur l'année 1555 ; je vais achever de rapporter les principaux événemens de l'année précédente.

Il ne tint pas à Codignac, Ambassadeur du Roi à la Porte que les Vénitiens ne fussent privés du riche commerce qu'ils faisoient dans le Levant; il avoit obtenu que les Marchands François pourroient librement vendre leurs marchandises dans tous les ports appartenants au Grand-Seigneur, ce qui leur procuroit la facilité de donner leurs denrées à un tiers meilleur marché que les Marchands des autres nations dont le commerce étoit restraint à quelques ports particuliers, & où ils étoient souvent retenus plus long-tems qu'ils

Moyen proposé au Roi pour ruiner le commerce des Vénitiens.
Mémoires de Ribier, Tom. 2, p. 497.

n'auroient souhaité; il n'étoit question pour ruiner le commerce des Venitiens que d'envoyer chaque année six vaisseaux marchands dans le Levant, deux à Alexandrie, deux à Tripoli, & les deux autres à Constantinople. Par là la France se seroit procuré un profit annuel de plus de deux cent mille écus, outre qu'elle n'auroit plus été obligée de tirer ses épiceries des ports de Flandres où alloit s'engloutir comme dans un abyme, une partie de l'argent du Royaume. Mais ce plan qui se trouve dans une lettre de Codignac au Roi datée du seiziéme d'Avril demeura sans exécution.

Leurs intrigues à la Porte.
Idem, ibidem.

Il semble cependant que la France auroit bien dû ne pas laisser échapper une si belle occasion qui se présentoit de mortifier les Venitiens qui ne cessoient de se donner de grands mouvemens pour empêcher la jonction de la flotte Ottomane avec celle de France. Ils avoient fait représenter au Grand-Seigneur par leur Ambassadeur que la Porte étoit privée tous les ans de plus de trois cent mille ducats par la seule dimi-

DE HENRI II. 93

1554.

nution des droits d'entrée. Ces remontrances firent d'abord quelque impression sur l'esprit des ministres de Solyman ; mais Codignac sçut leur représenter si vivement la honte dont leur maître se couvriroit si un vil intérêt le faisoit manquer aux engagemens qu'il avoit contractés avec la France que Dragut eut ordre de se mettre en mer comme les années précédentes & de seconder autant qu'il pourroit l'armée navale de France.

L'Ambassadeur de Sa Majesté Impériale à Rome déploya toute son éloquence pour engager Sa Sainteté à armer contre le Turc, & à secourir de toutes ses forces le Royaume de Naples comme étant un fief de l'Eglise ; le même Ambassadeur sollicita aussi vivement le Pape d'excommunier le Roi de France qui chaque année attiroit les Turcs sur les côtes d'Italie ; mais Jules répondit que le domaine de l'Eglise n'ayant encore souffert aucun dommage de l'armée des Infidéles, il se croyoit assuré qu'ils continueroient d'avoir les mêmes égards ; & quant à la défense du

Celles de l'Ambassadeur de l'Empereur à Rome.
Dans la lettre de Lansac au Roi.
Memo`r de Ribier, Tom. 2. pag. 515.

1554.

Royaume de Naples, que cet Etat étoit entre les mains d'un Prince trop puiffant pour qu'il eût befoin d'avoir recours à des fecours étrangers; Sa Sainteté ajouta qu'elle ne voyoit pas qu'elle pût avec quelque apparence de juftice procéder par voie d'excommunication contre Sa Majefté très-Chrétienne, puifque tous les Docteurs convenoient; que rien n'empêchoit qu'un Prince Chrétien ne s'aidât des armes des infidéles ou pour défendre fes Etats, ou pour recouvrer ceux qu'on lui retenoit injuftement.

Defcente des Turcs fur les côtes de Calabre.

Cependant la flotte Ottomane commandée par le Corfaire Dragut fit une defcente fur les côtes de Calabre, mais après avoir pillé le Château de Pefte, elle fe retira à Durazzo, & ne voulut point s'avancer jufqu'à Naples, malgré les vives inftances du Prince de Salerne qui faifoit efpérer à Dragut qu'il fe feroit dans la Ville une révolte générale en faveur de la France.

Une tempête affreufe que la flotte commandée par le Baron de la Garde avoit effuyé, ne lui avoit pas permis de se joindre à celle des Turcs, & elle se trouvoit hors d'état d'attaquer la flotte ennemie. Les troupes qu'elle portoit & qui auroient pû être utilement employées à reprendre la Bastie, allerent descendre sur les côtes de Toscane.

Sur ces entrefaites Doria qui avoit reçu de nouveaux renforts, attaqua le Château de Corté, que sa situation sur un rocher escarpé sembloit rendre imprenable ; mais la lâcheté ou plutôt la trahison de la Chambre qui commandoit dans cette place la fit tomber entre les mains des ennemis. Ce traitre ayant depuis été arrêté à Marseille subit par une mort infame la peine dûe à sa perfidie ; le dessein de Doria étoit de marcher à Ajaccio après la prise de Corté ; mais appellé en Toscane par les ordres de l'Empereur, il laissa à Spinola le commandement des troupes.

Doria prend le Château de Corté. Révol. de Gènes, liv. 4. p. 144.

Un renfort de trois mille cinq cent hommes que reçut de Thermes, le mit en état de reprendre Corté, & de battre un détachement de deux mille cinq cent soldats que Spinola avoit tirés des garnisons de la Bastie

De Thermes reprend cette place. Idem, p. 145.

1554.

96 HISTOIRE

1554.

& de Calvi pour les envoyr au secours de la place assiégée. Mario de Santa-Fioré, à la tête de mille fantassins, & d'Ornano accompagné d'autant d'insulaires à qui il avoit fait prendre les armes, marcherent au devant des ennemis & les atteignirent au pied d'une montagne, dans un défilé si étroit qu'ils ne pouvoient marcher qu'un à un. Hors d'état de se défendre ils se rendirent & consentirent à sortir de l'Isle. Avant que de les conduire aux vaisseaux qui devoient les transporter, on les fit défiler devant les assiegés afin de leur faire voir qu'ils n'avoient aucun secours à espérer. Il n'en fallut pas davantage pour les engager à capituler ; mais ce ne fut qu'après avoir soutenu courageusement un siége de trois mois. Ainsi se termina la campagne de 1554.

Affaires d'Allemagne. L'Empereur céde à Philippe son fils le Milanès, avec les Royaumes de Naples & de Sicile.
Ribier, Tom. 2. p. 543.

Cette année fut marquée par la cession que l'Empereur fit du Milanès & des Royaumes de Naples & Sicile en faveur de Philippe son fils Roi d'Angleterre : Charles pour donner plus de poids à cette disposition, fit solliciter le Pape de donner à Philippe

lippe l'investiture de ces deux Royaumes, qui relevoient du Saint Siége. Jules quoique mécontent de l'Empereur céda à ses instances réïterées; mais Villandri, Ambassadeur de Sa Majesté à Rome, protesta (a) juridi-

(a) Il étoit dit dans cette déclaration, que Sa Sainteté ne pouvoit ignorer ce qui étoit connu de tout le monde, que les Royaumes de Naples & de Sicile appartenoient incontestablement à la France, soit en vertu des investitures que les Rois très-Chrétiens en avoient reçues, soit en vertu des droits d'une légitime succession; que l'on sçavoit que le feu Roi avoit entrepris plus d'une fois de se remettre en possession de ces Royaumes, qui lui étoient retenus injustement & que jusqu'à sa mort il n'avoit discontinué de faire des efforts pour obtenir cette restitution par la voye des armes; que le Roi son fils & son successeur ne perdroit jamais de vûe le même objet; & qu'il se serviroit de toutes ses forces pour recouvrer un bien qui faisoit une partie de son héritage. *Cum notorie constare possit ejus Sanctitati (quod notorium est aput omnes) dictum Regnum, seu Regna jure optimo, & legitimo spectare & pertinere ad Christianissimum Regem tam vigore antiquarum investiturarum quam legitimæ successionis suorum atavorum, & quod gloriosæ memoriæ Franciscus non semel sed pluries possessionem dictorum Regnorum continuando & animo semper retinendo nixus est illa recuperare ab indebitè &*

Tom. II.   I

quement au nom du Roi son maître contre l'investiture donnée au Roi Philippe ; & le Pape fut obligé de déclarer, dans la réponse qu'il fit à cette protestation, qu'il n'avoit point prétendu préjudicier aux Droits de la France. Les Cardinaux du Bellay, Farnèse & d'Armagnac qui par ordre du Pape avoient assisté à cette investiture, protesterent de même que leur intention n'avoit pas été de nuire aux droits du Roi & de ses successeurs ; mais qu'ils n'avoient fait qu'obéir aux commandemens de Sa Sainteté.

Le Marquis de Brangdebourg se retire en France. Ribier, Tom. 2. p. 538.

La retraite du Marquis de Brangdebourg en France fut un nouveau sujet de brouillerie entre l'Empereur & le Roi de France. Albert mis au ban de l'Empire & dépouillé de tous ses Etats, étant venu chercher un

injuste occupantibus ; atque semper & continue usque ad suum obitum perstitit in prædandis iis quæ ad recuperationem dicti Regni seu Regnorum facere videbantur, prout idem semper fecit, facit & faciet idem Christianissimus Rex Henricus, donec illud, si aliter fieri non possit, vi & armis, legibus & sacris Canonibus ita sibi permittentibus, effectualiter recuperet.

asile en Lorraine, la Province du Rhin qui craignoit que ce Prince aidé des forces de la France ne formât quelque nouvelle entreprise sur l'Alsace, en fit garder les passages par un nombreux détachement de cavalerie; mais ces troupes s'étant répandues sur les frontieres de la Lorraine qui étoit sous la protection de la France, y commirent les plus grands désordres. Le Roi par une lettre addressée aux Princes & Etats de l'Empire se plaignit de ces hostilités.

1554.

» Très-chers amis & cousins, Nous » n'avons pû apprendre sans étonne- » ment; *écrivoit Sa Majesté*, les noires » calomnies répandues contre nous » par nos ennemis. On ose Nous ac- » cuser d'avoir mis le Marquis de » Brangdebourg en état de troubler » de nouveau le repos & la tranquil- » lité publique de l'Empire; & en » conséquence de cette injuste accu- » sation, on veut vous persuader de » joindre vos forces à celles de l'Em- » pereur pour nous faire la guerre; » mais quoi, ne vous souvenez vous » pas qu'il n'a pas dépendu de nous » que le Marquis n'ait mis les armes

Lettre du Roi aux Etats de l'Empire. *Mémoires de Ribier, Tom. 2. P. 548.*

» bas, dans le tems même que les
» troupes agguerries qui l'accompa-
» gnoient le rendoient redoutable à
» l'Allemagne? ne sçavez-vous pas que
» quelques instances qu'il nous ait fai-
» tes, nous avons refusé constamment
» de traiter avec lui? Et aujourd'hui
» qu'il se trouve dépouillé de tout, on
» prétend que nous sommes disposés à
» l'aider de toutes nos forces! Vou-
» droit-on nous faire un crime d'a-
» voir accordé à ce Prince une retrai-
» te dans nos états? mais les Princes
» malheureux n'y ont-ils pas trouvé
» en tout tems un azile assuré? Lors
» même que l'Empire séduit par les
» artifices de son chef avoit pris les
» armes contre le feu Roi, la France
» n'a-t-elle pas toujours été ouverte
» aux Princes de l'Empire qui y ve-
» noient chercher une retraite? mais
» la France a-t-elle jamais voulu
» épouser les querelles particulieres
» d'aucun de ces Princes; leur a-
» t-elle jamais prêté des forces qu'ils
» pussent tourner contre leur Patrie?
» Quel secours au contraire l'Empire
» n'a-t-il pas reçu de la France, &
» nous-mêmes, que n'avons-nous pas

» fait pour empêcher que l'Allemagne
» asservie sous le joug le plus hon-
» teux ne devînt une Province héré-
» ditaire de la maison d'Autriche ?
» Mais nous nous reposons du soin
» de notre justification sur les Am-
» bassadeurs que nous nous propo-
» sons de vous envoyer, & auxquels
» nous vous prions de procurer en-
» tiere sûreté; *& cependant nous avons
» tant de confiance en votre équité*, ajou-
» toit Henri en finissant, *que vous ne
» décernerez autre chose que gracieuse,
» contre un Roi qui est votre parent &
» ami, qui a bien merité du Saint Em-
» pire, & qui désire d'être oui* (a).

Les Princes de l'Empire répondirent, que leur intention n'avoit pas
été que leurs troupes pénétrassent en
Lorraine; mais qu'elles n'avoient été
envoyées sur les frontieres de l'Alsace, que pour empêcher que le Marquis de Brangdebourg ne rentrât en
Allemagne ; & quant à la sûreté que

_____
(a) Si M. de Thou avoit lû l'original de la
lettre écrite par Sa Majesté aux Etats de
l'Empire, il se seroit épargné la peine de
nous en donner une de sa façon.

le Roi demandoit pour ses Ambassadeurs, les Princes lui firent réponse qu'ils délibéroient là dessus avec leurs Confédérés; mais qu'en attendant, Sa Majesté pouvoit être assurée de leur affection & de leur zéle.

1555. Le Piemont, la Toscane, la Corse, les Pays-Bas continuerent d'être le théâtre de la guerre; mais elle ne se fit pas à beaucoup près avec la même vigueur que les années précédentes. J'entrerai dans le détail des principaux évenemens militaires, lorsque j'aurai rapporté en peu de mots ce qui se passa dans l'intérieur de la France.

Affaires de France.
Divers établissemens.
De Thou, liv. 16. p. 639.

Le dix-huitiéme de Mars de l'année 1555. nâquit un cinquiéme & dernier fils de France, à qui on donna le titre de Duc d'Alençon, & qui fut nommé Hercule, mais il prit depuis le nom de François. On créa cette même année, dans chaque Présidial, & dans quelques autres Jurisdictions subalternes, un Lieutenant Criminel, & un Prevôt de Robe-Courte avec quatre ou six Archers.

Jean de Brosse, Duc d'Estampes

DE HENRI II.

qui tiroit son origine de Charles de Blois, tué en 1364. à la fameuse bataille d'Aurai, céda au Roi tous les droits que sa maison prétendoit avoir sur le Duché de Bretagne, & en échange il obtint de Sa Majesté le Comté de Penthievre (a).

Vers le milieu du mois d'Octobre, le Roi donna une déclaration par laquelle il étoit ordonné aux Gouverneurs des Provinces de faire exécuter sans délai, & sans avoir aucun égard à l'appel des coupables, les sentences que les Juges Ecclésiastiques, & les Inquisiteurs de la foi porteroient contre les hérétiques. Le

1555.

Edit contre les hérétiques; remontrances du Parlement sur ce sujet.
Belcar. liv. 26. p. 868.
La Popel. liv. 3. p. 69.
De Thou, liv. 16. p. 640.

(a) Les maisons de Blois & de Montfort s'étoient long-tems disputé la possession du Duché de Bretagne; mais la premiere de ces deux maisons avoit été obligée de céder, & s'étoit contentée de quelques terres qu'elle avoit reçues en échange; depuis cette cession la maison de Montfort étoit demeurée en possession de la Bretagne. Anne de Montfort héritiere de François Duc de Bretagne, épousa Charles VIII. & en secondes nôces Louis XII., dont elle eut deux filles; Claude l'aînée fut mariée à François I. du nom, qui reunit la Bretagne à la Couronne; & Renée épousa en 1528. Hercules d'Est, Duc de Ferrare. Cette Princesse mourut en 1559.

I iiij

Parlement ayant eu ordre d'enregiſtrer cette déclaration, demanda du tems pour délibérer; & le vingt-ſixiéme du même mois, des députés de cet Auguſte Corps, le plus ferme appui du Throne, ſe rendirent auprès de Sa Majeſté, & lui remontrerent, que ce nouvel Edit étoit entierement oppoſé à celui qui avoit été antérieurement publié, & par lequel Sa Majeſté attribuoit à ſes Juges, la connoiſſance & la punition du crime d'héréſie, averée & connue comme telle, Sa Majeſté n'ayant excepté de cette régle que les perſonnes qui ſeroient dans les ordres ſacrés; mais que de ſi ſages diſpoſitions étoient totalement renverſées par la nouvelle déclaration, qui au préjudice de l'autorité de ſa Majeſté donnoit aux Juges Eccléſiaſtiques, & aux Inquiſiteurs de la foi un Empire abſolu ſur le peuple. " Nous ne pouvons Sire, " ajouterent les Députés, voir ſans " douleur votre autorité ainſi bleſſée " & affoiblie. Par votre Edit vous " abandonnez vos ſujets, dont vous " livrez l'honneur, la réputation, la " fortune & même la vie à une autre

» Puissance, c'est-à-dire, à des Juges
» Ecclésiastiques : en supprimant la
» voye d'appel, qui est l'unique re-
» fuge de l'innocence, vous les sou-
» mettez à une puissance illégitime,
» à l'orgueil & à la présomption de
» ceux, qui abuseront de l'autorité
» Royale qui leur aura été transferée.
» Nous croyons, Sire, qu'il est plus
» juste que Votre Majesté laisse à ses
» Magistrats, le droit de connoître
» & de juger du crime dont il s'agit,
» & que lorsqu'il sera nécessaire d'e-
» xaminer si une opinion tend à l'hé-
» résie, elle nomme des Ecclésiasti-
» ques pour en connoître, & qu'elle
» leur permette d'exercer en cela leur
» Jurisdiction. Mais il seroit à pro-
» pos qu'elle priât le Pape de trou-
» ver bon que vos Juges connussent
» des appels en ces matieres, & que
» les Jugemens en dernier ressort fus-
» sent rendus par des Conseillers Ec-
» clésiastiques, à qui, si le nombre
» n'étoit pas suffisant, on pourroit
» joindre d'autres personnes recom-
» mandables par leur pieté, la pure-
» reté de leurs mœurs, & l'innocen-
» ce de leur vie. Que l'Inquisiteur

1555.

» commît dans chaque Province, des
» perſonnes d'une exacte probité, &
» d'une grande vertu ; que les Evê-
» ques & non pas les accuſés avan-
» çaſſent les frais néceſſaires pour
» l'information du procès ; & qu'après
» le Jugement rendu ſur le fond, on
» jugeât auſſi ſur les dépens, ſi cela
» étoit néceſſaire. Voilà, Sire, ce
» que nous avons jugé à propos de
» vous repréſenter par rapport à l'E-
» dit. Nous prenons encore la liber-
» té d'ajouter, que puiſque les ſup-
» plices de ces malheureux, qu'on
» punit tous les jours au ſujet de la
» Religion, n'ont ſervi juſqu'ici qu'à
» faire détester le crime, ſans corri-
» ger l'erreur, il nous a paru confor-
» me aux régles de l'équité, & à la
» droite raiſon, de marcher ſur les
» traces de l'ancienne Egliſe, qui n'a
» pas employé le fer & le feu pour
» établir & étendre la Religion,
» mais plutôt une doctrine pure join-
» te à la vie exemplaire des Evêques.
» Nous croyons donc que votre Ma-
» jeſté doit s'appliquer entierement
» à conſerver la Religion par les mê-
» mes voyes qu'elle a été autrefois

1555.

» établies, puisqu'il n'y a que vous
» seul qui en ayez le pouvoir; que
» les Evêques, comme de bons & fi-
» déles pasteurs, ayent toujours les
» yeux sur leur troupeau, & qu'ils le
» conduisent eux-mêmes ; que les
» Ecclésiastiques qui leur sont soumis
» s'acquittent du même devoir, c'est-
» à-dire, qu'ils menent une vie ré-
» glée, & qu'ils annoncent avec can-
» deur la parole de Dieu; ou que du
» moins ils ayent soin que cette sain-
» te parole soit annoncée par des
» personnes qui en soit capables :
» qu'on n'éleve dorénavant aucuns
» sujets aux dignités Ecclésiastiques,
» qui ne puissent eux-mêmes exercer
» leur ministere, & enseigner le peu-
» ple sans avoir besoin du secours
» d'autrui; c'est un article essentiel
» auquel il faut faire une attention
» particuliere, & le fondement sur
» lequel il faut bâtir. Nous ne dou-
» tons point que par là on ne guerisse
» se le mal, avant qu'il s'étende plus
» loin, & qu'on n'arrête le progrès
» des opinions erronées qui atta-
» quent la Religion : si au contraire
» on méprise ces remédes efficaces,

1555.

Autre Edit contre les hérétiques.
Belcar. liv. 26. p. 869.
La Pop. l. liv. 4. p. 106.

» il n'y aura point de Loix, ni » d'Edits quelque rigoureux qu'ils » soient, qui puissent y suppléer ».

Ces remontrances suspendirent l'exécution du nouvel Edit, mais le quatriéme de Juillet de l'année 1557. on publia une déclaration, qui attribuoit aux seuls Juges Ecclésiastiques le droit de connoître du crime d'hérésie, & qui ordonnoit aux Juges Royaux de punir de mort, tous ceux qui seroient convaincus d'être infectés des erreurs des Sacramentaires; mais leurs biens ne devoient pas être, comme ils l'étoient auparavant, confisqués au profit du Roi, il fut ordonné qu'ils seroient employés à des œuvres pies.

Mort d'Henri d'Albret.
La Popel. liv. 3. p. 63.

Le vingt-cinquiéme de Mai mourut à Hagetman en Bearn, Henri d'Albret, Roi de Navarre. Antoine de Bourbon qui avoit épousé Jeanne d'Albret, fille unique de Henri, hérita des droits de ce Prince sur la Navarre, & le remplaça dans le gouvernement de Guienne; mais son trop grand empressement à aller prendre possession de son petit Royaume, pour lequel Henri auroit voulu lui donner quelques terres en échange, déplût à Sa Majesté ; & elle lui témoigna son mécontentement en démembrant le Languedoc du Gouvernement de Guienne, & en disposant de celui de Picardie en faveur de l'Amiral de Coligni, quoique le Duc de Bourbon qui avoit eu ce gouvernement & qui en avoit donné sa démission, eût parut désirer ardemment que le Prince de Condé son frere en fût gratifié.

1555.

Sur la fin de l'année 1555. l'on découvrit deux conspirations, l'une formée sur le Château d'Abbeville, & l'autre sur la Ville de Metz ; Anvoelle, Lieutenant du Gouverneur de la premiere de ces deux places pour se venger d'un injure qu'il avoit reçue d'un Officier qui s'étoit retiré au Mesnil, avoit promis à Dais qui commandoit dans cette forteresse, de lui livrer la citadelle d'Abbeville, si de son côté, il s'engageoit à lui remettre entre les mains l'homme qui l'avoit insulté ; mais la trahison de cet Anvoelle fut découverte par celui-là même à qui il avoit confié ses lettres.

Deux trahisons découvertes.
Memoires de Rabutin, Tom. 2. p. 9.
Belcar, liv. 26. p. 866.

L'autre conspiration fut tramée

par le Gardien des Cordeliers de Metz, & les mesures pour la faire réussir avoient été si bien prises, que le succès en paroissoit être infaillible. Ce traitre corrompu par les Impériaux avoit fait courir le bruit que le Chapitre général de son ordre devoit s'assembler à Metz, & sous ce prétexte il devoit recevoir dans son Couvent un grand nombre de soldats déguisés en Cordeliers, qui avoient ordre de se présenter aux portes de la Ville, deux à deux ou quatre à quatre; il étoit aussi convenu avec les ennemis qu'on lui en voyeroit force tonneaux remplis d'armes & de poudre, qu'il feroit entrer dans le Monastere avec d'autant plus de sûreté, que l'on s'imagineroit que ce seroit une provision de vin reservée pour les prétendus Religieux qui devoient venir au Chapitre. Il avoit été de plus réglé qu'une partie de la garnison de Thionville viendroit, se présenter devant Metz, & que pendant qu'elle amuseroit par quelques escarmouches les soldats qui sortiroient de la place; une autre troupe qui se tiendroit en embuscade se jetteroit dans la Ville, dont les portes lui seroient ouvertes par les soldats déguisés qui y auroient été introduits. Mais ces mesures si bien concertées furent prises inutilement; quelques-uns de nos chevaux légers s'étant apperçus qu'un Cordelier de Metz faisoit de fréquens voyages à Thionville, soupçonnerent que ce Religieux avoit quelque intelligence avec les ennemis. Leur soupçon ne se trouva que trop bien fondé. Ce Moine appliqué à la question confessa toute l'intrigue. Rabutin & Beaucaire Auteurs contemporains, qui me fournissent ce détail, ne nous apprenent pas comment ce Religieux & ses complices furent punis; il se contentent de nous dire, *qu'ils furent traités selon le merite de leurs faits (a).*

Avant que d'entamer le recit des évenemens militaires de cette année

(a) Un Ecrivain qui sous le titre d'Histoires de quelques-uns de nos Rois, nous a donné de très-jolis Romans, a trouvé dans son imagination de quoi embellir extraordinairement la rélation de la conspiration de Metz; & cette rélation a parut si charmante à l'Auteur de la nouvelle Histoire d'Allemagne qu'il la copiée mot à mot.

1555.

Expéditions de Villegagnon en Amérique.
Annales de France, liv. 6. p. 1582.
Hist. du Calvinisme, liv. 11. p. 100.
De Thou, liv. 16. p. 647.

dois pas oublier de parler ici d'une expédition qui se fit dans l'Amérique, & qui auroit procuré à la France les plus riches avantages, si elle eut été bien conduite.

Nicolas Durand de Villegagnon, Chevalier de Malthe s'étoit non seulement distingué par ses talens militaires; mais il s'étoit encore fait un nom dans la république des lettres, par les belles connoissances dont son esprit étoit orné. Il avoit même poussé ses études du côté de la Théologie, & ne s'en étoit que trop occupé. Il eut le malheur de s'entêter des nouvelles opinions, & fut pendant un tems très-ardent à les défendre. Le désir de pouvoir professer librement sa religion l'engagea à demander au Roi la permission d'aller établir une colonie Françoise dans l'Amérique Méridionale; c'étoit là une retraite qu'il vouloit assurer aux Protestans de France. L'Amiral de Coligni qui pensoit comme Villegagnon, se fit un plaisir de le seconder dans son dessein. Henri persuadé par les raisons de l'Amiral, donna ordre que l'on équipât trois vaisseaux sur lesquels Villegagnon

DE HENRI II.   113

1555.

Villegagnon s'embarqua avec un grand nombre de Calvinistes. Etant entré dans la riviere de Janeiro sur la côte du Brésil, il descendit dans une Isle voisine, & là il bâtit un fort à qui il donna le nom de Coligni. Cet établissement étant fait, Villegagnon instruisit l'Amiral du succès de son voyage & lui demanda de nouveaux secours. Coligni charmé de ces heureux commencemens fit partir l'année suivante trois autres vaisseaux pour l'Amérique ; deux célébres Ministres Pierre Richer & Guillaume Chartier furent mis à la tête de cette nouvelle colonie ; aussi-tôt après leur arrivée, on forma une Eglise selon le rit de Geneve, & on célébra la Cene. Mais la division se mit bientôt entre les Ministres, les uns vouloient qu'on retînt les cérémonies de l'Eglise Romaine, & les autres les rejettoient comme superstitieuses. Ces dissentions s'accrurent au point qu'on fut obligé de renvoyer en France le Ministre Chartier pour consulter Calvin, l'oracle des Protestans. Cette diversité d'opinions fut en partie cause de la conversion de Villegagnon ;

Tom. II.   K

1555.

ne pouvant se persuader qu'une Religion, qui n'a aucune régle sûre pour démêler le vrai sens de la parole de Dieu, pût être la véritable, il se déclara ouvertement Catholique, & osa démentir en plein sermon le Ministre Richer. Comme la force étoit de son côté, il ne lui fut pas difficile de se défaire de tous ceux qui ne voulurent pas suivre son exemple. Les Ministres de Geneve obligés de s'embarquer sur un mauvais vaisseau n'arriverent en Bretagne qu'après avoir souffert tout ce qu'une horrible famine a de plus affreux. Leur retour en France fut suivi de près de celui du Chevalier de Villegagnon, qui après sa conversion n'ayant plus reçu de secours de l'Amiral, fut obligé d'abandonner le fort qu'il avoit fait élever, & où il fut assiégé par les Portugais & les Sauvages. Tel fut le malheureux succès d'une entreprise qui sembloit promettre à la France des richesses immenses.

Je passe aux opérations militaires.

Prise de Fument & de Cateau-Cam- J'ai dit que la guerre se fit avec moins de vigueur que les années précédentes, & sur tout en Flandres où il ne se passa rien de fort mémorable. Avant que les deux armées ennemies se fussent mises en campagne, Bourdillon prit le château de Fument, & le Capitaine Vaubusseau se rendit maître du fort de Vallimont qui fut peu de tems après repris par les ennemis. Sur le bruit qui se répandit qu'ils assembloient toutes leurs forces pour venir assiéger Mariembourg, le Maréchal de Saint-André qui commandoit en Picardie en l'absence du Duc de Vendôme eut ordre d'aller ravager le Comté de Saint-Paul & le territoire d'Hedin, d'où la garnison du Mesnil tiroit toutes ses munitions de bouche; le Duc de Nemours, le Vidames de Chartres, le Rhingrave & plusieurs autres Seigneurs de marque furent de cette expédition qui se termina par la prise & le pillage de Cateau-Cambresis & de toutes les terres voisines.

1555.
brefis par les François.
Memoires de Rabutin, Tom. 2. p. 9. & suiv.

Pendant que ces choses se passoient, Bourdillon, Lieutenant du Duc de Nevers, Gouverneur de Champagne fut chargé d'aller ravi-

Ils ravitaillent Mariembourg & brûlent Chimai. Memoirs de Rabutin, Tom. 2. p. 11.

1555.

tailler Mariembourg, ce qu'il exécuta heureusement. Il ne s'en tint pas là, avec une partie de ses troupes il marcha à Chimai & força les ennemis d'abandonner cette place qui fut réduite en cendres avec tous les villages des environs. Mais faute de grosse artillerie, il ne put prendre Saultour. L'Empereur pour brider Mariembourg dont la garnison faisoit de continuelles courses dans le Hainault & dans le Luxembourg fit bâtir deux forteresses, l'une sur une montagne vis-à-vis de Givet à qui l'on donna le nom de Charlemont, & l'autre près de Mariembourg qui fut appellée Philippeville.

Négociations pour la Paix.
Belcar, liv. 26, p. 86).
Mémoires de Rabutin, Tom. 2. p. 16.
Annales de France, liv. 6. p. 1578.
La Popel. liv. 3. p. 63.
Ribier, Tom. 2. page 613.

Les conférences qui se tinrent à Marc entre Ardres, Calais & Gravelines suspendirent pour un tems les hostilités. Les Plénipotentiaires de l'Empereur furent le Duc de Medina-Celi, le Comte de Lalain, Antoine de Granvelle, Evêque d'Arras, Ulric Viglius chef du Conseil privé de Sa Majesté Impériale, & Nicolas Braven chef du Conseil de Malines; le Connétable de Montmorenci, le

Cardinal de Lorraine, Morvilliers, Evêque d'Orléans (a) & l'Aubespine Secrétaire d'Etat assisterent à ces conférences au nom du Roi (b) ; le Car-

1555.

(a) Il étoit fils d'Etienne Morvilier, Procureur du Roi en sa Comté de Blois & de Marie Gaillard de la maison des Seigneurs de Long-Jumeau. Il nâquit à Blois l'an 1508. il fut pourvû de la charge de Lieutenant-Général de Bourges en 1536 ; mais il la quitta peu après pour celle de Conseiller au Grand Conseil. Il fut ensuite Maître des Requêtes en 1547, puis Ambassadeur à Venise, & enfin, comme la douceur de ses inclinations le portoit naturellement à la piété, il se déclara pour la profession Ecclésiastique ; il fut recompensé par le Roi de l'Evêché d'Orleans. Sous Charles IX. il fut fait Garde de Sceaux ; mais il se demit de cette charge après l'avoir remplie pendant quatre ans & avec beaucoup de distinction. Ce grand homme autant recommandable par ses talens que par ses vertus, mourut à Tours l'an 1577. âgé de plus de 70 ans.

(b) M. de Thou met Charles de Marillac, Evêque de Vannes au nombre des Plénipotentiaires François, mais il se trompe ; & ce qui le prouve c'est que Beaucaire temoin oculaire de tout ce qui se passa dans les conférences de Marc, ne fait point mention de ce Prélat. *Nos ad hunc conventum una cum Cardinale Lotharingo accessimus, & quæ ibi acta sunt partim vidimus, partim ab illo accepimus. Belcar. lib. 26. p. 870.*

dinal Poll, Gardinier Evêque de Winchester & les Milords Arondel & Pajet firent les fonctions de médiateurs. Les Plénipotentiaires s'assemblerent pour la premiere fois le vingt-troisiéme de Mai; mais on ne commença à traiter d'affaires que le lendemain. Il fut d'abord question de la restitution du Milanès, & de tout ce qui avoit été enlevé à la France dans la derniere guerre; mais les Plénipotentiaires de l'Empereur répondirent qu'ils n'avoient là-dessus aucune instruction, & ils ajouterent qu'ils ne pensoient pas qu'on dût remettre sur le tapis une affaire déja décidée par trois précédens traités; ils demanderent de leur côté que le Duc de Savoye fût remis en possession de ses Etats, & promirent qu'à cette condition l'Empereur leur maître consentiroit au mariage de Dom Carlos son petit-fils avec Isabelle de France, fille aînée du Roi qui apporteroit pour dot les droits du Roi son pere sur le Milanès; qu'en dédommagement de Terouanne & d'Hedin qui avoient été démolies, l'Empereur céderoit à la France le Mesnil & le

Comté de Charolois ; la réponse des Plénipotentiaires de France fut qu'il n'y avoit encore rien eu de décidé au sujet de la restitution du Milanès ; & quant au mariage proposé, ils répartirent qu'une alliance si proportionnée ne pourroit être que très-agréable au Roi leur maître ; mais que le Duché de Milan formoit un Etat trop considérable pour qu'il fût donné en dot à une fille de France ; que ce Duché appartenoit incontestablement au Duc d'Orléans second fils du Roi ; & que pour établir une paix solide entre les deux Puissances, il falloit que l'Empereur donnât à ce jeune Prince l'investiture du Milanès à condition qu'il épouseroit la fille de Maximilien Roi de Bohême, & petite-fille de Sa Majesté Impériale ; qu'au reste il paroissoit surprenant qu'on voulût que la France se dessaisît sans aucune exception de tout ce qu'elle avoit acquis dans la derniere guerre, & en particulier des places qu'elle occupoit en Piémont, & sur lesquelles elle avoit sans contredit plus de droit que le Duc de Savoye ; que la justice demandoit que les restitutions se fissent de part & d'autre avec égalité ; & qu'il ne convenoit pas de vouloir distinguer les prétentions anciennes d'avec les modernes, puisque les premieres étoient la véritable source, & même la seule cause des dernieres.

Les médiateurs voyant que les deux partis ne pouvoient s'accorder, proposerent qu'on remît à l'arbitrage du Concile général la décision des différends survenus au sujet de la Bourgogne, du Duché de Milan & de la Savoye, & qu'en attendant cette décision, le Duc de ce nom fût rétabli dans ses Etats, à condition cependant que les places fortes & leurs banlieues demeureroient au Roi de France pour sa sûreté Nos Ambassadeurs répondirent que le Roi leur maître n'auroit aucune peine à consentir que le Concile prît connoissance, & jugeât des prétentions respectives tant anciennes que modernes que les deux Puissances auroient à faire valoir ; mais que si l'on vouloit que la France contentât les alliés de l'Empereur, il falloit que l'Empereur de son côté commençât par contenter ceux de la France,

&

& que quoique le Roi pût prouver par des titres authentiques que ses prétentions sur la Savoye qu'il avoit héritée de son ayeule, mere du feu Roi, étoient mieux fondées que celles du Prince de Piémont; il vouloit bien cependant permettre que le Concile décidât de ce différend, pourvû que l'Empereur consentît de sa part que le même Concile prononçât sur les prétentions du Roi de Navarre, du Duc de Parme & des autres alliés de la France. Les Ambassadeurs Impériaux demanderent un délai de cinq jours pour avertir leur maître de ce qui se passoit, & en recevoir réponse; mais Charles leur ordonna d'insister sur l'entiere restitution de tout ce qui avoit été enlevé par la France depuis le traité de Crepi. Cette inflexibilité de Charles fit juger aux médiateurs, que la paix étoit plus éloignée que jamais; & l'on fit à Dieu des prieres publiques pour qu'il lui plût d'inspirer à ce Prince des sentimens d'une sincere réconciliation. Les Ambassadeurs de France ne se retirerent qu'après avoir rendu au nom de leur maître de grandes actions de graces aux médiateurs pour le zéle qu'ils avoient témoigné de procurer la paix à la Chrétienté. Et peu de jours après ils allerent voir les médiateurs à Calais, & ils en furent reçus avec toutes les marques de la plus cordiale amitié ; mais les François furent depuis accusés d'avoir payé d'ingratitude les civilités que leur firent les Anglois. On soupçonna nos Ambassadeurs de n'être allé à Calais que pour en reconnoître les fortifications, & en observer les défauts ; & on crut que ce fut sur le rapport qu'ils en firent, que la France se détermina, quelque tems après, à former le siége de cette importante place.

Les hostilités recommencerent immédiatement après la rupture des conférences. Avant qu'elles se tinssent, Bourdillon avoit fortifié Mezieres, & la Lobe enseigne du Seigneur de la Marck, avoit mis le château de Bouillon en un bon état de défense Mariembourg avoit été une seconde fois ravitaillée, par les soins & l'habileté du Duc de Nevers, qui pour assurer le succès de cette expédition se servit d'une partie de l'armée Françoise. Les ennemis de leur côté avoient fortifié Givets où ils s'étoient retranchés; & de-là ils faisoient de fréquentes courses jusqu'à Maubert-Fontaine & à Aubenton; ils étoient au nombre de cinq à six mille chevaux & de vingt mille hommes de pied, Bas Allemands, Clevois, Gueldrois, Vallons, Liegeois, Francomtois & Espagnols. Cette armée, composée de troupes ramassées de divers pays, ne fut pas long-tems sans dépérir presque totalement; les Allemands indignés de ne pas recevoir leur solde, pendant que les Espagnols étoient exactement payés, se mutinerent & déserterent en partie; mais ce qui affoiblit le plus cette armée fut la disette de vivres, & les maladies contagieuses qui en furent une suite. Martin de Rossen (a) Maré-

(a) » Ce brave Martin de Rossen, très-bon
» Capitaine, se fit voir en plusieurs belles
» expéditions qu'il fit contre l'Empereur, &
» aucuns de ses Capitaines comme le Prince
» d'Orange & autres qu'il défit, & donna
» jusqu'aux portes d'Anvers, où il brûla la
» moitié des Fauxbourgs; l'Empereur pour

L ij

chal de Cleves & Lieutenant général de l'Empereur, Capitaine également brave & habile, ne put résister à la violence du mal, & mourut à Anvers où il s'étoit fait transporter.

Sur la nouvelle de la mort de ce Général & de l'affoiblissement de l'armée ennemie, les troupes de Champagne sous les ordres du Duc de Nevers, & celles de Picardie sous les ordres du Maréchal de Saint-André, s'assemblerent à Maubert-Fontaine, & marcherent de-là à Couvins, à dessein d'aller forcer les ennemis dans leur camp de Givets. Sansac à la tête de sa compagnie d'hommes d'armes & d'une troupe de chevaux légers Anglois & Ecossois fut chargé d'aller reconnoître le chemin, & il étoit suivi de la cavalerie légere commandée par le Marquis d'Elbœuf & le Duc de Nemours. Le Maréchal de Saint-André conduisoit l'avant-garde, composée de cinq cent hommes d'armes & de trente deux enseignes d'infan-

„ sa valeur le prit à son service & à ses ga-
„ ges ; ainsi alla la fortune de guerre en ce
„ Capitaine, aujourd'hui pour le Roi & le
„ lendemain pour l'Empereur.

terie Françoise, cinq cent lances & vingt enseignes de lansquenets sous les ordres du Rhingrave, formoient le corps de bataille commandé par le Duc de Nevers ; le dessein de ce Prince étoit de marcher droit à l'ennemi & de l'attaquer ; mais le Roi lui envoya ordre par le sieur de Boncart, de ne tenter les hazards d'une bataille que lorsqu'il auroit tiré les Impériaux de leurs retranchemens.

1559.

Sur ces entrefaites le Duc ayant eu avis que Sansac venoit de découvrir cinq cent chevaux ennemis, il donna ordre à ses troupes de se remettre en marche, & s'avança jusqu'à Germigni, Village qui n'est éloigné que d'une lieue de Givets. Les ennemis, pour nous fermer les passages, étoient sortis de leur fort au nombre, de dix-sept enseignes de gens de pied, & dix-huit cent chevaux, & étoient venus se mettre en embuscade dans une forêt sur le penchant d'une colline ; l'escarmouche commença par la cavalerie légere, que commandoit le Marquis d'Elbœuf, & qui fut bientôt après soutenue par un renfort de douze cent arquebusiers & de trois cent hommes d'armes; les ennemis se défendirent courageusement, & ne commencerent à reculer & à reprendre le chemin de leur camp, où ils se retirerent en bon ordre, que lorsqu'ils se virent sur le point d'être enveloppés. Quoique ce combat eut duré près de cinq grosses heures, la perte fut de part & d'autre peu considérable. Après la retraite des ennemis toute notre armée alla camper sur la même colline qu'ils venoient d'abandonner.

Combat naval.
Belcar. liv. 27. p. 877.

Le lendemain seiziéme de Juillet (a) nos troupes rangées en bataille marcherent au camp ennemi, & firent bien des mouvemens pour attirer les Impériaux au combat; mais il n'y eut, comme la veille que quelques escarmouches qui ne finirent qu'avec la nuit, & où il y eut peu de monde de tué de part & d'autre; il est vrai cependant que le Duc de Nevers

(a) Ce ne fut pas le 14 de Juin, ainsi que l'écrit M. de Thou, mais le 16 de Juillet, comme nous l'apprend Rabutin témoin oculaire, que l'armée de France se remit en marche pour aller braver l'ennemi dans ses retranchemens.

pour ne pas désobéir aux ordres du Roi, laissa échapper une belle occasion de remporter une glorieuse victoire; il ne se retira avec ses troupes qu'après avoir envoyé un trompette au Comte de Barlemont, Lieutenant Général de l'Empereur, pour lui présenter la bataille, s'il vouloit l'accepter; mais toute la réponse que le Comte fit au trompette fut, que s'il ne se retiroit promptement, il devoit s'attendre à essuyer force coups d'arquebuses.

Environ ce tems-là il se donna à la hauteur de Douvres un furieux combat naval, entre dix-neuf armateurs de Dieppe, & vingt-deux vaisseaux Flamands qui revenoient d'Espagne, & qui étoient chargés des plus précieuses marchandises des Indes. Les vaisseaux ennemis armés en course avoient cet avantage sur les nôtres, qu'ils les surpassoient par la grosseur & la solidité, & qu'étant plus hauts de bord, les Flamands faisoient leurs décharges dans nos navires, comme si c'eût été du haut de quelque tour. Les deux flottes employerent peu de tems à se canoner;

animées d'une égale fureur, elles en vinrent bientôt à l'abordage; le combat fut sanglant & dura depuis neuf heures du matin jusqu'à trois après midi, que le feu prit à quelques vaisseaux, ce qui obligea les deux flottes de se séparer; six navires des ennemis & autant des nôtres sauterent en l'air, selon le témoignage de plusieurs Auteurs contemporains. Le nombre des soldats tués des deux côtés & de ceux qui périrent dans les flammes, ou les eaux, fut à peu près égal; mais on prit aux ennemis cinq de leurs vaisseaux qui furent amenés à Dieppe.

Défaite de l'arriere-ban.
Belcar. liv. 27. p. 876.
Rabutin, Tom. 2. p. 50.
Annales de France, liv. 6. p. 1581.

Ce foible avantage remporté par les François fut suivi de la défaite presqu'entiere de leur arriere-ban. La Jaille à la tête de quinze cent chevaux & de quatre cent hommes d'infanterie, s'étoit jetté dans l'Artois où il avoit fait un riche butin; comme il n'avoit point rencontré d'ennemi sur sa route, il ne soupçonna pas qu'ils dussent l'attendre à son retour; & dans cette téméraire confiance il ne gardoit aucun ordre dans sa marche; mais son imprudence lui coûta cher. Aulſimont, Gouverneur de Bapaulme, s'étoit mis en embuſ- 1555. cade entre une forêt & un ruiſſeau, & ce fut là que nos troupes, qui ne ſe tenoient pas ſur leurs gardes, furent taillées en piéces, & la Jaille fut fait priſonnier avec la plus grande partie des Gentilshommes qui l'accompagnoient. De-là vint que les Flamands ſe vantoient *de prendre les nobles de France ſans les peſer*, faiſant alluſion à certaines piéces d'or d'Angleterre connues ſous le nom de nobles : mais comme le remarquent quelques Auteurs contemporains, il s'en falloit bien que l'arriere-ban fût tout compoſé de Gentilshommes. *Ces bandes de nobles, dit Rabutin, ne ſont fournies, ni complettes en la meilleure part de Gentilshommes, leſquels ſe retirerent communément ès compagnies des ordonnances ; ains le plus ſouvent ſont roturiers ennoblis de l'an & jour, ou de quelques valets que les Seigneurs, femmes veuves, vieils, ou orphelins y envoyent.*

On s'imaginoit que les ennemis, fiers de l'avantage qu'ils venoient de remporter, formeroient quelque gran-

de entreprise ; mais le Prince d'O-
range qui commandoit leur armée, se
contenta de fortifier Charlemont &
Philippeville, & de notre côté nous
ravitaillames Rocroi, & Mariembourg, & primes le château d'Emeri.

Affaires de Piemont.
Prise de Sant-Ja & de Crevecœur par les François.
Rabutin Tom. 2. p. 53.
La Popel. liv. 3. p. 64.
Belcar. liv. 16. p. 865.

Nous fîmes la guerre en Piémont
avec plus de succès que dans les Pays-
Bas. La campagne s'ouvrit par la prise de Sant-Ja que le Maréchal de Brissac fit fortifier avec d'autant plus de
soin, que maîtres de cette place, nous
ôtions aux garnisons d'Ulpiano, de
Verceil & de Cresentin la facilité de
faire de continuelles courses dans le
plat pays. De Sant-Ja, l'armée de France marcha à Crevecœur place assez
forte, peu éloignée de Pavie ; mais
qui n'étant défendue que par une
foible garnison, se rendit avant qu'on
eût amené du canon pour la battre.
Mais ces premiers succès ne peuvent
entrer en comparaison de la surprise
de Casal par Salvoison, Gouverneur
de Verrue.

Surprise de Casal par Sal-voison.
Rabutin,

Un maître d'école appellé Fontarole, ayant observé un endroit derriere une petite tour, par où l'on pouvoit monter à l'escalade sans qu'on

ût apperçu, fit part de sa découverte à Pontdesture son parent qui servoit dans la compagnie de Salvoison. Ces deux hommes assurés d'être libéralement récompensés, s'ils procuroient aux François les moyens de se rendre maîtres d'une aussi importante place que Casal, n'eurent garde de laisser échapper une si belle occasion qui se présentoit d'avancer leur petite fortune; Pontdesture après avoir reconnu lui-même l'endroit découvert par son parent, en vint donner avis au Maréchal de Brissac, qui commença par envoyer deux sergens, & ensuite deux Capitaines pour examiner si le lieu étoit tel qu'on le lui dépeignoit; & ce fut sur leur rapport, qui se trouva conforme, qu'il se détermina à tenter l'entreprise. Salvoison fut chargé de l'exécution, & pour en assurer le succès l'on choisit le Mardi-gras (a), jour que Figueroa

1555.
Tom. 2. p. 630.
Tavanes, p. 191.
Guichenon, 670.
Belcar, liv. 26. p. 865.
Villars, liv. 5. p. 440.
Belleforet, liv. 6. p. 1573.

(a) Le Capitaine Salvoison, dit le Père Daniel, avoit surpris dès le mois de Février la Ville de Casal. Cet Ecrivain se trompe, ce fut le jour du Mardi-gras dixiéme de Mars comme nous l'apprend Villars témoin oculaire, que cette place fut surprise.

Gouverneur de la place destinoit à un tournoi. Il fut réglé que Salvoison à la tête de huit cent hommes d'élite prendroit les devants, & qu'il seroit suivi de près par le Maréchal, qui conduiroit avec lui le reste de ses troupes. Salvoison afin d'ôter aux ennemis tout sujet de défiance, feignit une maladie, & fit prier le Général ennemi de lui envoyer quelques Médecins de Casal. Le crédule Figueroa qui n'étoit occupé que de la fête qu'il devoit donner à de belles Dames, se prêta avec beaucoup de politesse aux désirs du Gouverneur de Verrue; les Medecins mandés arriverent le même jour : mais le prétendu malade s'excusa de les voir, sur ce qu'ayant très-mal passé la nuit, il avoit un besoin extrême de prendre quelques heures de repos; ainsi ils furent priés de remettre leur visite au lendemain; & pour les dédommager de ce délai, on leur promit de les bien régaler, & on leur tint parole. Cependant Salvoison fit tant de diligence qu'il arriva devant Casal avec son détachement à trois heures après minuit; il lui fut d'autant plus facile d'escalader les murs que les sentinelles endormis, & ensevelis dans le vin, n'étoient pas en état de lui opposer aucune résistance. Fontarole, ce Maître d'école dont nous avons parlé, conduisit les François à la porte de Pô où se trouvoit un corps-de garde qui fut aisément forcé ; le pont levis fut abbattu par Dodalengue, Bonnivet & Damville se jetterent dans la place à la tête de quatre cent hommes de troupes choisies. Madruce, Colonel des Allemands voulut faire tête ; mais il fut blessé mortellement, & sa troupe au nombre de cinq à six cent hommes, se jetta dans la citadelle avec Figueroa, qui au nom de France qu'il entendit souvent répéter, se précipita hors du lit, ayant à peine eu le tems de se couvrir d'une robe de chambre.

1555.

Sur le midi le Maréchal de Brissac arriva avec une partie de ses troupes ; & on fit venir de Sant-Ja le reste de l'armée ; mais ce qui demanda plus de tems fut, que l'on fut obligé d'envoyer prendre à Turin quinze canons avec leurs affuts pour battre la citadelle. Figueroa profita de ce délai pour se sauver par la porte du Secours & se retirer à Alexandrie. Les batteries furent dressées sur les bords du fossé, & firent un si grand feu que la garnison, presque toute composée d'Allemands, fut obligée de battre la chamade. Ils promirent de se rendre si dans huit jours ils n'étoient secourus; mais on ne voulut leur accorder, que vingt-quatre heures, & ils furent obligés de se soumettre à cette condition; cependant comme l'on craignoit que la place ne fût secourue, les assiégés obtinrent la capitulation la plus honorable.

A cette conquête le Maréchal de Brissac ajouta celle de Pomar, de Saint-Sauveur & de Valence, & il battit le Comte de la Trinité, qui étoit sorti de Valfenieres à la tête de quatre cent chevaux & de cinq cent hommes de pied. Mais le Maréchal échoua devant Ulpiano dont il fut obligé d'abandonner le siége, à l'approche de l'armée ennemie, commandée par le Duc d'Albe, que l'Empereur avoit envoyé en Piémont pour y remplacer Figueroa. Cette armée étoit composée de trente mille hommes de pied & de près de six mille chevaux, & on ne comptoit dans celle du Maréchal que dix-sept compagnies d'infanterie Françoise, huit d'Allemands, six de Suisses, douze cornettes de cavalerie & deux de chevaux légers.

La premiere expédition du Général ennemi fut la prise de Frassinet, petite Ville bâtie sur le Pô & qui n'étoit défendue que par cent fantassins Italiens & quatre-vingt-dix François ; le Duc d'Albe indigné qu'un si petit nombre d'ennemis eût osé lui résister, fit pendre l'Officier qui commandoit dans la place, & ordonna que tous les Italiens fussent passés au fil de l'épée, & que les François fussent envoyés aux galeres. L'affront que ce Général reçut devant Sant-Ja, l'humilia autant que la cruauté qu'il venoit d'exercer l'avoit deshonoré.

Cruauté du Duc d'Albe. Rabutin, Tom. 2. p. 60.

Bonnivet & Louis de Birague s'étoient chargés de la défense de cette place, dont les fortifications étoient à peine achevées ; mais on y avoit mis une garnison composée de deux mille cinq cent fantassins François,

Levée du siége de Sant-Ja par le Duc d'Albe. Villars, liv. 6. p. 602. & suiv. Paradin, p. 817.

de six cent Allemands, de cinq cent Italiens & de cent chevaux Albanois sous les ordres de Théodore Bedaine. Ces braves soldats firent de si fréquentes sorties sur l'ennemi, que cinq jours se passerent avant qu'il pût faire ses approches. Soixante chevaux & huit cent hommes de pied ayant eu ordre d'aller reprendre un moulin dont les assiégeans s'étoient emparés, firent quelque chose de plus que ce qui leur avoit été ordonné; non seulement le moulin fut forcé, & tous ceux qui le défendoient passés au fil de l'épée; mais nos gens eurent encore la gloire de rentrer dans la place, avec douze charettes chargées de boulets qu'ils avoient enlevées aux ennemis.

Le neuviéme jour du siége Dom Raimond de Cardonne, Grand-Maître de l'artillerie entreprit de se rendre maître du fossé, & pour cet effet il s'avança à la tête de trois mille hommes d'élite, conduisant avec lui deux piéces de campagne; mais les assiégés s'étant apperçus du mouvement qu'il faisoit, sortirent par divers endroits, & fondirent sur sa troupe

1555.

Rabutin
Tom. 2. p. 61.
Belleforet,
liv. 6. p. 158.
Guichenon,
p. 670.
B lcar. liv.
27. liv. 874.

troupe avec tant d'impétuosité que trois cent des ennemis furent taillés en piéces ; & la fuite de ceux qui échapperent au carnage fut si précipitée, qu'ils abandonnerent leurs canons, le Général lui-même étant demeuré mort sur la place.

Cependant le Roi informé du siége de cette importante place, qui n'avoit été fortifiée avec un trèsgrand soin par le Maréchal, que parce qu'il étoit pour nous d'une conséquence extrême de la conserver, fit passer en Piémont un renfort de dix mille homme de bonnes troupes sous les ordres du Duc d'Aumale. La bravoure de la Noblesse Françoise se signala dans cette occasion. Les Princes, & un grand nombre de jeunes Seigneurs, flattés de l'espérance d'une prochaine bataille, s'empresserent à accompagner le nouveau Général de ce nombre furent le Comte d'Anguien, Louis Prince de Condé, les Ducs de Vendôme & de Nemours, le Vidame de Chartres, les sieurs de Gonnor, d'Aubigni, de la Trimouille, de Prunel, de la Chataigneraie, de Vassé, de Malicorne, de Laussun, de la Chastre, de la Bastie, de Ventadour, de la Roue, de Lude, de Levis, d'Urfé, de Gourville & plusieurs autres. Le Duc d'Albe qui avoit osé se vanter de réduire en vingt jours tout le Piémont sous la puissance de son maître, ne jugea pas à propos d'attendre l'arrivée de ce renfort pour lever le siége de Saint-Ja: la prise du Bourg de Saint Martin, du Château de Gabiano, & de quelques autres misérables bicoques, dont il se saisit en chemin faisant ne répara pas l'affront qu'il venoit de recevoir; & ce qui mit le comble à son humiliation fut qu'il ne pût empêcher que les François ne prissent à sa barbe deux importantes places.

Prise d'Ulpiano par le Duc d'Aumale.
Rabutin, Tom. 2. p. 63.
Paradin, p. 819.
Villars, liv. 6. p. 630.
Belleforêt, liv. 6. p. 1573.
La Popel. liv. 3. p. 67.
Guichenon, p. 679.

La premiere fut Ulpiano qui fut assiégée par le Duc d'Aumale, à qui le Maréchal de Brissac avoit remis le commandement de l'armée, une fiévre violente, dont il fut lors attaqué l'ayant obligé de se retirer à Turin. Emanuel de Luna, Mestre de camp des troupes Espagnoles eut ordre de se jetter dans la place avec cinquante chevaux légers & trois cent arquebusiers de sa nation, des-

tinés à conduire trente à quarante
bêtes de somme chargées de munitions de guerre; mais il n'entra dans
la Ville que quinze à vingt chevaux
de ce détachement, tout le reste fut
taillé en piéces, ou fait prisonnier
par la Rochepoſai.

1555.
Geſtes de
Henri II. p.
36.

Les aſſiégeans ne ſe contenterent
pas de dreſſer trois batteries, ils eurent encore recours à autant de mines; mais avant qu'elles fuſſent en
état de jouer, ils voulurent tenter la
deſcente du foſſé, leur impatiente bravoure leur couta cher; trois
Capitaines, douze Lieutenans &
plus de trois cent ſoldats périrent
dans cette action.

Ce ne fut qu'après vingt-quatre
jours de ſiége, que l'on put mettre le
feu aux mines; celle qui avoit été faite ſous un boulevart entre la citadelle
& la Ville, enleva la partie du baſtion qui couvroit la citadelle, & les
ſoldats qui ſe trouverent deſſus, &
l'on monta en même tems à l'aſſaut.
Le combat ne fut pas long; tous
ceux qui défendoient l'autre partie
du baſtion furent ou tués ou pris,
parce qu'il ne purent ſe retirer dans

M ij

la citadelle, dont on avoit fermé les portes de peur que les affiégeans n'y entraffent pêle mêle avec eux. Cefar de Tolede neveu du Duc d'Albe, jeune Seigneur de grande espérance, fut du nombre des morts; & le Capitaine Lazarre, Lieutenant des gardes du Général ennemi, avec Sigifmond de Gonzague, furent faits prifonniers. Mais l'affaut qui se donna du côté de la Ville n'eut pas à beaucoup près le même succès ; parce que la descente dans le foffé, où les soldats avoient de l'eau jusqu'à la ceinture, ne se pouvoit faire qu'avec des échelles & qu'il falloit se servir de ces mêmes échelles pour monter sur la muraille. Ces difficultés qui paroiffoient insurmontables, ne purent rallentir la bravoure du Comte d'Anguien, & du Prince de Condé ; accompagnés d'un grand nombre de jeunes Seigneurs avides de gloire, ils grimperent sur les murs ; mais n'ayant pas été soutenus ils furent repouffés ; & il en couta la vie à plusieurs vaillans Capitaines ; le plus regretté fut d'Eftouteville, Comte de Créance. Par l'avis de Montluc le Duc d'Aumale fit élever sur la premiere breche une batterie de trois à quatre canons, afin de foudroyer la citadelle ; mais les assiégés qui n'avoient aucune espérance d'être secourus battirent la chamade. Le Le brave Cesar de Naples qui depuis vingt ans commandoit dans Ulpiano, sans qu'on eût osé l'attaquer, voulut capituler avec le Maréchal de Brissac, qui sur la fin du siége s'étoit fait transporter de Turin au camp. Mais ce grand homme, non moins recommandable par sa modestie que par sa bravoure, fit assembler les principaux Officiers de l'armée dans la tente du Duc d'Aumale, & en leur présence il dit aux députés de Cesar de Naples : *ce n'est point à moi, Messieurs, à qui il faut que vous vous addressiez ; ains à ces Seigneurs qui ont eu charge de l'armée, & qui vous ont vertueusement combattus & vaincus en mon absence, bien leur veux-je servir de témoin en ce qu'ils traiteront avec vous.* Il fut accordé aux assiégés de sortir avec armes & bagages, enseignes déployées & tambours battans : le Gouverneur de la citadelle capitula le lendemain ; mais pour conserver son honneur,

& se mettre à couvert de l'excessive sévérité du Duc d'Albe, il exigea avant que de se rendre, qu'on tirât cinquante coups de canons contre la place qu'il défendoit, & qui fut démentelée.

Siége & prise de Montcalvo par les François. Montluc, liv. 4. p. 245. Rabutin, Tom. 2. p. 66. Paradin, p. 821. Guichenon, p. 670. Gestes de Henri II. p. 36.

Après la prise d'Ulpiano, il fut mis en délibération, si on attaqueroit Pont-Sture, où le Général ennemi s'étoit retiré, ou si l'on marcheroit à Montcalvo. On se détermina pour le siége de cette derniere place, qui le même jour qu'on s'en approcha fut prise par escalade. Mais il n'en fut pas de même de la citadelle; elle fut battue pendant sept jours consécutifs sans qu'on pût faire breche, & nos soldats furent repoussés à l'attaque d'un bastion; mais Montluc & Caillac s'étant avisés de braquer trois piéces d'artillerie contre le Pont pour le faire tomber en rompant les chaines qui le soutenoient & briser ensuite la porte de la citadelle, les assiégés battirent la chamade, & se rendirent vies & bagues sauves; on permit même au Gouverneur d'emmener avec lui un canon de la citadelle. Mais la précaution qu'il eut de ne se rendre qu'à des conditions honorables, ne put lui sauver la vie; à peine fut-il arrivé au Pont de Sture, que Dom Alvaro, Mestre de Camp des Espagnols, le fit pendre & étrangler, *comme il meritoit*, ajoute Montluc; *car pour le moins devoit il atendre un assaut, il nous eut donné prou d'affaires.*

Tels furent les glorieux succès de la campagne du Piémont; mais nos armes n'eurent pas à beaucoup près un sort aussi heureux en Toscane & dans la Corse. Un mois après la reddition de Sienne, le Marquis de Marignan alla faire le siége de Portercole, place défendue par une bonne citadelle, située sur une colline escarpée; & cette citadelle étoit elle-même défendue par trois forts que les François avoient élevés. Ce fut par le boulevart de Saint Hypolite que le Général ennemi commença ses attaques; comme les fortifications n'en étoient pas encore achevées, il ne lui fut pas bien difficile de se rendre maître de ce poste; mais le fort qu'on appelloit le Boulevard de l'Autour, opposa plus de résistance. Nos trou-

Affaires de Toscane & de Corse.
Prise de Portercole par les Imperiaux.
Belleforet, liv. 6. p. 1579. La Popeliniere, liv. 3. p. 66.

pes y soutinrent un assaut, & se signalerent par leur intrepidité; l'ennemi fut repoussé avec perte, mais nous perdimes aussi beaucoup de braves soldats. Strozzi, qui avant le siége s'étoit enfermé dans la place, l'abandonna dès qu'il eût perdu l'espérance de la sauver; & laissa à Christophle des Ursins le commandement de la garnison. Le Marquis de Marignan informé de la retraite de Strozzi, osa se flatter que la place ne tiendroit pas long-tems, & il ne fut pas trompé dans son attente. Nos troupes découragées par la retraite de leur chef, abandonnerent successivement les deux Boulevarts de l'Autour & du Vautour, & se retirent en désordre dans la citadelle. Les murailles de la Ville s'étant trouvées extrémement foibles furent aisément abbatues, & les habitans, hommes, femmes & enfans furent inhumainement massacrés. En vain des Ursins voulut s'obstiner à se défendre dans la citadelle, la garnison se rendit à discretion. Ottobon de Fiesque frere de Louis de Fiesque, Auteur de la conspiration

conspiration de Gênes fut remis entre les mains d'André Doria, qui pour venger la mort de Jannetin Doria son parent, eut la barbarie de faire jetter ce Seigneur dans la mer après qu'on l'eût cousu dans un sac.

1555.

Les ennemis maître de Portercole enleverent encore aux François la Tour de Telamone, Cuparbio, Castiglione & Sarteano. Cette derniere place soutint plusieurs assauts, & ne se rendit que lorsque les vivres commencerent à manquer aux habitans & à la garnison.

Malgré tant d'avantages remportés par les Impériaux, les malheureux Siennois se flattoient encore de l'espérance de recouvrer leur liberté ; mais ce fut là une espérance qu'ils perdirent bien-tôt ; pour s'assurer de leur soumission, on les dépouilla de leurs armes, on démolit la plûpart de leurs places fortes, on changea totalement la forme de leur Gouvernement, on les força de consentir à la construction d'une nouvelle citadelle, & enfin on les obligea de reconnoître le pouvoir souverain de Philippe à qui l'Empereur son pere

Dureté de l'Empereur à l'égard des Siennois.

avoit cédé ses droits sur l'Etat de Sienne.

Le sort des armes ne nous fut pas plus favorable en Corse qu'en Toscane, & cela vint en partie de ce que la jonction de notre flotte avec celle des infideles fut retardée par des vents contraires. Le douziéme de Juillet la flotte Turque composée de quatre-vingt vaisseaux, se présenta devant Piombino, après avoir ravagé les côtes de la Pouille & de la Calabre. Elle pilla Populonia; mais elle échoua devant la citadelle dont elle fut obligée de lever le siége; elle ne réussit pas mieux dans l'Isle d'Elbe, qui par les soins de Côme Duc de Florence avoit été mise en un bon état de défense. Le dessein des Turcs étoit de se saisir de Porto-Longone, mais cette place s'étant trouvée mieux fortifiée, qu'ils ne pensoient, ils renoncerent à l'espérance de la prendre, & se répandirent dans le plat païs, d'où ils emmenerent un grand nombre de captifs.

Siége de Calvi & de la Baflie.
Ribier, Tom. 2. p. 590.

Ce ne fut qu'au commencement du mois d'Août que la flotte Ottomane alla joindre en Corse celle de

France composée de vingt-deux galeres commandées par le Baron de la Garde; Jourdain des Ursins qui commandoit dans cette Isle en la place du sieur de Thermes à qui le Roi avoit confié le commandement de son armée du Piémont, se servit du secours des Turcs pour faire le siége de Calvi. La place fut attaquée & défendue avec une égale bravoure des deux côtés; le neuviéme d'Août les François monterent à l'assaut, & le combat dura une bonne partie du jour, mais enfin ils furent repoussés; les Turcs ne réussirent pas mieux le lendemain dans leur attaque; il n'y eut pas jusqu'aux femmes qui ne fissent des prodiges de valeur, & il y en eut plusieurs de tuées sur la bréche. Des Ursins désespérant de prendre Calvi s'approcha de la Bastie pour en faire le siége, mais la défense fut aussi vive que l'attaque; la place cependant n'auroit pu tenir long-tems, si les François eussent été secondés par les Infidéles; mais ceux-ci à qui il ne restoit des munitions que pour quinze à vingt jours reprirent la route du Levant, malgré tou-

1555.
Belcar. liv. 26. p. 864.

148 HISTOIRE

tes les prieres que leur put faire le Baron de la Garde pour les engager à différer leur départ de quelques jours (a).

Je passe à des événemens plus intéressans encore que ceux que je viens

Affaires de Rome. Mort de Jules III.
La Popel. liv. 3. p. 62.
Bellefort. liv. 6, p. 1575.
Tavanes, F. 189.

(a) Une lettre du Roi au Grand Seigneur, datée du vingt-deuxiéme Octobre, nous apprend la véritable cause de la levée de ce siége. *La poursuite & continuation du malheur auroit été si grande*, écrivoit Sa Majesté, *que se trouvant nos deux armées devant la Bastide, ausquelles arrivoit lors du secours qui leur estoit envoyé de Provence, de tous rafraichissemens, de vivres, poudres & munitions qu'autres provisions, elles furent surprises d'un si cruel tems & outrageuses bourasques, qu'en un moment elles se trouverent dispersées, & écartées çà & là, les uns d'un côté, les autres de l'autre, de maniere que sur cette malheure adventure, ceux de votre dite armée, sans plus vouloir approcher la nôtre, auroient pris occasion de leur retour; alleguans entre autres choses, qu'ils n'étoient gueres fournis de vivres, poudres & munitions; combien que lesdits rafraichissemens apportés de Provence lors de leur séparation d'avec les nôtres, ainsi que dit est; eussent été suffisans pour les en secourir; néanmoins sans en envoyer prendre, ou attendre que l'on leur en eût porté, ils se seroient licentiés, ayant repris la voye de leur retour à notre grand regret, ennui & déplaisir* ».

1555.

de rapporter. La mort de deux souverains Pontifes, les curieuses intrigues du Conclave, la ligue imprudemment conclue par la France avec Paul IV. la guerre faite à ce Pape par les Impériaux; la surprenante abdication de Charles V. furent les époques les plus remarquables de l'année 1555.

Jules III. après avoir tenu le Saint Siége cinq ans un mois & quatorze jours, mourut le vingt-troisiéme de Mars âgé de soixante-sept ans, six mois & quelques jours. Vivement sollicité par Baudouin son frere de détacher le Duché de Camerino du Siége Apostolique, & d'en donner l'investiture à Fabio son neveu qui avoit épousé une des filles de Côme, Duc de Florence; il chercha un prétexte qui le délivrât des importunités de Baudouin, & celui qu'il imagina fut de jouer le malade afin de ne pas être obligé de tenir Consistoire; mais cette feinte lui coûta la vie. Réduit pour couvrir son jeu à ne manger que très-peu, & à se contenter d'alimens peu propres à le soutenir, il altéra son tempéramment & fut attaqué d'une maladie sérieuse qui l'emporta en peu de jours (a).

Après la mort de Jules, le Conclave se trouva partagé en deux factions qui paroissoient également puissantes. À la tête de celle de France étoit le Cardinal de Ferrare qui prétendoit lui-même à la Papauté; & celle des Impériaux se déclara d'abord pour le Cardinal de Mantoue. Mais le Camerlingue fut assez habile pour faire donner l'exclusion à l'un & à l'autre, & pour réunir tous les suffrages en faveur du Cardinal de Sainte-Croix. Le Lecteur ne sera sans doute pas fâché de trouver ici le détail singulier des intrigues du Conclave telles qu'elles sont

(a) Il mourut âgé de soixante sept ans six mois & 14 jours, ayant tenu le Saint Siége un peu plus de cinq ans. Il assista au Concile de Latran, & y fit la harangue solemnelle de la clôture; il fut Archevêque de Siponte, Auditeur de la Chambre Apostolique & deux fois Gouverneur de Rome. Il fut donné en ôtage lorsque Rome fut saccagée par les troupes de Charles V, & depuis sa promotion au Cardinalat, il exerça plusieurs Legations, & acquit beaucoup de réputation dans tous les emplois qu'il remplit.

rapportées par le Cardinal Pallavicin dans son excellente histoire du Concile de Trente.

1555.

Deux difficultés paroissoient s'opposer au dessein que le Camerlingue avoit formé d'élever sur la chaire de Saint Pierre le Cardinal de Sainte-Croix. La premiere étoit que ce Cardinal avoit pour ennemi déclaré celui de Trente; & le second qu'il s'étoit rendu désagréable à l'Empereur pour avoir voulu transférer le Concile de Trente à Boulogne. Ainsi il étoit à craindre que la plûpart des Impériaux ne s'opposassent à son élection. L'expédient que le Camerlingue imagina pour se tirer d'embarras fut de faire proposer au Cardinal de Ferrare quatre sujets, pour qu'il en choisît un. Lottin chargé de cette commission proposa les Cardinaux Chieti, Fano, de Mantoue & de Sainte-Croix. Le Cardinal de Ferrare n'eut pas plutôt entendu le nom du premier qu'il se mit à rire, & il parut de même surpris qu'on lui proposât Fano. Lottin ayant ensuite nommé le Cardinal de Mantoue, ajouta que *celui-là ne pouvoit manquer d'ê-*

Intrigues du Conclave. Palavicin, Hist du Concile de Trente, lib. 1. c. 2. p. 2. Hist des Papes, p. 600.

N iiij

tre du goût du *Cardinal de Ferrare*, puisqu'il étoit son parent, & que ce Cardinal briguoit pour son élection, quoiqu'il sçût qu'elle n'étoit pas agréable à l'Empereur. *Eh non, non, ne vous imaginez pas,* dit le Cardinal à Lottin, *que le Cardinal de Mantoue soit disposé à donner à un autre ce qu'il pourra avoir pour lui-même :* & à l'égard de Sainte-Croix que l'on sçavoit s'être brouillé avec l'Empereur, le Cardinal répondit, qu'il ne doutoit pas que son élection ne plût à Sa Majesté très-chrétienne, & il ne jugea pas à propos de s'expliquer davantage. Le Camerlingue informé des dispositions du Cardinal de Ferrare, agit vivement avec ceux de sa faction, en faveur du Cardinal de Sainte-Croix, dont l'élection fut conclue avant même que ceux du parti contraire pussent en avoir quelque soupçon ; il n'y eut que le Cardinal Dandino qui s'apperçut des secrets mouvemens que l'on se donnoit pour l'élévation de Sainte-Croix. Ayant rencontré Lottin il lui dit à l'oreille : *Je suis instruit de la brigue que vous faites, mais je n'en suis pas fâché ; assurez le Camer-*

lingue que je le servirai de tout mon pouvoir. L'habile Lottin, le plus raffiné des Prélats dévoués à la Maison d'Autriche, vint encore à bout de mettre dans les intérêts de Sainte-Croix le Cardinal de Santa-Fiore, & celui de Trente qui auparavant avoit assuré sa voix au Cardinal de Ferrare. Toutes ces menées se firent si secrettement que ceux du parti de France n'en furent instruits que lorsqu'ils ne purent plus empêcher que la faction contraire ne prévalût; ainsi le Cardinal de Sainte-Croix fut élu d'un commun consentement, & prit le nom de Marcel II. n'ayant pas voulu changer celui qu'il avoit reçu au Baptême (a).

1555.

La vertu la plus pure, le zéle le plus ardent pour la gloire & les intérêts de la religion, un amour ex-

Mort & éloge de Marcel II.
Hist. des Papes, p. 603.
Pallavicin, liv. 13. c. 2.
Ciaconius, Tom. 3. p. 801.
Burnet, Hist. de la Reform. Tom. 2. p. 733.

(a) Il se nommoit Michel Cervin & étoit né à Fano le 6 de Mai 1501. il fut premier Secrétaire de Paul III., & il accompagna le Cardinal Farnèse neveu de ce Pontife, en France & dans les Pays-Bas. A son retour Paul III. le fit Cardinal, & le nomma dans la suite un des Présidens du Concile de Trente. Il mourut âgé de cinquante-quatre ans moins six jours.

trême de la paix, le plus parfait détachement des choses de la terre, une humilité profonde, une simplicité évangélique digne des Pasteurs des premiers siécles, montèrent avec lui sur le thrône de Saint Pierre; mais l'Eglise n'eut pas le bonheur de posséder long-tems un si saint Pape, il mourut le trente-uniéme Avril après vingt-deux jours de Pontificat, étant âgé de cinquante-quatre ans. Il fut si détaché de ce qu'on appelle népotisme, qu'il ne voulut pas souffrir qu'aucun de ses parens vînt à Rome; & il n'excepta pas même ses propres neveux. Quelqu'un lui ayant demandé si on leur donneroit un appartement au Palais? *Eh, qu'y ont-ils à faire*, répondit le saint homme, *est-ce leur maison?* Il avoit tant d'horreur du faste & du luxe qu'il voulut retrancher la compagnie de ses gardes, disant qu'un Vicaire de Jesus-Christ ne devoit point avoir d'autres armées que la Croix. " Il ne " changea rien à sa table, non pas " même la coutume de se faire lire " quelque ouvrage pendant le repas. " Un jour qu'il crut avoir trop perdu

» de tems à dîner, il dit qu'il se sou-
» venoit d'une excellente pensée d'A-
» drien IV. Qu'un Pape est le plus
» malheureux des hommes, que son
» siége est tout hérissé d'épines, &
» son chemin semé de ronces. Il ajou-
» ta en s'appuyant sur la table, qu'il
» avoit peine à concevoir comment
» ceux-là seroient sauvés, qui pos-
» sédoient une dignité si délicate.

 Marcel II. eut pour successeur Jean-
Pierre Caraffe qui prit le nom de Paul
IV. (*a*) Il dut son exaltation aux
intrigues de la faction des Farnèses, &
fut préféré au Cardinal Fano, malgré les belles espérances dont ce Cardinal flattoit Henri, s'il plaisoit à Sa

Election de Paul IV. Ribier, Tom. 2. p. 12. Belcar, liv. p. 27. 872. Bzouvius Annal. Eccles. ad An. 1555. ss. 1. & seq.

(*a*) Il étoit fils de Jean-Antoine Caraffe, Comte de Matalone. Il nâquit à Naples en 1474. Il entra fort jeune dans un Couvent de Dominicains, d'où ses parens eurent bien de la peine à le tirer ; il acquit une parfaite connoissance de la Langue Grecque & Hebraïque, & fut grand Théologien. Il fut Légat en Angleterre & en Espagne ; il étoit Evêque de Theate, lorsqu'il institua l'Ordre des Theatins, mais il se demit de cet Evêché, & ne voulut pas accepter celui de Brindes: Paul III. l'ayant fait venir à Rome lui donna le Chapeau de Cardinal en 1536.

Majesté de lui procurer les suffrages des Cardinaux François *(a)*.

Si Paul ressembla à son prédécesseur par une grande pureté de mœurs, par l'étendue de ses lumieres, & par un zéle ardent pour l'extirpation de

(a) Voici ce qui se lit sur ce sujet dans une lettre écrite au Connétable par le sieur d'Avanson, Ambassadeur du Roi à Rome : « Le » Cardinal de Fano m'a mandé qu'il avoit » à me tenir un propos d'importance, & ce » propos est qu'il se tient assuré d'être Pape, » s'il plaît au Roi de l'assurer des vœux des » Cardinaux François, & qu'il passera, pourvu » que lesdits Cardinaux lui donnent leurs » vœux, les articles qui s'ensuivent : à sçavoir, » une Ligue offensive pour chasser l'Empereur » d'Italie, & remettre au Roi le Duché de Milan, » & veut que ladite Ligue soit envers tous » & contre tous ceux qui voudroient troubler » le Roi en ce pays ; veut que ladite Ligue » soit pareillement pour la libération de » Sienne, & quant aux terres de Parme & » de Plaisance, promet de les laisser entre les » mains des Farnèses, comme feudataires » de l'Eglise, ou autrement comme il plaira » au Roi : promet encore de faire entrer son » frere qu'il dit être meilleur François que » Chrétien au service de Sa Majesté ; & de- » mande finalement que le Roi promette » par la même ligue, de lui aider à retirer » des mains de l'Empereur les places qu'il » tient de l'Eglise.

l'hérésie & le rétablissement de la discipline Ecclésiastique; il n'eut pas comme lui le même éloignement du faste, le même détachement de sa famille, le même amour pour la paix. Paul peu de jours après son élection dissipa la crainte que l'on avoit conçue de l'austérité dont il s'étoit paré jusqu'alors: on s'étoit imaginé qu'il commenceroit par la réformation de la Cour de Rome, & qu'il donneroit lui-même l'exemple; mais on fut fort surpris d'apprendre qu'il étoit résolu de soutenir par une magnificence extraordinaire la suprême dignité dont il étoit revêtu. Son Maître d'Hôtel lui ayant demandé comment il vouloit être traité? *Magnifiquement*, lui répondit le nouveau Pape, *& comme il convient à un grand Prince*. Il reçut avec une pompe affectée la triple couronne qui lui fut présentée par le Cardinal du Bellay, Evêque d'Ostie. Son amour pour le faste parut encore dans l'audience qu'il donna aux Ambassadeurs d'Angleterre envoyés par la Reine Marie, pour prêter à Sa Sainteté le serment d'obédience, & demander l'absolution du schisme de la Nation Angloise.

1555.

Il fait venir ses neveux à Rome.
Belcar, liv. 27, p. 872.
De Thou, liv.16, p. 602.

Marcel n'avoit pas voulu permettre que ses parens vinssent à Rome, & le premier soin de Paul fut d'y appeller ses trois neveux. L'aîné appellé le Comte de Mantorio fut fait premier Ministre, & chargé de la principale administration des affaires du Saint Siége ; il fut encore établi Grand-Gonfalonier de l'Eglise en la place du Duc d'Urbin à qui on ôta le bâton de commandement. Charles Caraffe le second, Chevalier de Malthe & Grand-Prieur de Naples, qui avoit servi dans l'armée de France, sous le Duc de Parme, & ensuite sous le Général Strozzi, obtint d'abord la qualité de Cardinal neveu, & fut successivement pourvu des légations de Boulogne & de la Marche d'Ancone ; & Antoine Caraffe le dernier de tous, eut pour son parrtage Montebello, & les autres terres du Comte de Bagno, qui fut dépouillé & proscrit pour avoir enlevé auprès de Cesene dans la Romagne, Province du patrimoine de Saint-Pierre, vingt-quatre mille écus d'or qui étoient

envoyés au Général de l'armée de
France.

 Paul ne s'en tint pas à ce qu'il venoit de faire pour l'avancement de sa famille ; résolu de la mertre en possession du Duché de Camerino, il commença par réunir cet Etat au domaine de l'Eglise ; & il fallut que Fabien Delmonré, neveu de Jules III. & destiné à être le gendre du Duc de Florence, se contenta de la promesse qu'on lui fit de lui donner quelques terres en échange. Mais les dépouilles d'une des plus puissantes Maisons de l'Italie étoient destinées à enrichir tout d'un coup les neveux de Sa Sainteté, & ce fut à l'occasion de quelques troubles arrivés à Rome, que cette Maison fut dépouillée de tous ses biens. L'histoire que j'écris demande que je rapporte la cause de ces troubles, puisqu'ils furent l'origine de la nouvelle guerre qui s'alluma entre la France & la Maison d'Autriche.

 Charles Sforce sollicité par le Cardinal de Santafioré son frere s'étant déterminé à quitter le service de France pour passer à celui de l'Em-

Il fait arrêter Camille Colonne & le Camerlingue.
Memoires de

pereur, avoit fait conduire à Civita-Vechia, port du domaine du Saint-Siége, deux galeres du Roi, sous prétexte de les radouber; mais à peine furent-elles arrivées qu'Alexandre & Mario freres de Charles, se saisirent d'Alamanni qui commandoit sur ces galeres, & en chasserent les François. Le Prieur de Capoue, Gouverneur de Civita-Vechia, instruit de cette violence, fit fermer le port, & ne voulut pas permettre que les deux galeres en sortissent; mais le Cardinal de Santafioré obtint par le moyen de Lottin son Secretaire, une lettre du Comte de Montorio pour le Gouverneur, par laquelle il lui étoit ordonné de ne pas s'opposer au départ des galeres : le même jour elles firent voile pour Gaëtte, & furent de-là conduites à Naples.

Les Ministres de France ayant été informés par Alamanni de ce qui venoit de se passer, en porterent leurs plaintes au Pape. Paul extrêmement irrité qu'on eût osé commettre un pareil attentat dans un de ses ports, en fit de vifs reproches au Comte de Montorio son neveu; mais ce Seigneur

gneur se disculpa en protestant qu'il avoit été surpris par les impostures de Lottin, Secrétaire du Cardinal de Santafioré, qui l'avoit assuré que les deux galeres appartenoient à son maître. Lottin fut mis en prison, & il fut ordonné aux Sforces sous les plus grieves peines de restituer promptement les deux galeres.

1555.

Le Cardinal de Santa-Fioré qui craignoit que Lottin le confident de tous ses secrets, ne les découvrît s'il étoit appliqué à la question, résolut à quelque prix que ce fût de tirer son Secrétaire du Château Saint-Ange, où il avoit été transferé pour plus de sûreté; & pour cet effet il assembla dans son Palais tous les Cardinaux de la faction d'Espagne, avec les principaux Seigneurs attachés au même parti, afin de délibérer avec eux sur les mesures qu'il convenoit de prendre dans la conjoncture présente. On déclama avec beaucoup de violence contre Paul IV. dans cette assemblée; plusieurs mêmes furent d'avis d'avoir recours aux armes, pour se venger de l'outrage qu'il avoit fait au Cardinal Camerlingue.

Tom. II. O

Cependant le Pape ayant été informé de ce qui s'étoit passé dans cette nombreuse assemblée, commença par pourvoir à sa sûreté, en ordonnant une levée de six mille hommes, & songea ensuite à punir les conjurés. Deux fois le Marquis de Soria, Ambassadeur de l'Empereur demanda audience & deux fois elle lui fut refusée : les Sforces promirent que les galeres seroient restituées : mais ils exigeoient qu'avant toutes choses l'on remît Lottin en liberté. Paul indigné qu'on osât lui prescrire des conditions, fit arrêter & conduire au Château Saint-Ange le Cardinal de Santa-Fiore ; l'on arrêta aussi le jeune des Ursins dont ce Cardinal étoit tuteur, & l'on se saisit des places qu'il possedoit dans l'Etat Ecclésiastique. Camille Colonne le principal appui d'une maison toujours ennemie des Papes, fut enfermé dans une étroite prison ; & il fut défendu à Julien Cesarini, & à Ascagne de la Corne neveu de Jules III. de sortir de Rome. On exigea du premier, pour sureté de sa parole, un billet de cinquante mille écus ; & du second un de quinze mille. L'on fit grace aux autres Cardinaux de la faction d'Espagne; mais ce fut à condition qu'ils se purgeassent de la conjuration, où l'on prétendoit qu'ils étoient entrés.

Ces premieres brouilleries furent augmentées par la découverte d'une nouvelle conspiration, que l'on prétendoit avoir été formée contre le Pape & le Cardinal Caraffe son neveu. L'Abbé Nanni, & César Spina Calabrois, accusés sur de simples soupçons de s'être laissés corrompre par les ministres de l'Empereur pour empoisonner le Cardinal, furent exécutés après avoir été appliqués à la question ; cependant tout l'éclaircissement qu'on put tirer de leurs dépositions, fut que l'Abbé Nanni chargé de quelques lettres du Duc d'Albe, avoit été dépêché de Naples à Rome, vers l'Abbé Bersigni, attaché au service de la Maison d'Autriche. Cet Abbé fut arrêté, & on trouva dans ses papiers les lettres qui lui étoient addressées ; comme elles étoient en chiffres, le Cardinal neveu y vit tout ce qu'il vouloit y voir, c'est-à-dire, le plan d'une conspiration qui n'étoit

1555.

Conspiration contre Paul IV.
Belcar. liv. 27, p. 873.

peut-être qu'imaginaire ; mais dans le deſſein qu'il avoit d'aigrir toujours plus l'eſprit de ſon oncle, il lui ſuffiſoit que Sa Sainteté la crût réelle, & il vint aiſément à bout de tromper le vieux Pape. Ce qui mit le comble à l'indignation de Paul, fut d'apprendre que ſon Nonce à la Cour de Bruxelles, avoit été traité avec le dernier mépris par Antoine de Granvelle, Evêque d'Arras & Miniſtre de l'Empereur; il ſçut que ce Prélat s'étoit plaint avec hauteur de l'empriſonnement du Cardinal de Santa-Fiore, & du refus que l'on avoit fait de donner audience à l'Ambaſſadeur de Sa Majeſté Impériale ; qu'il s'étoit même échappé juſqu'à parler en termes injurieux & de Sa Sainteté, & de ſes neveux.

Cependant le Comte de Santa-Fiore obtint du Duc d'Albe, que les deux galeres de France ſeroient ramenées à Civita-Vechia pour être renvoyées à Marſeille. Cette ſatisfaction donnée au Pape, rendit la liberté au Camerlingue frere du Comte; mais Camille Colonne ne fut point relâché, & on enleva même à ſa maiſon

Polliano & Neptuno, pendant qu'on restitua à Paul des Ursins le Duché de Bracciano, dont on l'avoit dépouillé.

1555.

Il s'empare des biens des Colonnes.

    Comme le principal objet de la cupidité des Caraffes, étoit de faire passer dans leur maison tous les biens des Colonnes, ils eurent recours à l'expédient dont Paul III. s'étoit servi pour la même fin. Pour éclaircir ce point d'Histoire, il faut sçavoir que Martin V. reconnu Pape par le Concile de Constance, avoit donné à l'ainé de sa maison, qui étoit celle des Colonnes, l'investiture d'un grand nombre des Villes, Bourgs & Châteaux qui relevoient du Domaine de l'Eglise, & dont s'étoient emparés plusieurs petits tirans, dans le tems que les Papes avoient établi leur Siége à Avignon; mais cette cession n'avoit été faite en faveur des Colonnes qu'à condition qu'en qualité de feudataires du Saint Siége, ils s'opposeroient de toutes leurs forces aux entreprises que les Rois de Naples pourroient former sur l'Etat Ecclésiastique, & loin de remplir cette condition ils s'étoient joints aux Napolitains, toutes les fois que ceux-ci étoient entrés à main armée dans le Patrimoine de Saint Pierre. Une si monstrueuse ingratitude fut laissée impunie jusqu'au tems de l'avenement de Paul III. ce Souverain Pontife fit citer les Colonnes à la Chambre Apostolique; & sur le refus qu'ils firent de comparoître, leurs biens par un Bref du Pape, furent déclarés réunis au Domaine de l'Eglise. Ascagne Colonne, chef de sa maison, & l'ami particulier de Jules III. obtint un Bref de rétablissement; mais cet Ascagne soupçonné de favoriser le parti de France fut arrêté par son fils Marc-Antoine; & par le consentement, ou du moins par la condescendance du conseil d'Espagne, il fut détenu en prison.

Cependant Paul IV. possedé du désir d'enrichir sa famille des dépouilles des Colonnes, ordonna que l'on examinât le Bref de Jules III. La premiere nullité qu'on y trouva fut, qu'il avoit été expédié sans connoissance de cause; & c'en fut assez pour que les biens des Colonnes fussent une seconde fois réunis au Saint Siége. Le Comte de Montorio en fut investi & les posseda sous le titre du Duché de Palliano. L'unique ressource qui restoit aux Colonnes, fut de se jetter entre les bras de l'Empereur, dont ils étoient feudataires, à raison des terres qu'ils possedoient dans le Royaume de Naples; & telle fut l'origine de la nouvelle guerre, où la France s'engagea trop légerement.

1555.

Le Pape hors d'état de se défendre contre les forces de l'Espagne, n'eut point d'autre parti à prendre que de recourir à la Protection de Henri; mais Mendoze qui faisoit les fonctions de Vice-Roi, en l'absence du Duc d'Albe, s'étant approché des frontieres de l'Etat Ecclésiastique à la tête de dix mille hommes d'infanterie & quinze cent chevaux, Paul pour éloigner l'orage dont il se voyoit menacé, défendit sous de griéves peines qu'on levât des troupes dans les terres de l'Eglise pour le service du Roi, & il donna en même ordre à Octave Farnèse, de renvoyer celles qu'il avoit assemblées à Castro & à Petiliano; Octave obeit, mais ce fut avec tant de dépit, que déja in-

Mendoſe s'avance vers l'Etat Ecclésiastique.

digné de ce qu'on ne lui avoit pas confié le commandement de l'armée de Toscane, il quitta depuis le service de France pour s'attacher à celui de l'Empereur, & renvoya au Roi le collier de son Ordre.

Paul envoye solliciter le secours de la France.

Ces ménagemens du Pape pour les Espagnols, ne devoient durer que jusqu'à ce qu'il fût informé des dispositions de Henri. Ruxellais dont la famille avoit été chassée de Florence, fut envoyé en France pour y négocier une ligue entre Sa Sainteté & Henri. L'habile Négociateur fit à ce Prince une peinture touchante des maux qui alloient accabler le Vicaire de Jesus-Christ, si Sa Majesté, à l'exemple de ses Ancêtre, toujours zélés pour la défense des Papes opprimés, ne se déclaroit contre les ennemis de Sa Sainteté. Ruxellais exposa ensuite avec beaucoup d'art, les grands avantages que Sa Majesté pouvoit se promettre, si dans les conjonctures présentes elle joignoit ses forces à celles du Pape; il tâcha de prouver que, c'étoit là l'unique moyen qui pût rétablir l'honneur des armes du Roi en Italie, & rendre la la liberté aux Siennois, & faire rentrer le Milanès & le Royaume de Naples sous la puissance de la France.

 De si belles espérances ne pouvoient manquer de flatter agréablement l'ambition de Henri, mais l'avis du Connétable fut qu'avant de prendre aucun engagement l'on devoit attendre quel seroit le succès des négociations qui avoient été entamées par l'entremise de l'Angleterre; il fit voir que la France épuisée par de longues guerres, ne pouvoit sans imprudence s'engager dans une entreprise, qui sans doute n'auroit pas un plus heureux succès, que celles de même nature qui avoient été formées sous les régnes précédens ; que l'on devoit prévoir quel seroit l'embarras de la France, si elle se trouvoit privée du secours qu'elle se promettoit du côté du Pape, dont la mort cependant ne pouvoit être fort éloignée ; que selon toutes les apparences l'Angleterre ne manqueroit pas d'appuyer les forces de l'Empereur, si la France refusoit la treve, ou si après l'avoir conclue elle la violoit

1555.

Divers avis dans le conseil.

en faisant passer de nouvelles troupes en Italie.

Ces raisons du Connétable qui paroissoient sans réplique, furent combattues par le Cardinal de Lorraine, qui dans cette occasion consulta bien plus les intérêts particuliers de sa Maison que ceux de la France. Comme il ne doutoit pas que le commandement de l'armée qui seroit destinée à l'expédition de Naples fût donnée au Duc de Guise son frere, & que d'un autre côté il esperoit, que si cette expédition réussissoit, sa maison issue de celle d'Anjou seroit, avantageusement dédommagée des prétentions qu'elle avoit sur le Royaume de Naples, il déploya toute son éloquence pour montrer que le Roi ne devoit pas laisser échapper l'occasion qui se présentoit de recouvrer aisément une partie du patrimoine de ses ancêtres. Il représenta que les terres de l'Eglise ouvrant un libre passage dans le Royaume de Naples, il seroit d'autant plus facile d'en faire la conquête, que le peuple & la noblesse désiroient avec une égale ardeur d'être délivrés du joug de la domination

Espagnole; qu'on verroit les partisans de la maison d'Anjou, qui étoient en grand nombre accourir de toutes parts pour grossir l'armée Françoise dès qu'elle paroîtroit sur les frontieres; qu'aidé des forces du Pape, trop irrité contre la maison d'Autriche pour vouloir renouer avec elle, on n'auroit pas à craindre les mêmes revers que l'on avoit essuyé sous les régnes précédens; qu'au reste l'exécution de cette entreprise seroit si prompte, que pour peu que le Pape vécût, il en verroit la fin; & quant à la trève qui étoit négociée par l'entremise de l'Angleterre, le Cardinal répondit qu'outre que le succès de ces négocions étoit fort incertain, les avantages que l'on s'en promettoit, ne pouvoient être mis en paralelle avec la certitude de la conquête d'un riche & puissant Royaume.

L'avis du Cardinal étoit trop conforme à l'inclination de Henri pour que Sa Majesté balançât à le suivre; & le Connétable par complaisance pour son maître, n'osa combattre des raisons qu'il lui eût été facile de détruire. Peut-être,

P ij

comme il ne doutoit pas que l'évé-nement ne dût justifier l'avis qu'il avoit ouvert, sa jalousie contre les Guises lui fit goûter par avance le plaisir de voir qu'on mettroit sur leur compte le mauvais succès de la guerre qu'on alloit entreprendre.

Cependant le Cardinal de Lorraine fut envoyé à Rome pour traiter avec le Pape, & on lui associa le Cardinal de Tournon ; mais ce ne fut qu'après des ordres réitérés de la Cour que ce dernier partit de Lyon pour se rendre en Italie. Deux raisons lui firent differer son départ. La premiere, qu'il auroit bien voulu ne pas être employé dans une affaire qu'il prévoyoit ne pouvoir être que très-préjudiciable à la France ; la seconde, qu'étant à Rome il seroit obligé de céder le pas au Cardinal du Bellay, moins ancien que lui dans le sacré College, mais qui en qualité d'Evêque d'Ostie étoit devenu Doyen du sacré College, en vertu d'un bref du nouveau Pape.

Les deux Cardinaux François furent reçus à Rome avec les plus glorieuses marques de distinction ; &

peu de tems après leur arrivée, le traité de ligue entre la France & le Pape fut conclu & signé. En voici les principaux articles, tels qu'ils sont rapportés par M. de Thou qui avoit entre les mains l'original de ce traité.

1555.

Il fut convenu que le Roi très-chrétien prendroit sous sa protection le saint Siége, le Pape & toute sa famille pour les défendre de tous leurs ennemis, & qu'il leur donneroit en France ou en Italie des biens proportionnés à ceux que cette guerre pourroit leur faire perdre ; que l'alliance seroit perpétuelle entre le Roi, la personne du Pape & le saint Siége ; que la ligue seroit défensive & offensive en Italie, mais que le Piémont en seroit excepté ; que les parties contractantes déposeroient à Rome ou à Venise cinq cent mille écus ; sçavoir, le Roi trois cent cinquante mille, & le Pape les autres cent-cinquante mille pour les frais & l'entretien d'une bonne armée ; que le Roi feroit passer en Italie dix à douze mille hommes de pied avec cinq cent hommes d'armes, & autant de che-

Ligue entre le Pape & la France.
De Thou, liv. 16. p. 813.

vaux legers sous le commandement d'un Prince (par où l'on désignoit le Duc de Guise); que le Pape fourniroit dix mille hommes de pied & mille chevaux ou un plus grand nombre selon la nécessité, & qu'il donneroit les vivres & l'artillerie qui seroit nécessaire; que l'on commenceroit la guerre dans le Royaume de Naples ou en Toscane, & que l'on pourroit aussi la porter dans la Lombardie; qu'on déclareroit la guerre à Côme pour remettre la République de Florence dans son ancienne liberté; qu'aucune des parties contractantes ne pourroit faire la paix avec les ennemis de l'autre, à l'insçu ou contre le gré de son allié; que l'on comprendroit dans ce traité les Venitiens & tous les autres qui voudroient y accéder pour la liberté de l'Italie.

On convint encore qu'après la conquête du Royaume de Naples le Pape en donneroit l'investiture à un fils de France, mais non au Dauphin; que Benevent & son territoire avec Gaëte & tout ce qui est en-deça du Garillan appartiendroit à l'avenir au domaine de l'Eglise, & que le revenu annuel que l'on payoit au Pape pour ce Royaume seroit augmenté de vingt-mille écus. Que celui qui seroit investi de ce Royaume affranchiroit les peuples de toutes les charges & tributs imposés par les Espagnols ; qu'il rétabliroit les immunités de la noblesse ; qu'il ne s'attribueroit aucun droit sur les matieres Ecclésiastiques ; qu'il n'empêcheroit point que l'on apportât librement des vivres à Rome ; qu'il seroit soumis & fidele au Pape, & qu'il lui fourniroit en tems de guerre quatre cent hommes d'armes, & deux galeres armées ; qu'il ne receveroit dans ses Etats aucun banni, sujet du Pape, comme le Pape ne receveroit point dans les siens, excepté dans Rome qui est la commune patrie de tous les Chrétiens les bannis du Royaume de Naples ; que le Roi envoyeroit au plûtôt son fils à Naples pour l'y faire élever, & qu'en attendant la majorité de ce Prince, le Roi & le Pape choisiroient des Administrateurs du Royaume ; que le Roi de Naples ne pourroit jamais devenir Empereur,

Roi des Romains, Duc de Toscane; ni Roi de France; que si le cas arrivoit, il seroit obligé de renoncer à tous ses droits sur Naples, & que s'il ne vouloit pas y renoncer, il en seroit néanmoins privé *ipso facto*; qu'enfin si le jeune Roi n'étoit pas en âge de prêter serment au Pape pour le Royaume de Naples, le Roi son pere le feroit pour lui dans la forme exigée par Jules III, & que quand il seroit parvenu en âge, il ratifieroit ce serment, & en feroit lui-même un nouveau, s'il étoit besoin.

Les Venitiens furent inutilement sollicités par le Cardinal de Lorraine, & depuis par le Cardinal Neveu d'entrer dans la nouvelle ligue; on promit de leur donner Ravenne pour place de sûreté, & de leur céder la Pouille; on en vint même jusqu'à les menacer d'une prochaine invasion des Turcs, s'ils refusoient de se déclarer contre l'Empereur; mais offres, menaces, rien ne put les engager à se départir de l'exacte neutralité, qu'ils étoient résolus de garder inviolablement.

Le Duc de Ferrare moins bien avisé que ces sages Républicains s'étoit laissé gagner par le Duc de Guise & dès le quinziéme de Novembre il avoit passé avec la France un traité conditionnel qui portoit qu'il accorderoit aux troupes Françoises un libre passage sur ses terres, & qu'il leur fourniroit des munitions de guerre & de bouche ; & le Roi, de son côté, s'engageoit à lui payer tous les mois une pension de dix mille écus d'or, & une de vingt mille tous les ans. Lorsqu'on auroit recouvré le Royaume de Naples, & une autre de quinze mille lorsqu'on auroit réduit la Toscane. Il fut de plus stipulé qu'après la conquête du Milalès, l'on donneroit à ce Prince des terres dont le revenu seroit de cinquante mille écus ; & que pour sa sûreté, on lui remettroit Cremone entre les mains.

Cette Ligue de la France avec le Pape & le Duc de Ferrare fut précédée d'un événement inattendu, qui ne pouvoit manquer de produire de grands changemens dans le systême de l'Europe. Je veux parler de l'abdication de Charles V ; ce Prince ac-

1555.
Ligue avec le Duc de Ferrare
Idem, p. 16.

Abdication de Charles V.
Guichenon, p. 670.
La Popel. liv. 3. p. 70.
Ribier. Tom. 2. p. 623.
Belleforet, liv. 6. p. 1582.

cablé d'infirmités, & découragé par les mauvais succès dont étoient suivis tous ses projets, tourna ses vûes vers la retraite & se détermina à se démettre de ses Etats en faveur de Dom Philippe son fils, qu'il avoit déja déclaré Roi de Naples, lors du mariage de ce Prince avec Marie Reine d'Angleterre ; mais ce ne fut que le quinzieme d'Octobre de l'année suivante, que Charles par des lettres scellées de son sceau, céda au Prince son fils tous les droits qu'il avoit sur ce Royaume. Les Etats des Pays-Bas ayant été convoqués à Bruxelles pour le vingt quatriéme du même mois, l'Empereur après avoir créé son fils Grand Maître de l'Ordre de la Toison d'Or, fit exposer par Philibert Bruxelles, Conseiller d'Etat, les raisons qui lui avoient fait prendre la résolution de consacrer à la retraite le peu de vie qui lui restoit. Ces raisons étoient prises de ses continuelles infirmités, qui augmentant tous les jours ne lui permettoient plus de de donner aux affaires l'application qu'elles demandoient. L'Orateur s'étant ensuite étendu sur les louanges de Dom Philippe, dit que ce Prince ayant toutes les vertus nécessaires pour bien gouverner, l'Empereur son pere ne croyoit pouvoir mieux faire que de se décharger sur lui d'un fardeau qu'il ne pouvoit plus porter; & qu'ainsi la volonté de Sa Majesté Impériale étoit, que ses sujets des Pays-Bas & de Bourgogne prêtassent serment de fidélité à leur nouveau Souverain.

1555.

    L'Empereur s'étant ensuite levé, fit un discours où il fit voir en peu de mots, que de depuis qu'il étoit monté sur le Thrône il n'y avoit pas eu un seul moment de sa vie qu'il n'eût consacré au bien de ses sujets, & à l'avancement de la religion. Après avoir rapporté toutes les guerres qu'il avoit entreprises, ou qu'il avoit eues à soutenir; & tous les voyages qu'il avoit faits en Allemagne, en Espagne, en France, en Italie, aux Pays-Bas, en Angleterre & en Affrique; il dit, qu'épuisé par tant de travaux il avoit résolu de ne plus s'occuper que du soin de son salut; ajoutant qu'il espéroit que ses fidéles sujets auroient pour son successeur la même soumis-

sion, le même attachement & le même respect qu'ils avoient toujours eu pour lui; il exhorta ce Prince en termes touchans à s'armer d'un zéle ardent pour la gloire de la religion; à maintenir l'autorité des loix, & à n'avoir rien de plus à cœur que le bonheur de ses sujets. " Je sçais, mon fils, ajouta Charles, d'un ton attendri, com-
" bien pésant est le fardeau dont je
" vous charge, & plus vous m'êtes
" cher, plus ma tendresse souffre de
" ce que mon âge & mes infirmités
" ne me permettent pas de partager
" avec vous les soins pénibles du
" gouvernement; ah ! puis-je songer
" sans douleur aux peines, aux em-
" barras, aux chagrins, aux follici-
" tudes, dont va être mêlée la vie
" d'un fils que j'aime tendrement; "
& ayant fait en même tems approcher ce fils cheri il l'embrassa, & ils verserent l'un & l'autre des larmes, qui en tirerent des yeux de tous les assistants. Dom Philippe ayant baisé la main de son pere, se tourna vers l'assemblée, & dit que n'entendant pas assez la langue du pays pour la parler, il alloit s'expliquer par la bou-

che d'Antoine Perrenot, Evêque d'Arras. Ce Prélat parla avec beaucoup d'éloquence, il dit que ce n'étoit qu'à regret que l'Empereur s'éloignoit d'un pays, où il avoit été élevé, & qu'il avoit toujours preferé à tous les autres Etats; que pour défendre les Flamands ses fidéles sujets contre les efforts des François, il avoit plusieurs fois exposé sa vie; mais que les maux qui l'accabloient ne lui permettant pas de leur continuer ses soins, il leur laissoit pour les gouverner un jeune Prince d'une sagesse approuvée; qu'il seroit d'autant plus en état de les défendre, qu'il avoit en sa disposition toutes les forces de l'Angleterre. » Si l'Empe-
» reur mon maître, ajouta le Prélat,
» emporte quelque regret en Espa-
» gne, c'est de n'avoir pû réussir dans
» les soins qu'il a pris pour procurer
» la paix à ses sujets des Pays-Bas; &
» que n'a-t-il pas fait pour assurer leur
» tranquillité & leur repos ? N'en est-
» il pas venu jusqu'à se relâcher de ses
» droits? Il a employé la médiation de
» l'Angleterre, il a fait proposer à ses
» ennemis les conditions les plus rai-

» sonnables, & ils les ont rejettées;
» mais Messieurs, si vous vous armez
» de fermeté & de courage, si vous
» vous souvenez que vous avez à
» combattre pour votre liberté, &
» pour vos foyers, soyez assurez ou
» que vous obligerez vos ennemis
» de vous demander la paix, ou qu'ils
» auront sujet de se repentir de leur
» temeraire opiniatreté; & quel avan-
» tage ont-ils remporté sur vous, qui
» n'ait été compensé par les pertes
» que vous leur avez fait essuyer? &
» ce qui doit animer votre con-
» fiance, c'est la prudence, c'est la
» sagesse, c'est l'expérience du Prin-
» ce qui sera votre défenseur; ne lui
» manquez pas, ou plutôt ne vous
» manquez pas à vous-mêmes, ne
» craignez pas d'exposer vos vies &
» vos biens pour conserver votre li-
» berté, puisque, outre l'ignominie
» dont vous vous couvririez si vous
« vous laissiez vaincre, vous vous
» verriez immolés à la fureur de vos
» ennemis, qui s'enrichiroient de vos
» dépouilles ».

L'Evêque d'Arras ayant fini son discours, Jacques Masius harangua

Philippe au nom des Etats; il dit que dans l'affliction que caufoit aux Flamands la réfolution de Sa Majefté Impériale, c'étoit pour eux une confolation bien grande de fe voir affurez d'être gouvernés par un Prince fage, qui marchant fur les traces de fon pere, ne s'occuperoit comme lui que du foin de les rendre heureux, pendant que de leur côté ils fe montreroient empreffés à lui donner chaque jour de nouvelles marques de leur fidélité, & de leur dévouement à fon fervice.

Marie Reine de Hongrie qui depuis vingt-cinq ans gouvernoit les Pays-Bas, au nom de l'Empereur fon frere fe leva enfuite, & après avoir rendu un compte public de fon adminiftration, elle fe démit du gouvernement entre les mains du Prince.

L'Empereur ayant déclaré qu'il dégageoit les Pays-Bas du ferment de fidélité qu'ils lui avoient prêté, defcendit du Thrône & y ayant fait monter fon fils, il voulut qu'il reçût en fa préfence les hommages de fes nouveaux fujets. Un mois après, la

1555.

même assemblée ayant été convoquée, Charles transporta à son fils, l'Espagne, la Sardaigne, la Sicile, les Isles Majorque & Minorque, & tout ce qu'il possedoit dans le nouveau monde, ne s'étant reservé qu'une pension de cent mille écus pour l'entretien de sa maison. Il avoit d'abord fixé son départ au treiziéme de Novembre, mais il le renvoya à l'année suivante, autant à cause de la rigueur de la saison, que parce qu'il vouloit voir quel seroit le succès des négociations, que Marie Reine d'Angleterre désiroit qu'on renouât.

1556.
Treve de Vaucelles.
Belcar, liv. 27. p. 879.
Rabutin, Tom. 2. p. 90.
Ribier, Tom. 2. p. 625.
Annales de France, liv. 6. p. 1582.
La Popel. liv. 4. p. 72.
Tavanes, p. 391.
Gestes de Henri II. p. 83.

Plus d'une raison faisoit souhaiter à cette Princesse la réconciliation des deux Puissances. Sa tendresse pour son époux, dont l'absence l'affligeoit sensiblement, le desir d'en avoir un héritier à qui elle pût transmettre ses Etats, les troubles dont l'Angleterre étoit agitée, l'envie que Marie avoit d'y rétablir la religion, ouvrage auquel elle n'auroit pû travailler avec succès, si l'Angleterre, ce qui paroissoit inévitable, étoit entrée en guerre avec la France; autant de motifs qui déterminerent cette Princesse à solliciter

citer vivement le Roi son époux, de se servir de l'entremise du Cardinal Pool, pour négocier une trève de plusieurs années, si on ne pouvoit convenir d'un traité qui terminât définitivement les différens des deux Puissances. Philippe trop éclairé pour ne pas voir que la paix lui étoit nécessaire pour s'affermir sur le throne d'Angleterre, entra avec empressement dans les vûes de son épouse & chargea le Cardinal Pool de renouer les négociations qui avoient été entamées pour la paix. Les Plénipotentiaires s'assemblerent au commencement de Janvier dans l'Abbaye de Vaucelles auprès de Cambrai. Les intérêts de la France furent remis entre les mains de l'Amiral de Coligni, & de l'Aubespine, Secrétaire d'Etat; & l'Empereur & son fils nommerent pour Ministres le Comte de Lalain, Renard, Tisnar, Philippe de Bruxelles, & Scichio Sénateur de Milan. Les prétentions des deux partis étoient trop opposées pour qu'elles pussent être conciliées en peu de tems, ainsi le cinquiéme de Février on convint d'une trève de cinq ans tant en Flandre qu'en Italie, & dans tous les autres pays soumis aux deux Rois. Il fut reglé que les deux Puissances retiendroient tout ce dont elles étoient actuellement en possession ; que la liberté du commerce seroit entierement rétablie entre leurs sujets, qui seroient réciproquement rétablis dans leurs biens, mais sans pouvoir rien prétendre pour l'usufruit dont ils auroient été privés pendant la guerre ; que les deux Couronnes ne pourroient en aucune maniere assister les ennemis l'une de l'autre ; qu'il y auroit une amnistie générale pour le passé ; que les infracteurs de la trève seroient severement punis, sans que la trève fût pour cela censée rompue. Les bannis de Naples & de Sicile ne furent point compris dans ce traité ; & il fut décidé, que ceux de Florence ne pourroient rien entreprendre contre le Grand Duc, ni contre les Siennois qui s'étoient remis sous la protection de l'Empereur. Les Plénipotentiaires de France avoient d'abord exigé que le Marquis de Brangdebourg pût profiter du bénéfice de la trève, comme il avoit été proscrit, il fut décidé qu'il n'en jouiroit que lorsqu'il se seroit réconcilé avec l'Empereur & l'Empire; il fut encore stipulé par ce traité que pour la Ville d'Ivrée, & le Val d'Aost qui avoient été enlevés au Duc de Savoye dans la derniere guerre, l'on payeroit tous les ans à ce Prince une certaine somme qui lui seroit comptée à Lion en deux payement.

Peu de jours après la conclusion de la trêve, le Comte de Lalain se rendit à Blois pour en faire jurer l'observation à Sa Majesté, & l'Amiral de Coligni avec l'Aubespine fut envoyé à Bruxelles pour la même fin. La suite de l'Amiral étoit de plus de mille chevaux; mais il fut obligé de renvoyer la plûpart des gentilshommes qui l'accompagnoient, & que l'on n'auroit pû loger commodement à cause de l'assemblée générale des Etats qui avoit été convoquée à Bruxelles. Une chose qui choqua extremement les François, fut que la salle qui joignoit la Chapelle, où devoit se faire le serment, se trouva ornée d'une riche tapisserie où étoit représentée la prise de François I. à la ba-

1556.

Coligni envoyé à Bruxelles pour y faire signer la trêve.
Ribier, Tom. 2. p. 633. Vie de l'Amiral de Châtillon, p. 2.

taille de Pavie, le transport de c[e] Prince en Espagne, son arrivée [à] Madrid, & les autres principaux traits de la captivité de ce grand Roi. Mais à cela près l'Amiral fut reçu avec beaucoup de bonté de Sa Majesté Impériale & du Roi son fils. Charles étoit alors si cruellement tourmenté de la goutte, qu'il ne vint que difficilement à bout d'ouvrir une lettre que Coligni lui présenta; « que direz-vous de moi, M. l'Amiral, lui dit-il ? ne suis-je pas un brave cavalier pour courir & rompre une lance, moi qui ne puis qu'à bien grande peine ouvrir une lettre ».

Départ de Charles V, pour l'Espagne.
Belcar. liv. 27. 891.
La Popel. liv. 4. p. 76.
Vie de Charles V. liv. 3. p. 305.
De Thou, liv. 17. p. [?]

Ce Prince céda peu de mois après l'Empire à son frere Ferdinand, Roi des Romains, à qui il envoya le Sceptre & la Couronne Impériale. Charles s'étant ainsi dépouillé de tout ce qui pouvoit l'attacher au monde, se rendit en Zelande, où il s'embarqua pour l'Espagne avec ses deux sœurs, Marie Reine de Hongrie, & Eleonore veuve de François I ; étant heureusement arrivé au port de Laredo en Biscaye, la premiere chose qu'il fit en sortant du vaisseau, fut de se mettre à genoux, & de baiser la terre en prononçant ces mots : *Je te salue terre que j'ai tant désirée ; je suis sorti nud du sein de ma mere & je reviens nud pour entrer dans le tien, comme celui d'une autre mere ; je ne puis t'offrir pour les services que tu m'as rendus,* que mon corps & mes os, *reçois-les donc, je te les donne & te les consacre.* Charles après avoir passé deux jours à Valladolid, où Dom Carlos (*a*) son petit-fils étoit

1556.

(*a*) *Il me semble*, dit Charles, après avoir bien consideré ce jeune Prince dont la physionomie lui déplût ; *que mon fils Philippe est mal pourvu de fils en Dom Carlos ; son air & son naturel ne me plaisent pas*, & là dessus, il pria sa sœur Eleonore qui devoit faire son séjour ordinaire à Valladolid, de bien étudier les actions de ce jeune Prince, & de lui en mander sincerement sa pensée ; *Mon frere* lui écrivit cette Princesse, *si les manieres d'agir de votre petit neveu Carlos vous ont déplû pour ne l'avoir vû qu'un jour, elles me déplaisent beaucoup plus à moi, qui l'ai vû trois.* Mais cette Anecdote rapportée par Leti, ne s'accorde aucunement avec une relation manuscrite, qui nous apprend que Charles fut également charmé, & de l'humeur & des manieres de son petit-fils ! Charles V. dit l'Auteur de cette relation, curieux de connoître l'esprit & la façon de penser de son petit-fils conversoit un jour avec lui, &

êlevé, prit la route de Palencia Ville lui racontoit les principales actions de sa vie, ses guerres, ses victoires, ses défaites. Dom Carlos l'écoutoit avec une grande attention; l'Empereur qui en étoit enchanté, lui dit : Eh bien, mon fils, que vous semble de mes aventures, trouvés vous que je me soit comporté en brave. Je suis assez content de ce que vous avez fait, répondit le jeune Prince, il n'y a qu'une chose que je ne puis vous pardonner. Eh quoi, lui dit Charles V ? c'est de vous être sauvé d'Inspruck devant le Duc Maurice. Ah ! ce fut bien malgré moi répliqua l'Empereur, il me surprit, & je n'avois que ma maison. Et moi dit Dom Carlos, je n'aurois pas fui. Mais il falloit bien fuir, je ne pouvois lui résister. Pour moi je n'aurois pas fui, repartit le jeune Prince. Il auroit donc fallu me laisser prendre ; c'auroit été une grande imprudence, dont j'aurois été encore plus blâmé. Pour moi je n'aurois pas fui repartit encore Dom Carlos. Dites-moi donc ce que vous auriez fait en une semblable occasion ; & pour vous aider à me répondre, que feriez vous actuellement, si je mettois une trentaine de pages à vos trousses ? Ce que je ferois, dit alors ce jeune Prince d'un ton fier & assuré, je ne me sauverois point. L'Empereur admirant cette fermeté, l'embrassa tendrement: & pendant long-tems, il ne pouvoit s'empêcher de rire, toutes les fois qu'on lui parloit de Dom Carlos. *Relatione di Badoere, rapportée par l'Auteur des Memoires de Granvelle.*

DE HENRI II.

éloignée de huit milles du Monaste- 1556.
re de Saint Juſt, qu'il avoit choiſi
pour ſa retraite, & où juſqu'à ſa mort
il ne s'occupa plus que du ſoin de ſon
ſalut. La ratification de la trève dont
j'ai rapporté les articles, fut le dernier acte de Souveraineté qu'exerça
ce grand Prinre.

Si cette trève étoit néceſſaire à Phi- *Le Pape eſt*
lippe pour affermir ſa puiſſance, elle *mécontent de*
procûroit d'un autre côté à la France *Ribier, Tom.*
des avantages qui ſembloient ne rien *2. page 631.*
lui laiſſer à déſirer, puiſqu'elle demeu- *p. 826.*
roit en poſſeſſion de toutes les conquêtes qu'elle avoit faites en Corſe, en
Toſcane, en Piémont, en Lorraine &
dans les Pays-Bas ; pendant qu'on ne
laiſſoit aux ennemis que Terrouanne
& Hedin, les ſeules places dont ils
ſe fuſſent emparés dans la derniere
guerre. Ce fut auſſi cette inégalité
d'avantages qui trompa Sa Sainteté :
informée par le Cardinal de Tournon que l'on traitoit d'une ſuſpen-
ſion d'armes entre les deux couronnes, jamais elle ne put ſe perſuader
que l'Eſpagne voulût accepter les
conditions propoſées par la France ;
& dans cette penſée Paul répondit

au Cardinal François qui lui demandoit son consentement pour la conclusion de la tréve, que loin de s'y opposer il seroit charmé qu'elle fut convertie en une bonne paix qui rétablît la tranquillité dans l'Europe. Mais il changea de langage dès qu'il sçut que la tréve avoit été publiée; il se plaignit amérement au Cardinal de Tournon & au sieur d'Avanson, Ambassadeur de Sa Majesté très-chrétienne, de ce qu'on avoit traité sans sa participation ; mais on lui rappella sa premiere réponse, & pour le rassurer sur la crainte qu'il avoit d'être exposé au ressentiment des Espagnols à cause de la ligue qu'il avoit conclue avec la France, les Ministres de Henri représenterent à Sa Sainteté que l'attention que l'on avoit eu de la comprendre dans le traité de Vaucelles la mettoit à couvert de tout danger d'être attaquée, & que dans le cas qu'elle le fût, elle seroit secourue de toutes les forces de la France.

Ces assurances donnés au souverain Pontife ne furent pas capables de le tranquilliser. Pour se tirer d'embarras il eut recours à un expédient qu'il

Le Cardinal neveu est envoyé Légat en France.
Tavanes, p. 142.

qu'il jugea pouvoir contribuer beaucoup à sa réconciliation avec l'Espagne. Il résolut d'offrir sa médiation aux deux Puissances, pendant que d'un autre côté il feroit vivement solliciter le Roi de France de rompre la tréve que ce Prince venoit de conclure. Le Cardinal Robiba fut envoyé à l'Empereur & au Roi d'Espagne avec la qualité de Légat; mais il eut ordre de ne marcher que très-lentement, & de n'entrer en négociation, que lorsque l'on seroit informé des dispositions de Henri. Le Cardinal Caraffe, neveu de Sa Sainteté destiné à la légation de France, partit de Rome avec le Général Strozzi, proche parent de la Reine, & ennemi déclaré des Espagnols & du Duc de Florence. On ne peut rien ajouter aux honneurs dont fut comblé le nouveau Légat. Dans la premiere audience qu'il eut en public, il ne parla que de la médiation de Sa Sainteté pour la réconciliation des deux puissances, & du désir sincere qu'elle avoit de rétablir le Concile. Ce ne fut que dans une audience secrette qu'il exposa le véritable

1556.
Rabutin, Tom. 2. p. 95. La Popel. liv. 4. p. 73. Belcar. liv. 27. p. 881. Ribier, Tom. 2. p. 644.

sujet de sa légation. Après avoir exageré les services que sa famille avoit rendus en divers tems à la France, & la cruelle persécution qu'elle avoit eue à essuyer, pour s'être trop ouvertement déclarée en faveur des Princes de la Maison d'Anjou; il représenta à Sa Majesté combien sa gloire étoit intéressée à ne pas souffrir que le Vicaire de Jesus-Christ qui s'étoit cru en sûreté sous la protection de la France, fût opprimé par ses ennemis; & là-dessus il rappella au Roi tout ce que le zéle de ses ancêtres leur avoit fait entreprendre pour la défense du Saint Siége, & il insista en particulier sur l'exemple du feu Roi, qui au sortir de sa prison de Madrid avoit paru négliger le soin de ses enfans donnés en ôtage, pour ne s'occuper que de la délivrance du Pape Clement VII. assiégé dans le château Saint-Ange par une armée nombreuse. Henri répondit, qu'animé du même zéle que les Rois ses prédécesseurs, il se feroit toujours une gloire de marcher sur leurs traces; mais que ne voulant pas qu'on pût lui reprocher d'avoir rompu la tréve qu'il avoit conclue, il ne se décideroit que lorsqu'il seroit informé des intentions du Roi d'Espagne. Le Roi ayant en effet donné ordre aux Ministres des Cours étrangeres de s'assembler dans une Chapelle, proche de la salle où le Légat devoit être splendidement traité à souper; Sa Majesté ayant addressé la parole à l'Ambassadeur d'Espagne, lui dit, qu'il ne paroissoit que trop évident que le Roi son maître avoit enhardi les Colonnes à se révolter contre le Saint Siége; qu'on sçavoit à n'en pouvoir douter que les troupes qu'ils avoient levées étoient soudoyées par l'Espagne. Henri ajouta que si Sa Majesté catholique ne faisoit cesser les violences faites au Vicaire de Jesus-Christ, il n'y auroit aucun Prince chrétien qui pût se dispenser avec honneur d'armer en faveur du Saint Siége.

1556.

Il se tint le lendemain un grand conseil, où l'on délibéra s'il convenoit de s'engager dans une nouvelle guerre pour la défense de Sa Sainteté; le Connétable qui, dans les conjonctures présentes, n'avoit en vûe que les intérêts de sa patrie & la gloi-

Conseil tenu au sujet du secours demandé par le Pape.
La Popel. liv. 4. p. 72.
Belcar. liv. 27, p. 881.

re de son maître, représenta avec beaucoup de force que la tréve ayant été conclue & jurée solemnellement, l'on ne pouvoit, sans se deshonorer, lui donner la moindre atteinte; que les sermens des Rois devoient être inviolables; que la France toujours fidele à remplir ses engagemens ne s'étoit jamais relâchée de cette scrupuleuse fidélité, non pas même quand elle avoit traité avec les Infidéles: Que d'ailleurs il falloit considérer que le trésor étoit épuisé, que les frontieres du Royaume se trouvoient entiérement ruinées par les courses des ennemis; que la paix étoit plus nécessaire que jamais pour laisser aux peuples le tems de se remettre;
» & pourquoi voudroit-t'on qu'ils
» portassent la peine de l'imprudence
» d'un Pape, qui poussé du désir d'en-
» richir sa famille au lieu de donner
» tous ses soins à rétablir la paix par-
» mi les Princes chrétiens, ne cher-
» che qu'à renouveller une guerre
» cruelle qui expose une seconde fois
» la Chrétienté en proye aux Infidé-
» les, dont la puissance augmente
» chaque jour à la faveur des dissen-

» tions des deux plus grandes Puiſ-
» ſances de l'Europe. « Le Connétable repréſenta enſuite, qu'à juger de
l'avenir par le paſſé, l'on ne pouvoit,
ſans folie, ſe flatter de recouvrer le
Royaume de Naples par l'aſſiſtance
des Italiens, qui mille fois avoient
fait tomber les François dans les piè-
ges qu'ils avoient tendus à leur cré-
dulité ; que l'on ne pouvoit de même ſe promettre aucun avantage du
changement qui venoit d'arriver dans
le gouvernement d'Eſpagne : qu'au
contraire, ce changement ne pouvoit
être que funeſte à la France, en ce
qu'elle n'auroit plus pour ennemi un
vieillard que ſes infirmités rendoient
incapable d'agir ; mais un jeune Prince actif, plein de force, & qui auroit
à la tête de ſon Conſeil & de ſes armées, ces mêmes grands hommes
que l'on avoit vû ſe diſtinguer également & dans la paix & dans la
guerre ; que ce Prince bien loin d'ê-
tre moins puiſſant que ne l'avoit été
l'Empereur, ſon pere, l'étoit encore
plus, puiſque par ſon mariage avec
Marie Reine d'Angleterre, il ſe voyoit
en état de pouvoir tourner contre la

France toutes les forces des Anglois les irréconciliables ennemis de la nation Françoise, & qui, dans l'espérance de recouvrer tant de belles Provinces qu'on leur avoit arrachées par les armes, ne refuseroient pas de donner tous les secours d'argent qu'on leur demanderoit.

Ces raisons du Connétable parurent faire quelque impression sur l'esprit de Henri ; mais ce Prince déja gagné par la Duchesse de Valentinois qui s'étoit engagée à appuyer de tout son crédit les intérêts des Caraffes, changea de sentiment dès qu'il eut entendu parler le Cardinal de Lorraine.

Cet ambitieux Prélat, flatté de l'espérance de tirer de grands avantages de l'expédition de Naples pour l'avancement de sa maison, avoit été comme je l'ai déja dit le principal auteur de la ligue conclue entre le Pape & la France, & ç'avoit été contre son avis que l'on étoit convenu d'une tréve de cinq ans. Intéressé à procurer la rupture de cette même tréve, il étoit aisément venu à bout de faire entrer dans ses vûes la maîtresse du Roi qui ayant donné une de ses filles en mariage au Duc d'Aumale, frere du Cardinal, ne pouvoit manquer de seconder avec empressement tous les projets qui tendoient à l'aggrandissement de la Maison de Guise; la Reine de son côté se déclara pour les Caraffes, dans l'espérance que la guerre lui procureroit la restitution de la Toscane, sur laquelle elle avoit des droits incontestables.

 Le Cardinal de Lorraine assuré d'être si bien appuyé, ne s'amusa pas à repondre aux raisons du Connetable; il se contenta d'abord de faire observer qu'à la vérité il avoit été réglé par le traité de Vaucelles, que les deux Puissances ne pourroient porter la guerre dans les Etats l'une de l'autre, mais qu'il ne s'ensuivoit pas qu'elles ne pussent envoyer leurs armées dans les Etats d'autrui. Eh, pourquoi la France, » ajouta-t'il, ne seroit-elle pas en » droit de faire pour la défense de Sa » Sainteté, ce que le Roi d'Espagne » fait pour celle des Colonnes; il leur » fournit de l'argent & des troupes

» pour les aider à recouvrer les terres
» dont ils ont été justement dépouil-
» lés ; & il ne sera pas permis à la
» France d'accorder les mêmes se-
» cours au Saint Siége, qui ne cher-
» che qu'à se maintenir dans la légi-
» time possession des biens qui ont
» été enlevés aux Colonnes pour
» cause de félonie ? Deux particuliers
» se jurent une amitié inviolable, &
» il arrive dans la suite que l'un des
» deux attaque le pere de l'autre ; di-
» ra-on que le fils ne peut sans se ren-
» dre parjure prendre la défense de
» son pere ? « Mais le point sur lequel
le Cardinal insista le plus, fut l'exa-
men de la conduite des Espagnols
depuis la conclusion de la tréve ; &
pour prouver qu'ils n'avoient jamais
été disposés à l'observer, il rappella
quantité d'infractions qu'on avoit à
leur reprocher, & qu'ils ne pouvoient eux-mêmes désavouer.

Discours sur la rupture de la tréve.
Paradin, p. 849.
Belcar, liv. 27. p. 882.

Il dit que le Comte de Megue, Gouverneur de Luxembourg, s'étoit servi de l'entremise de son Maître-d'Hôtel pour corrompre trois soldats de la garnison de Metz ; que ces traîtres qui avoient reçu chacun mille écus comptant avec l'assurance d'une pension annuelle de pareille somme avoient promis au Comte de le rendre maître de la place ; mais qu'étant entrés en défiance les uns des autres ils s'étoient eux-mêmes trahis : qu'il étoit prouvé par leurs dépositions que ce complot avoit été communiqué au Duc de Savoye, Général des troupes de l'Empereur, & qu'il l'avoit approuvé ; que sur les plaintes qui en avoient été faites à ce Prince par l'Ambassadeur de France, il avoit répondu que c'étoit là des ruses de guerre, qui ne pouvoient être regardées comme des infractions de la tréve ; que le même Comte de Megue avoit joint à la trahison, la barbarie la plus noire, ayant suborné un soldat Provençal de la garnison de Mariembourg, qui moyennant une grosse récompense qu'il avoit reçue, s'étoit engagé à empoisonner tous les puits de cette place ; que cette exécrable entreprise n'avoit manqué que parce que d'autres traîtres qui en avoient eu connoissance, & qui avoient été arrêtés, l'avoient découverte assez à tems pour que l'on pût en empêcher l'exécution : que deux soldats Gascons, qui s'étoient retirés à Bruxelles, & qui avoient été subornés par le Comte de Barlemont, Intendant des Finances de Flandres, avoient fait espérer à ce Seigneur que secondés par le sieur de Veze, Capitaine d'une enseigne de gens de pied, ils pourroient assembler cinq ou six cent hommes, & que ce secours leur suffiroit pour surprendre Bourdeaux; que ces traîtres après avoir reçu en présence d'Antoine Perrenot, Evêque d'Arras la récompense qui leur avoit été promise, avoient été conduits à Cambrai, & de-là près de Saint-Quentin par des chemins détournés; mais qu'un des deux ayant été heureusement rencontré par le Gouverneur de la place, avoit été arrêté & mis en prison, où il avoit tout avoué : qu'un autre Gascon appellé Jacques la Fleche l'un des plus habiles Ingénieurs du Roi d'Espagne, avoit été arrêté à Laferre où il avoit été surpris sondant la riviere d'Oise; qu'interrogé, il avoit confessé que le Duc de Savoye lui avoit fait compter de l'argent par le Comte de Barlemont pour tracer le plan de Montreuil, de Reux, de Dourlens, de Saint-Quentin & de Mezieres, autant de places dont les Espagnols vouloient s'emparer, afin de brider Boulogne & Ardres, & d'empêcher qu'on ne pût ravitailler Mariembourg.

Le Cardinal de Lorraine, après avoir exposé bien au long toutes ces infractions, parla des grands préparatifs que faisoit le Roi d'Espagne pour une guerre prochaine; des vives instances du Roi des Romains auprès des Princes & Etats de l'Empire pour les engager à recouvrer par les armes Metz, Toul & Verdun, & enfin des ravages actuels que la garnison du Mesnil faisoit sur la frontiere de Picardie : la conclusion du Cardinal fut que les hostilités qu'il venoit de rapporter démontroient évidemment que le Roi d'Espagne n'avoit consenti à une suspension d'armes, & qu'il n'avoit accordé sa protection aux Colonnes qu'à dessein de mettre le Roi de France dans la nécessité de prendre les armes pour la défense du Saint Siége.

1556.
La guerre est résolue.
La Popel. liv. 4. p. 74.
Belcar. liv. 26. p. 890.
Annales de France, liv. 6. p. 1584.

Il faut convenir que ces raisons du Cardinal, quelques spécieuses qu'elles fussent, nè pouvoient contrebalancer celles du Connétable ; mais Henri s'étoit laissé prévenir, & la guerre fut résolue. Deux raisons engagerent le Connétable à ne pas s'opposer à l'expédition de Naples ; la premiere étoit qu'il se promettoit de profiter de l'absence du Duc de Guise pour l'avancement de sa Maison, & la seconde qu'il se croyoit intéressé à ménager le Pape, de qui il espéroit d'obtenir une dispense pour le mariage de François de Montmorenci son fils aîné, avec Diane légitimée de France, veuve du Duc de Castro.

Le Roi envoye une Ambassade à Philippe.
Rabutin Tom. 2. p. 96.
Belcar. liv. 27. p. 882.

Cependant le Roi avant que de faire passer des troupes en Italie envoya une Ambassade extraordinaire à Philippe pour le conjurer de se désister de la protection qu'il accordoit aux Colonnes, & pour déclarer en même tems à ce Prince que la réponse qu'il feroit, décideroit Sa Majesté sur le parti qu'elle devoit prendre. Philippe répartit que l'honneur autant que la reconnoissance lui faisoit une loi de la défense des Colonnes ses sujets fidéles, contre les Carraffes ses sujets rebelles, & qu'il ne voyoit pas comment la France pourroit se justifier, si au mépris de la tréve jurée, elle reprenoit les armes en intervenant dans une affaire qui ne l'intéressoit en aucune maniere.

Les Guises & le Cardinal Caraffe eurent grand soin d'exagerer la fierté de cette réponse, & ils sçurent si bien animer l'esprit de Henri, que ce Prince donna sur le champ ordre à Montluc de passer en Italie avec deux mille fantassins Gascons, qui devoient se joindre à six mille hommes dont le commandement fut donné au Maréchal Strozzi (a); le Légat de Sa

Il fait passer des troupes en Italie. La Popeliniere, liv. 4. p. 74. Belcar. liv. 27. p. 882. Belleforet, liv. 6. p. 1585.

(a) Il obtint le bâton de Maréchal qu'avoit eu Robert de la Mark, qui ayant été fait prisonnier à la prise d'Hedin avoit été conduit à l'Ecluse, « où il fut mis, dit Paradin, dans » une si étroite geole, faite en façon de cage, » qu'il n'avoit moyen d'être aidé d'un seul » valet, quelque maladie qui lui survînt ; les » ennemis pour le solliciter de quitter le ser- « vice du Roi, après d'infinies persuasions » d'avantages & promesses de bienfaits s'avi- » serent de le menacer de la mort .... La » tréve faite la Dame de Bouillon alla à » Gand où étoit le Duc, & passa une obliga-

Sainteté content du succès de ses négociations partit de la cour de France comblé d'honneur & de préfens (b), & fut conduit à Civita-

» tion par laquelle elle & une jeune Demoi-
» selle sa fille se trouvoient obligées pour la
» rançon dudit Seigneur; d'avantage y avoit
» clause, que s'il venoit à décéder avant le
» payement de sa rançon, qu'elle & sa fille
» demeureroient prisonnieres jusqu'à entiere
» satisfaction du prix... le prisonnier se
» trouva avoir prins médecine ordonnée &
» ministrée par le Médecin & Apoticaire du
» Prince de Savoye, & à l'instant se plaindre
» d'avoir douleur à l'estomac,... & à peine
» étoit il arrivé en la ville de Guise qu'il se sent
» si mal que dans deux jours il meurt; après
» étant ouvert... fut trouvée la taye de l'esto-
» mac intérieure ulcerée, & percée en treize
» endroits, y avoit aussi plusieurs taches pur-
» purées faites par l'errosion du venin, fu-
» rent aussi autres signes de poison observés
» aux poumons, ès endroits du cœur, ès in-
» testins. C'est ainsi, que sous couleur de
» rendre un homme vif, on s'étoit assuré de
» la rançon d'un mort ».

(a) Il fut pourvu de l'Evêché de Cominges, dont le Garde de Sceaux Bertrandi se démit en sa faveur; & la Reine étant accouchée de deux Princesses, ce Cardinal eut l'honneur d'en tenir une sur les fonts & il lui donna le nom de *Victoria*; comme voulant marquer, dit Mezerai les grands avan-

Vechia avec une escorte de vingt-cinq galeres sous les ordres du Baron de la Garde.

Pendant l'absence du Cardinal Neveu, il s'étoit passé à Rome bien des choses qui ne pouvoient servir qu'à éloigner toujours plus les esprits de la paix. Un messager de l'Ambassadeur de l'Empereur envoyé à Naples avoit été arrêté ; & on lui avoit pris des lettres en chiffres par lesquelles Dom Garcilasso de la Vega, agent du Roi d'Espagne pressoit vivement le Duc d'Albe de s'avancer avec son armée vers l'Etat Ecclésiastique, qui étoit alors dépourvu de troupes ; sur cela on s'étoit saisi de Garcilasso & de Jean-Antoine de Tassio, Général des postes de l'Empereur ; & ils avoient été conduits en prison. Le Marquis de Saria, Ambassadeur de Sa Majesté Impériale voulut en porter ses plaintes au Pape, mais on refusa de lui donner audience. Paul porta le ressentiment encore plus loin ; il se fit

Nouvelles brouilleries entre le Pape & le Roi d'Espagne. Belcar, liv. 27. p. 883. De Thou, liv. 17. p. 31.

sages que la ligue du Pape & du Roi remporteroit en Italie ; mais peu de tems après ce présage s'évanouit avec la vie de cette jeune Princesse.

présenter par son Procureur-Fiscal une requête par laquelle Sa Sainteté étoit suppliée de déclarer que l'Empereur & le Roi son fils avoient encouru les censures Ecclésiastiques, & étoient déchus de la possession du Royaume de Naples, pour avoir secouru d'hommes & d'argent les Colonnes, tout excommuniés & tout coupables qu'ils étoient du crime de leze-majesté.

Le Duc d'Albe justement indigné de toutes ces violences, mais qui n'étoit pas encore en état de commencer la guerre, dépêcha au Pape Jules de Tolsa, Comte de San-Valentino pour se plaindre à Sa Sainteté de ce que non contente de recevoir dans les terres de l'Eglise & à Rome même les bandits de Naples & de Florence, elle en étoit venue jusqu'à violer le droit des gens, en faisant arrêter des Ministres publics. Le Comte avoit ordre de protester que si Sa Sainteté ne réparoit tant d'outrages par une satisfaction éclatante, Sa Majesté Catholique seroit obligée de se faire raison par la voye des armes; mais Paul peu intimidé par

par ces menaces envoya peu de jours après Barthelemi Delnero, Gentilhomme Romain, au Duc d'Albe, à qui il fit dire que la suprême dignité dont il étoit revêtu lui donnant droit de commander à tous les Princes de la terre, il étoit fort surpris qu'on voulût qu'il rendît compte de ses actions; que Vega ayant suscité des séditions, il s'étoit privé du droit attaché au caractere d'Ambassadeur; & que par conséquent il avoit dû être traité non comme Ministre public, mais comme un simple Particulier; que ce n'avoit été que sur des indices certains d'une conjuration formée contre l'Eglise, que l'on avoit arrêté sur le chemin de Terracine un Courier de l'Ambassadeur de l'Empereur; & quant aux bannis de Naples & de Florence, le Pape répondoit qu'il n'avoit fait que ce que faisoit le Duc d'Albe lui-même, qui recevoit avec empressement dans les Etats du Roi d'Espagne les sujets rebelles du Saint Siége, quelques excommuniés qu'ils fussent, & quoiqu'il eût été déclaré que ceux qui leur donnoient un azile, encoureroient les mêmes censures; Paul ajoutoit que ce n'étoit pas le connoître que d'espérer de l'effrayer par des menaces, que plein de zéle pour la gloire & les intérêts de l'Eglise, il sçauroit jusqu'au dernier soupir en défendre les droits & en soutenir la dignité avec une fermeté inébranlable; & pour joindre les effets aux paroles, il commença par faire fortifier plusieurs places où l'on mit garnison; ayant ordonné auparavant que la milice de Rome fût distribuée par bandes sous les Capitaines des quartiers.

Le Duc d'Albe se jette dans l'Etat Ecclésiastique.
Belcar. liv. 27. p. 886.

Le Duc d'Albe intéressé, pour les raisons que j'ai dites, à gagner du tems, ne commença les hostilités qu'après avoir fait une nouvelle tentative pour rétablir la paix. Il envoya à Rome Pirho de Loffredi, Marquis de Trevico, pour proposer au Pape & aux Cardinaux quelque voye de réconciliation; & il lui fut ordonné de ne demeurer que quatre jours à Rome, quel que dût être le succès de sa négociation; mais Paul qui de son côté avoit besoin de tems pour se préparer à une vigoureuse défense ayant fait entendre au Marquis qu'une affaire aussi importante que celle qu'il venoit traiter, ne pouvoit être terminée en un terme aussi court; le Marquis se laissa persuader, & consentit à différer son départ de plusieurs jours. Sur ces entrefaites le Duc d'Albe à la tête d'une armée composée de huit mille Italiens, de quatre mille Espagnols, de six cent hommes d'armes & de douze cent chevaux légers, fit une invasion dans les terres de l'Eglise, & s'empara sans beaucoup de peine de Frosolone, de Posi, de Ripi, de Veruli, de Terracine, d'Agnanie & de plusieurs autres places. Paul IV. n'eut pas plûtôt eu avis de ces premieres hostilités qu'il fit renfermer Loffredi dans le château Saint Ange après l'avoir menacé de lui faire couper la tête (a).

(a) ” Ce ministre, dit Vuiquefort, qui n'e-
” xécutoit point les ordres de son maître,
” en demeurant à Rome au-delà du terme
” qui lui étoit prescrit, étoit devenu crimi-
” nel & justifioit le procédé du Pape, qui
” n'étoit pas obligé de le considerer comme
” Ministre public, après les hostilités que
” son maître faisoit, & après la déclaration
” que lui-même avoit faite, que sa commis-
” sion n'étoit que pour quatre jours ”.

S ij

Sur ces entrefaites le Cardinal Caraffe, le Maréchal de Strozzi, Montluc & Lanfac aborderent à Civita-Vechia avec deux mille hommes de troupes choifies ; peu de jours auparavant la Mole avoit conduit de Corfe à Rome neuf enfeignes de gens de pied, & le Duc de Parme quoique lié par un nouveau traité avec le Roi d'Efpagne, avoit envoyé au fecours du Pape quatre-vingt chevaux en qualité de feudataire du Saint Siége. On avoit auffi tiré du Duché d'Urbin quelque cavalerie légere, & près de deux mille fantaffins ; mais ce n'étoient pas là des forces avec lefquelles on pût tenir la campagne contre les Efpagnols ; tout ce qu'on put faire fut de les obliger de s'éloigner des environs de Rome. On ne put cependant empêcher qu'il ne s'emparaffent encore d'Oftie & de Tivoli, dont Montluc fauva la garnifon compofée de cinq enfeignes Italiennes, fous les ordres de François des Urfins.

Cependant quoique les deux partis paruffent également éloignés de la paix, il fe fit de part & d'autre quelques ouvertures d'accommode-

Secours envoyé au Pape. Idem, liv. 27. p. 885.

Treve conclue entre les deux partis. De Thou, liv. 17. p. 48. Belcar, liv. 27. p. 890.

ment; mais on ne put convenir que d'une trève de dix jours, & qui devoit durer jusqu'au vingt-neuviéme de Novembre. Elle fut négociée par l'entremise du Cardinal de Santa-Fiore, & par les soins de Thomas Manrique Religieux de l'Ordre de Saint Dominique, elle fut depuis prolongée de quarante jours. Après quelques conférences particulieres que le Cardinal Caraffe eut avec le Duc d'Albe, on eut quelque raison de penser que ce fut dans ces conférences secrettes, que le Cardinal neveu dont on n'avoit que trop sujet de se défier, convint avec le général ennemi de toutes les trahisons qu'il méditoit contre la France.

1556.

Le Cardinal fit sur la fin de l'année un voyage à Venise, qui fut diversement interprêté; les uns crurent que le Pape lui avoit donné ordre d'emprunter des Venitiens une grosse somme d'argent, pour fournir aux frais de la guerre, & qu'il devoit proposer de leur donner Ravenne en dépôt pour sureté de cette somme; mais plusieurs se persuaderent qu'il n'avoit entrepris ce voyage que pour s'assu-

Traité de compromis entre la France & le Cardinal neveu.
Ribier, Tom. 2. pag. 649.

rer des récompenses que le Duc d'Albe lui avoit fait espérer, s'il favorisoit les armes du Roi d'Espagne. Mais après tous les engagemens que ce Prélat avoit pris avec la France, auroit-on pû s'imaginer qu'il eût dessein de la trahir; outre le traité de ligue dont nous avons parlé, il en avoit encore fait un autre en son nom avec le sieur d'Avanson Ambassadeur du Roi auprès de Sa Sainteté. Par ce traité de compromis qui ne devoit avoir lieu qu'après la mort du Pape, il fut convenu que l'on remettroit entre les mains du Roi Civita-Vechia, Ancone, Orviette, Civita-Castellana, Perrouse, Boulogne & Ravenne; que le Duc de Palliano seroit d'abord mis en possession de Castro; & que le Roi lui feroit donner dans la suite l'investiture de Parme & de Plaisance; que ce Duc envoyeroit le Marquis de Cavi son fils unique en France, pour y être élevé avec M. le Dauphin, & être marié selon le bon plaisir du Roi; qu'en échange des terres qui auroient été cédées à la France, Sa Majesté donneroit au jeune Marquis le Bourbonnois, ou telle autre terre dont le revenu montât à quarante mille écus. Que celui des enfans de France qui auroit reçu l'investiture du Royaume de Naples épouseroit la fille du Duc de Palliano ; que dès que le Cardinal Caraffe auroit été pourvû de la Légation d'Avignon, & de la Vice-Chancellerie du St. Siége, Sa Majesté le nommeroit aux Evêchés de Cahors & de Viviers, & aux autres bénéfices dont le Cardinal Farnèse étoit actuellement en possession.

Il paroît par le dernier article de ce traité, qu'il fut postérieur à celui qui reconcilia les Farnèses avec la Maison d'Autriche. Le Duc de Parme, le Prince de l'Europe qui avoit le plus d'obligations à la France, puisqu'elle avoit pris généreusement sa défense contre l'Empereur son beau-pere, qui avoit résolu de le dépouiller de tous ses Etats, & qu'elle lui avoit rendu Parme, après en avoir soutenu le siége durant deux ans, perdit le souvenir de tant de bienfaits, & abandonna le parti de la France dans un tems où elle avoit le plus besoin de son secours. Gagné

Traité entre les Farnèses & le Roi d'Espagne. Belcar, liv. 27. p. 889. Ribier, Tom. 2. p. 659. La Popel. liv. 4. p. 74. Annales de France, liv. 6. p. 1585.

1556.

par le Cardinal de Trente, il traita avec le Roi d'Espagne aux conditions suivantes ; que Plaisance seroit restituée à Octave, mais qu'il recevroit dans la citadelle une garnison Espagnole, qui seroit payée à ses dépens ; que la citadelle de Novare demeureroit entre les mains de Sa Majesté Catholique ; que le Duc & Marguerite son épouse fille naturelle de l'Empereur, seroient remis en possession des terres qui leur avoit été enlevées dans la derniere guerre ; mais qu'ils ne pourroient demander la restitution de fruits dont ils avoient été été privés ; que Montreale seroit rendu au Cardinal Alexandre Farnèse ; que les enfans de ceux des conjurés qui avoient assassiné le feu Duc de Parme, ne seroient point inquietés ; que ceux des conjurés qui vivoient encore, auroient la liberté de vendre leurs biens & de se retirer où ils voudroient ; que le Duc recevroit dans ses bonnes graces le Comte de San-Secundo, & Jean-François Severino ; mais que s'ils violoient une seconde fois leur serment, il seroit au pouvoir du Duc de les punir ; que

les

les fortifications de Fontanella, de Roccabianca & de Torricelle, seroient démolies; mais que la Ville de San-Domino seroit rendue au Duc dans l'état où elle étoit; & enfin que dès que ce Prince auroit été rétabli à Plaisance, il envoyeroit son fils à Milan pour y demeurer en ôtage.

Les Farnèses poussèrent plus loin l'ingratitude. Peu contents d'avoir lâchement abandonné le parti de la France, ils tâcherent encore de lui enlever ses plus zélés serviteurs. De ce nombre fut le Comte de Poliliano leur parent, Chevalier des Ordres de Sa Majesté. Ce Seigneur soupçonné d'entretenir de secrettes intelligences avec le Cardinal de Burgos Gouverneur de Sienne, fut arrêté & enfermé dans le Château Saint-Ange.

Environ le même tems, Jean de Luna Gouverneur de la citadelle de Milan, quitta le service de l'Empereur, pour s'attacher à celui du Roi. Indigné de ce qu'on l'avoit obligé d'aller à Bruxelles pour y rendre compte d'un mémoire où il accusoit Ferdinand de Gonzague d'un

1555.

Le Comte de Peliliano est arrêté.
Belcar, liv. 27. p. 889.
Ribier, Tom 2. p. 671.

grand nombre de concuſſions, il prit le parti de ſe retirer en France, ne doutant pas que s'il retournoit à Milan, il ne fut tôt ou tard ſacrifié à la haine de ſon ennemi.

Siége & priſe d'Oſtie par le Maréchal de Strozzi.
Montluc, liv. 4. p. 287.
De Thou, liv. 17. p. 53.

Cependant le Duc d'Albe informé de la prochaine arrivée du Duc de Guiſe, à la tête d'une armée nombreuſe, quitta la Campagne de Rome & retourna à Naples, ayant laiſſé le commandement de ſes troupes au Comte de Popoli. Ce fut alors que le Maréchal de Strozzi, & le Duc de Paliano, ſe mirent en campagne avec ſix mille hommes de pied, huit cent chevaux & ſix piéces de canon. Leur deſſein étoit d'aſſiéger Oſtie dont les ennemis s'étoient emparés ; mais pour faciliter l'exécution de leur projet, ils crurent devoir commencer par l'attaque d'un fort que le Duc d'Albe avoit fait élever ſur le Tibre, & qui n'étoit pas encore achevé. Marc-Antoine de Montluc, jeune Officier également diſtingué & par ſa bravoure & par ſa ſageſſe, voulut lui-même reconnoître le foſſé : ayant pour cet effet attendu que les aſſiégés fiſſent une ſortie, accompagné du Baron de Benac & du Capitaine Charri, il fondit fur eux avec tant d'impétuofité, qu'il les obligea de chercher leur falut dans une prompte fuite. Montluc les pourfuivit jufques au bord du foffé, & ne fe retira qu'après l'avoir attentivement examiné; mais fon intrepidité lui coûta la vie : il reçut en s'en retournant un coup d'arquebufe au travers du corps, & eut cependant affez de force pour fe trainer jufqu'à la tente du Maréchal de Strozzi à qui il put à peine rendre compte des découvertes qu'il venoit de faire. Il mourut un moment après, entre les bras du Maréchal, *lequel dit fieur Maréchal, dit Montluc, envoya le corps le lendemain à Monfieur le Cardinal d'Armagnac, & à Monfieur de Lanfac, à Rome, lefquels le firent auffi honorablement enfevelir comme s'il eût été fils d'un grand Prince.*

Comme les ruines d'Oftie n'avoient point encore été reparées, cette Ville ne put oppofer une grande réfiftance. La garnifon compofée de quatre enfeignes Italiennes, fe retira dans le fort où il y avoit un pareil nombre de troupes sous les ordres de Jean Vasques d'Avila qui rendit la place sans attendre qu'elle fût battue par le canon. Presque toutes les places dont les ennemis s'étoient emparés dans la Campagne de Rome, furent reprises successivement. Un si heureux changement sembloit promettre que la campagne prochaine seroit marquée par les plus glorieux succès, mais l'ingratitude, la trahison, la perfidie rendirent inutiles les sages mesures que la France avoit prises pour étendre ses conquêtes.

Fin du troisième Livre.

HISTOIRE
DU REGNE
DE HENRI II.
ROI DE FRANCE.

LIVRE QUATRIÉME.

Es hoſtilités avoient com- mencé en Italie, ſans que la guerre eût été encore déclarée, & elle ne le fut qu'après que l'Amiral de Coligni Gouverneur de Picardie, eût entrepris de ſurprendre Douai. Ce deſſein lui fut inſpiré par un Banquier de Lucques, qui après avoir diſſipé tout ſon bien dans la débauche, s'étoit revêtu d'un habit d'Hermite, & avoit établi ſa demeure près

1557.
Entrepriſe ſur Douai, & priſe de Lens par Coligni.
Rabutin, liv. 8. p. 104.
La Popel. liv. 4. p. 78.
Annales de France, liv. 6. p. 1563.
Tavannes, p. 197.
Belcar, liv. 27. p. 892.

Tom. II.   V

de cette Ville. Comme il en connoiſſoit parfaitement tous les endroits foibles, il oſa ſe flatter que les découvertes qu'il avoit faites, pourroient ſervir à le tirer du miſérable état qu'une indigence extrême lui avoit fait embraſſer; & dans cette penſée, il s'addreſſa à l'Amiral à qui il communiqua toutes les lumieres qu'il avoit acquiſes. Coligni qui prévoyoit que la guerre alloit infailliblement s'allumer entre les deux couronnes, fut charmé de profiter de l'occaſion qui ſe préſentoit de prévenir les ennemis en leur enlevant une des plus fortes places des Pays-Bas; & dans cette confiance il ſe mit en marche la veille des Rois, & s'avança juſqu'aux murailles de Douai, qu'il eſpéroit de ſurprendre avec d'autant plus de facilité qu'il ſe croyoit aſſuré de trouver & les ſoldats & les Bourgeois enſevelis dans le ſommeil & dans le vin. Déja l'on commençoit de mettre la main à l'œuvre; lorſqu'une vieille femme qui paſſoit par hazard près de l'endroit où l'on plantoit les échelles, réveilla par ſes cris les ſentinelles.

L'Amiral obligé de se retirer, alla décharger sa colere sur la petite Ville de Lens qui fut saccagée & réduite en cendres. La France pour justifier cette entreprise de Coligni, publia un manifeste qui ne fut qu'une répétition de tout ce qui avoit été dit par le Cardinal de Lorraine, au sujet des différentes infractions faites en divers tems par les Impériaux, & qu'ils ne pouvoient désavouer.

1557.

Cependant le Duc de Guise, Général de l'armée destinée à l'expédition de Naples, s'étoit mis en marche malgré la rigueur de l'hyver, & avoit déja passé les monts. Son armée étoit composée de cinq mille Suisses & de quatre mille Grisons, sous les ordres de René Marquis d'Elbœuf, de sept mille fantassins commandés par le Duc de Nemours, & de quelques enseignes Italiennes: la cavalerie consistoit en cinq cent cinquante hommes d'armes & en quinze cent chevaux légers. Le Duc d'Aumale, François de Cleves, Claude de la Chastre, François de Vendôme Vidame de Chartres, le Comte de Nançai son frere, Jacques de la Brosse, Cipierre,

Conseil tenu sur les opérations de la campagne. Belcar, liv. 27. p. 892. Villars, liv. 8. p. 728. La Popel. liv. 4. p. 77. Tavanes, p. 192.

V ij

Tavannes, la Molle, tous trois Maréchaux de Camp, furent les principaux Commandans sous le Duc de Guise. Il se tint à Turin un grand conseil sur les opérations de la campagne. L'avis du Maréchal de Brissac, fut que la principale intention de Sa Majesté étant d'éloigner l'armée ennemie des terres de l'Eglise, on ne pouvoit mieux y réussir, qu'en attaquant Milan alors presque entiérement dépourvû de troupes; qu'il suffiroit de se présenter devant cette place pour qu'elle ouvrit ses portes, & que les autres Villes de ce Duché, suivroient l'exemple de la capitale; qu'à la faveur des intelligences que Salvoison entretenoit à Alexandrie, l'on ne pouvoit aisément s'en rendre maître; que l'on ne pouvoit douter que sur le premier bruit de ces entreprises, le Duc d'Albe ne marchât avec toutes ses forces au secours du Milanès; & qu'ainsi l'on procureroit au Pape la facilité de recouvrer, sans coup férir, tout ce qui lui avoit été enlevé; qu'au reste, la prudence ne permettoit pas que l'on s'embarquât dans une entreprise dont le succès ne pouvoit être que très-incertain ; que l'on sçavoit que Charles VIII, Louis XII. & François I. n'avoient échoué dans leur expédition de Naples, que pour ne s'être pas auparavant assurés du Milanès ; qu'il n'y avoit que trop de sujets d'appréhender que la longue marche d'une nombreuse armée dans un pays presque tout ennemi, & que les maladies causées par des chaleurs excessives, ne l'affoiblissent de façon qu'elle se trouveroit hors d'état de rien entreprendre. Une autre raison que le Maréchal fit valoir, fut que la conquête de Gênes, seroit une suite infaillible de celle du Milanès, vû la disette extrême de vivres où cette Ville étoit réduite : que pour cet effet il suffisoit que la flotte de Provence empêchât que les Genois ne pussent tirer des bleds de Sicile.

De si solides raisons furent généralement approuvées, & le Duc de Guise lui même ne se défendit de s'y rendre que sur les ordres exprès qui lui enjoignoient de marcher droit à Rome, & sur la crainte qu'il avoit que le Pape indigné de ne pas recevoir à tems les secours que la France lui avoit promis, ne traitât avec l'Espagne ; & il fit observer que dans ce cas Sa Majesté demeureroit seule chargée de fournir aux frais d'une longue & sanglante guerre. Le Duc de Guise cependant craignant qu'on ne voulût le rendre comptable du mauvais succès d'une expédition dont on lui laissoit entrevoir les funestes suites, consentit que le Baron du Villars Secrétaire du Maréchal, fût envoyé en Cour pour y exposer les raisons qui avoient été proposées de part & d'autre.

La Cour est consultée. Memoire de Villars, liv. 3. p. 737.

Le Connétable & le Maréchal de Saint-André entrerent dans les vûes de Brissac ; mais le Cardinal de Lorraine informé de tout ce qui s'étoit passé, par un Courier que lui avoit dépêché le Duc de Guise son frere, & qui avoit précédé Villars, parla au Roi en particulier au sortir du Conseil, & représenta à Sa Majesté qu'il étoit de son intérêt autant que de sa gloire, de remplir avec la plus scrupuleuse fidélité, les engagemens qu'elle avoit contractés avec Sa Sainteté ; que plus on différeroit de la secourir, plus l'expédition de Naples souffriroit de difficultés; & que cependant un si beau Royaume méritoit bien qu'on ne négligeât aucunes des mesures nécessaires pour en hâter la conquête. La Reine & la Duchesse de Valentinois gagnées par le Cardinal, agirent de leur côté, & eurent malheureusement tant de crédit sur l'esprit du Roi, que la nuit même elles firent expédier un ordre qui enjoignoit au Duc de Guise de marcher droit à Rome. Le Maréchal de Saint-André informé de toutes ces menées, en donna avis au Baron du Villars, & lui conseilla de se trouver le lendemain dès le grand matin dans l'appartement du Roi, afin de faire une nouvelle tentative sur l'esprit de ce Prince; mais elle fut inutile; & *tout le fruit que je rapportai de ce voyage, dit Villars, ce furent vingt mille écus pour la fortification de Valence.* Pour conclusion l'intérêt & la passion des particuliers, fondées sur les fallaces & incertaines espérances, eurent puissance de renverser celles qui étoient solides, utiles & honorables, à la future ruine de l'Etat.

Le Duc de Guise en attendant le

Prise de Valence par le

V iiij

retour de son Courier, s'approcha de Valence défendue par une garnison de deux mille fantassins Espagnols, Italiens & Grisons, sous les ordres d'Horace Spolverino, de Verone. Cette place abondamment pourvûe de toutes les choses nécessaires pour soutenir un long siége, ne se défendit que trois jours, par la lâcheté, ou plûtôt par l'avarice du Gouverneur qui dans cette occasion sacrifia son devoir à la crainte de perdre tout son bien qui ne consistoit qu'en meubles : il lui fut permis de les faire transporter à Pavie où il fut conduit avec la garnison ; mais à peine y fut-il arrivé, que le Marquis de Pescaire lui fit faire son procès, & il fut condamné à perdre la tête sur un échafaut. Le Cardinal de Madruce, Evêque de Trente, & Gouverneur du Milanès, demanda que la place dont on venoit de s'emparer, fût restituée au Roi d'Espagne, comme ayant été prise durant la tréve ; mais on lui répondit que dès l'année précédente, cette tréve avoit été rompue par le Duc d'Albe qui s'étoit saisi de plusieurs places de la campagne de Ro-

Marginalia:
Duc de Guise.
La Popel. liv. 4. p. 75.
Belcar, liv. 27. p. 892.
Rabutin, liv. 8. p. 108.
Belleforet, liv. 6. p. 1586.

me, quoique le Pape eût été compris dans le dernier traité conclu entre la France & l'Espagne.

Le Maréchal de Brissac, pour favoriser la marche de l'armée du Duc de Guise, se mit à la tête de dix mille hommes, & feignit de prendre la route de Milan : cette ruse eut le succès qu'il s'en promettoit. Le Marquis de Pescaire qui s'étoit avancé vers le Plaisantin, à dessein de disputer le passage à l'armée de France, revint sur ses pas pour couvrir le Milanès ; & le Duc de Guise ayant traversé la Lomelline, arriva sans aucun obstacle dans le Parmesan, & de-là il s'avança vers Reggio où le Duc de Ferrare son beau-pere l'attendoit à la tête de six mille hommes d'infanterie & de huit cent chevaux. Le Cardinal de Caraffe & Jean de Calabre Evêque de Lodeve, Ambassadeur du Roi à Venise, assisterent au conseil qui se tint sur les opérations de la campagne. Les uns furent d'avis que l'on devoit commencer par attaquer Cremone ou Pavie, pendant que le Maréchal de Brissac tiendroit les ennemis en haleine d'un autre cô-

1556.

Il s'abouche avec le Duc de Ferrare, & le Cardinal neveu.
Belcar, liv. 27. p. 893.
La Popel. lib. 4. p. 79o

té; mais d'autres repréſenterent qu'avant qu'on ſe fût emparé d'une de ces deux fortes places, le Duc d'Albe auroit eu le loiſir de faire nombreuſes levées de troupes dans la Toſcane & dans le Royaume de Naples, & qu'ainſi il convenoit mieux de faire une prompte invaſion en Toſcane, tandis qu'il n'y avoit qu'une foible garniſon pour ſa défenſe. Le Cardinal Caraffe ouvrit un autre avis qui fut de pénétrer par la Marche d'Ancone, dans la terre de Labour où l'on trouveroit peu de places qui ne ſe rendiſſent à la premiere ſommation; mais le Duc de Ferrare remontra que la défenſe du Saint Siége étant le principal objet de la ligue, le Duc de Guiſe devoit ſans perdre de tems, conduire ſon armée à Rome, & que lorſque l'on auroit délivré Sa Sainteté de l'oppreſſion des Eſpagnols, l'on délibéreroit ſur ce qu'il y auroit de mieux à faire pour les intérêts de la cauſe commune. Le Duc de Ferrare ajouta que craignant d'être attaqué ou par Côme de Médicis, ou par le Duc de Parme ligué depuis peu avec l'Eſpagne, l'on ne devoit pas trouver mauvais qu'il réservât pour la défense de ses Etats, les troupes qu'il avoit levées.

Dès que l'armée Françoise se fut remise en marche, le Duc de Ferrare laissa le commandement de ses troupes à Alphonse son fils, & se rendit à Venise où l'Ambassadeur d'Espagne agissoit vivement auprès du Sénat pour l'engager à porter la guerre dans les Etats du Duc ; mais les Venitiens trop sages pour s'engager dans une querelle qui leur étoit étrangere, demeurerent fermes dans la résolution qu'ils avoient prise d'observer une exacte neutralité. Ce Duc fut reçu avec beaucoup de magnificence, & il eut plusieurs conférences secrettes avec le Doge & les députés du Sénat. Il leur dit qu'il n'étoit entré dans la ligue conclue entre le Pape & la France, que parce qu'il y avoit été forcé par les injures qu'il avoit reçues du Roi d'Espagne ; & que d'ailleurs son zéle pour le Saint Siége, ne lui avoit pas permis de demeurer neutre dans une guere faite au Vicaire de Jesus-Christ ; & sur ce qu'il pria les députés de l'aider de

1557.

Raison qui oblige le Duc de Ferrare d'aller à Venise.
Belleforêt, liv. 6. p. 1587.
Belcar, liv. 27. p. 893.
La Popel. liv. 4. p. 72.

leurs conseils, ils lui répondirent que c'étoit à sa sagesse & à son expérience à l'éclairer sur le parti qu'il lui convenoit de prendre, & ils l'assurèrent au nom de la République, qu'elle se feroit toujours un plaisir de cultiver avec soin la bonne amitié qu'elle avoit jusqu'alors entretenue avec sa Maison. Ce Prince ayant appris que Jerôme Seigneur de Cortege, avoit retiré les ôtages qu'il avoit donnés pour sûreté de sa parole, & que le Roi d'Espagne lui avoit fourni des troupes pour faire une invasion dans le Modenois, hâta son départ de Venise, & de retour dans ses Etats, il s'appliqua avec beaucoup de soin à faire fortifier Modene & Carpi, avec quelques autres places des environs.

Entrée du Duc de Guise à Rome.
Belcar, liv. 27. p. 894.
La Popel. liv. 4. p. 79.

Si le Duc de Guise eut tout sujet d'être mécontent du Duc de Ferrare son beau-pere, il le fut encore plus des Caraffes. Arrivé à Boulogne avec le Cardinal Neveu, il vit avec chagrin qu'on n'y avoit encore fait aucun préparatif de guerre, quoiqu'on l'eût assuré qu'il trouveroit dans cette place, une partie des troupes du

Pape, prêtes à se joindre à celles de France. Pour appaiser le Duc qui se plaignit hautement de ce manque de parole, on lui fit entendre qu'il trouveroit dans la Marche d'Ancone, dix mille hommes nouvellement levés par ordre de Sa Sainteté. Le Duc sur cette assurance, continua son chemin par la Romagne, & se rendit à Rimini où il fit la revûe de son armée dont il laissa le commandement au Duc d'Aumale son frere, pendant que de son côté il iroit s'abboucher avec Sa Sainteté.

1557.

L'entrée du Général François à Rome eut tout l'air d'un triomphe. Il fut reçu avec de grandes démonstrations de la joye la plus vive, & par les honneurs extraordinaires qu'on lui fit, on tâcha de lui faire oublier les sujets des plaintes qu'on lui avoit données. Le lendemain de son arrivée il fut conduit avec un nombreux cortége dans la Basilique de Saint Pierre, & là il fit la cérémonie de recevoir au nombre des Chevaliers de l'Ordre du Roi, Paul Jourdain des Ursins, & le Duc de Pabiano qui jusqu'alors avoit refusé de prêter

Discours du Pape prononcé dans le Consistoire. Belcar, liv. 27. p. 895.

serment de fidélité à Sa Majesté. Le jour suivant il se tint un consistoire où le Pape tâcha de prouver par un long discours, que les plaintes du Duc étoient moins bien fondées, qu'il ne le pensoit. Il dit que tout le monde sçavoit assez qu'il n'avoit point été le premier à proposer la ligue qui avoit été conclue entre la France & le Saint Siége : que cette ligue étoit l'ouvrage du Cardinal de Lorraine qui n'avoit cessé d'employer les plus vives sollicitations, jusqu'à ce qu'il eût engagé Sa Sainteté à se liguer avec Sa Majesté très-chrétienne : que depuis le Roi d'Espagne avoit fait offrir à Sa Sainteté, les conditions les plus avantageuses pour la détacher de l'alliance de la France; mais que ces offres quelques séduisantes qu'elles fussent, n'avoient pû ébranler sa fidélité : que cependant le secours promis par la France, s'étoit fait attendre plus d'une année ; ce qui avoit procuré au Général ennemi tout le loisir dont il avoit besoin pour ravager le patrimoine de saint Pierre : que Rome avoit été comme investie, & que les sujets du saint Siége, s'étoient vûs réduits à une disette extrême de vivres : que tant de calamités n'avoient pû cependant décourager Sa Sainteté, & qu'en considération de sa longue patience, on devoit bien lui pardonner l'impuissance où elle se trouvoit d'effectuer tout ce qu'elle avoit promis: que l'on devoit se souvenir qu'elle étoit le plus pauvre de tous les Cardinaux, lorsqu'elle avoit été élevée sur la chaire de saint Pierre ; que dès les premieres années de son Pontificat, elle s'étoit vûe engagée dans une guerre ruineuse qui avoit épuisé le trésor de l'Eglise; & qu'ainsi il paroissoit juste que la France suppléât à ce défaut. » Je scais, ajouta le souve- » rain Pontife, que je me suis engagé à » fournir vingt mille hommes de pied » & mille chevaux pour cette guer- » re, mais j'ai toujours pensé que » dans ce nombre devoient être com- » pris les gens de guerre entretenus » pour la défense des places fortes » du domaine de l'Eglise «. Le Pape finit, en faisant observer que si les François avoient toujours échoué dans les différentes entreprises qu'ils avoient formées sur le Royaume de Naples, ce n'avoit été que parce qu'ils n'avoient pas eu les Papes pour amis; mais que se trouvant aujourd'hui appuyés de l'alliance & des forces du Saint Siége, ils pouvoient se promettre le plus heureux succès, & cela avec d'autant plus de confiance, que le Roi par ses nouvelles conquêtes, s'étoit mis en état de faire la loi à tous ses ennemis.

Le Duc de Guise propose de rendre la liberté aux Siennois.
Belcar, liv. 27. p. 895.

Paul ne s'en tint pas à des excuses. Pour qu'on n'eût aucun sujet de douter de la sincérité de ses intentions, il nomma des Commissaires qui devoient examiner la requête par laquelle son Procureur fiscal le suplioit de déclarer le Roi d'Espagne déchû du Royaume de Naples; & Sa Sainteté promit d'en donner l'investiture à un des fils de France. Un titre de possession plus sûr, eut été la conquête de ce Royaume par la voie des armes; mais le Duc de Guise qui commençoit à désespérer du succès de cette entreprise, en proposa une autre d'une exécution plus facile. Il représenta que les Rois de France ayant été de tout tems les plus fermes

mes appuis du Saint Siége, il paroissoit convenir qu'ils fussent maîtres de quelque place qui les mît à portée de veiller de près à la défense du patrimoine de saint Pierre: que la France trop éloignée de l'Etat Ecclésiastique, ne pouvoit y faire passer ses armées sans de grandes dépenses, & qui étoient souvent accompagnées de difficultés insurmontables; que de-là il étoit arrivé que le domaine de l'Eglise avoit été plus d'une fois totalement désolé, avant que les troupes de France eussent parcouru le long espace de pays qui s'étend depuis les Alpes jusqu'à Rome; que l'on remédieroit à cet inconvénient, si l'on commençoit par s'emparer de l'Etat de Sienne où les François entretiendroient de nombreuses garnisons qui mettroient les terres de l'Eglise à couvert de toute insulte.

Ce projet fut approuvé par Sa Sainteté, mais à une condition qui fut qu'avant que de l'exécuter, l'on députeroit au Duc de Florence pour sçavoir de lui comment il étoit disposé à l'égard du Saint Siége. En vain le Duc de Guise représenta que cette

Le Pape s'y oppose.
Belcar. liv. 27. p. 895.

civilité seroit pour le Duc un avertissement de se tenir sur ses gardes. Le trop scrupuleux Pontife ne put se persuader que l'on pût user de surprise dans une guerre qui devoit se faire en son nom ; & il fut décidé que François Ville, Gentilhomme de Ferrare, seroit envoyé au Duc de Florence, pour apprendre de la bouche de ce Prince, s'il étoit dans le dessein de favoriser les armes des Espagnols contre le Saint Siége. Côme informé par les Pensionnaires secrets qu'il entretenoit à Rome, de l'ambassade qu'on lui destinoit, se prépara à recevoir le nouveau député de Sa Sainteté, avec des honneurs extraordinaires. Ville fut magnifiquement traité & comblé de riches présens. Côme lui fit entendre que la crainte bien plus que l'amitié, le retenoit dans l'alliance des Espagnols qui l'accableroient infailliblement, si dans les circonstances présentes il rompoit ouvertement avec eux ; mais il assura Ville que plein de respect & d'amour pour Sa Sainteté, il sçauroit se comporter de façon que jamais on ne lui reprocheroit d'avoir rien entrepris contre le Saint Siége. Cette réponse qui n'étoit à proprement parler qu'un simple compliment, tranquilisa si parfaitement le bon vieux Pape, qu'il ne fut plus parlé du siége de Sienne; mais plusieurs crurent que Paul ne s'étoit montré si facile, que parce que Côme lui avoit rendu, ou du moins avoit promis de lui rendre les trois cent mille écus que Jules III. avoit avancés à ce Prince pour la guerre de Sienne.

Cependant plus d'un mois s'étant passé en délibérations inutiles, le Duc de Guise fatigué de tant de longueurs, se détermina enfin à se mettre en campagne, & sortit de Rome vers la mi-Avril. Campli fut la premiere place du Royaume de Naples qu'il attaqua. Cette Ville qui n'est qu'à trois milles de Civitella, fut prise d'assaut, & tout y fut passé au fil de l'épée, sans distiction d'âge, ni de sexe.

Prise de Campli par les François. De Thou, liv. 18. p. 86.

Le vingt-quatriéme d'Avril, le Général François, accompagné du Duc de Paliano neveu de Sa Sainteté, alla mettre le siége devant Civitella, Ville de l'Abbruze, bâtie fur une colline escarpée, & défendue par de bonnes fortifications. L'on commença par battre la citadelle, mais ce fut avec peu de succès. L'impatience des François ne leur ayant pas permis d'attendre que la breche fut affez grande pour monter à l'affaut, ils entreprirent de forcer un endroit défendu de tous côtês par des baftions; mais ils furent repouffés avec perte de deux cent de leurs plus vaillans foldats, & il y eut un pareil nombre de bleffés.

 Le Duc d'Albe ayant raffemblé fes troupes à Chieti, marcha au fecours des affiégés, avec une armée compofée de trois mille Efpagnols, de fix mille Allemands, de huit cent Calabrois, & de trois mille Italiens, fous les ordres de trente Capitaines Napolitains. Ces troupes étant foutenues par fept cent hommes d'armes, & quinze cent chevaux légers, le Général ennemi renforça encore fon armée des garnifons qui fe trouvoient à Chieti & à Atri. Trois cent chevaux légers & cent gendarmes détachés de l'armée Françoife, s'avancerent

rent jusqu'à Giulia-Nova, pour reconnoître les ennemis; & dans le même tems le Comte de Popoli & Dom Garcie de Tolede, marcherent vers le même endroit avec trois mille fantassins Espagnols, deux cent hommes d'armes, & six cent chevaux légers; mais ils prirent si mal leurs mesures pour dresser leurs embuches, qu'un de leurs détachemens, qui s'étoit trop avancé fut entierement défait par les François. Cet avantage loin de faire perdre, courage aux assiégés, ne servit qu'à les animer davantage à se bien défendre. Le Duc de Guise dont l'armée s'affoiblissoit chaque jour, à mesure que celle de l'ennemi se renforçoit, ne crut pas devoir s'opiniâtrer à un siége meurtrier qui lui avoit déja fait perdre tant de monde, ainsi il décampa le quinziéme de Mai, & alla se poster entre Fermo & Ascoli, dans le dessein de présenter la bataille à l'ennemi; mais ce fut en vain qu'il se donna bien des mouvemens pour attirer le Duc d'Albe au combat. Cet habile Général assuré que les François se ruineroient d'eux mêmes, ne voulut rien donner au hazard, quoique son armée fût bien supérieure à celle de France. Après avoir fait lever le siége de Civitella, il marcha à Anagrano qui fut pillé & reduit en cendres; mais il ne put se rendre maître d'Ascoli dont la garnison composée de douze enseignes d'infanterie Italienne, avoit été renforcée de quatre cornettes de cavalerie, & de sept compagnies de Gascons sous les ordres du brave Cipierre.

Cependant le Duc de Guise hors d'état de rien entreprendre, sans un nouveau renfort de troupes & d'argent, fit sçavoir au Roi que les Caraffes ne tenoient aucune des paroles qu'ils avoient données; qu'ils laissoient manquer l'armée de vivres, & que les vingt mille hommes qu'ils s'étoient obligés de fournir, se trouvoient reduits à six; & là dessus il demandoit, ou qu'on lui envoyât un prompt secours, ou qu'il lui fût permis de retourner en France; mais il n'obtint ni l'un ni l'autre, parce que la guerre qui se faisoit sur les frontieres des Pays-Bas, ne permettoit pas qu'on fît passer de nouvelles troupes en Italie, & que le Roi d'un autre côté quoique très-mécontent du Pape, se faisoit un point d'honneur de ne pas l'abandonner. Le Duc de Guise avoit esperé que la flotte Ottomane l'aideroit à conquerir le Royaume de Naples; & ce fut là une ressource qui lui manqua encore. La Vigne (a), successeur de Codignac

(a) » Je vous assure, Sire, écrivoit cet
» Ambassadeur, que jamais affaire ne fut plus
» sollicitée ni débattue, que celle-ci : car depuis
» mon arrivée en cette Cour, je pense
» m'être trouvé avec ledit Bossu vingt-cinq
» fois, lui ayant démontré tout ce qui est au
» monde possible pour impétrer sadite armée,
» & en avoir autant écrit au Grand-
» Seigneur ; mais à ce que je puis connoître,
» Sa Hautesse fut fort fâchée & entra en
» grand soupçon, lorsque sollicitant par
» deux ou trois dépêches de vous bailler l'armée,
» vous fites la treve sans l'avertir,
» jusqu'à ma venue, que vous avez eu besoin
» de son aide, & ne vous est souvenu
» de lui écrire, ni moins de répondre à quatre
» ou cinq lettres qu'il vous a envoyées,
» qu'il se pense être dédaigné de vous,
» m'ayant dépêché ici sans lui apporter quelque
» présent.... d'autre part ils sont entrés
» depuis un an en çà, en plus grand doute de
» votre grandeur que jamais ils n'eurent de
» l'Empereur, vous voyant ainsi prospérer,

Y ij

Ambassadeur à la Porte, ne put engager Solyman à faire partir ses galeres: ainsi tout ce que pût faire le Baron de la Garde qui commandoit la flotte de France, fut de bloquer les ports de Naples & de Gaïette, n'ayant pas assez de troupes pour tenter une descente.

L'embarras du Duc de Guise fut si grand, qu'il se vit obligé de rappeller deux mille Suisses & mille Gascons qu'il avoit envoyés au secours du Duc de Ferrare à qui le Marquis de Pescaire venoit d'enlever Corregio; mais un si foible renfort ne mettoit pas les François plus au large. Leur Général qui jusqu'alors s'en étoit tenu à des plaintes inutiles, employa les menaces, & le fit avec succès. Il déclara ouvertement aux Caraffes, que s'ils ne remplissoient leurs engagemens, ils ne devoient

» & toujours victorieux, & craignant qu'en
» vous baillant leur armée, aisément vous
» ne vous fissiez patron de l'Italie, & leur
» voisin; ce qu'ils ne voudroient aucune-
» ment: car leurs Prophéties & Livres ne
» leurs chantent autre chose, sinon leur cer-
» taine ruine, lorsque les terres de France
» leur seront frontieres ».

DE HENRI II. 245

1557.

pas trouver mauvais qu'il se preparât à reprendre la route de France avec son armée ; & là dessus il demanda que pour sûreté de leur parole, ils lui livrassent Civita-Vechia, Ancone & Perrouse, ou qu'ils donnassent en ôtage le Marquis de Cavi fils du Duc de Paliano. Les Caraffes intimidés songerent sérieusement à contenter le Général François. Il se fit par ordre du Pape de nouvelles levées de soldats : on envoya de l'argent au Duc de Guise pour payer ses troupes, & on leur fournit des vivres en abondance ; enfin le Duc de Paliano consentit à remettre son fils entre les mains du Maréchal de Strozzi, qui conduisit ce jeune Seigneur à la Cour de France.

Peu de tems après, le Duc de Guise marcha à Tivoli, afin d'être à portée de secourir Segna assiegée par les ennemis ; mais quelque diligence qu'il fît, il ne put arriver à tems pour la sauver. Cette Ville fut prise d'assaut par Antoine Colonne, & tout ceux qui la défendoient, furent passés au fil de l'épée. Les ennemis allerent ensuite investir Paliano, pendant que

Y iij

le reste de leur armée sous les ordres du Duc d'Albe, s'approchoit secretement de Rome. Peu s'en fallut que cette Capitale ne tombât entre les mains des Espagnols, & le Duc ne manqua son coup, que parce qu'il s'imagina faussement que son entreprise avoit été éventée; mais il fut consolé de ce mauvais succès, par la nouvelle qu'il reçut de la fameuse bataille de Saint Quintin perdue par les François, & par l'ordre qui fut donné au Duc de Guise de ramener son armée en France. Un si triste évenement mit le Pape dans la nécessité de faire sa paix avec les Espagnols; & elle fut conclue le quatorziéme de Septembre, par la médiation des Venitiens & du Duc de Florence.

Il fut convenu par ce traité de paix, que le Duc d'Albe se rendroit à Rome, pour faire au nom du Roi son maître, les soumissions dues au Vicaire de Jesus-Christ; que Sa Sainteté recevroit dans ses bonnes graces Sa Majesté Catholique, & qu'elle renonceroit à l'alliance des François; que toutes les places enlevées au St. Siége, lui seroient restituées, mais que l'on raseroit les fortifications qui avoient été faites de nouveau; que l'on ne pourroit inquieter aucun de ceux qui avoient pris les armes pour l'un ou pour l'autre parti, à l'exception cependant d'Antoine Colonne, & d'Ascagne de la Corne, qui ne seroient point censés compris dans cette amnistie; que la forteresse de Paliano dans l'état où elle étoit, seroit mise en sequestre entre les mains de Jean-Bernardin Carbonne, & que l'on mettroit dans cette place une garnison de huit cent hommes, qui seroit entretenue aux dépens de Sa Sainteté & du Roi d'Espagne.

Il fut reglé par un autre traité secret conclu le même jour, qu'il seroit permis à Sa Majesté Catholique, de faire raser les fortifications de Paliano, mais que ce Prince seroit obligé de donner quelqu'autre terre en échange au Comte de Montorio neveu de Sa Sainteté, & que s'il survenoit quelque difficulté au sujet du dédommagement, on s'en rapporteroit au jugement de la République de Venise, arbitre de ce différend; qu'après l'échange fait, le Roi d'Espagne pourroit céder cette place à qui bon lui sembleroit, pourvu que ce ne fût point un ennemi du Saint Siége : clause qui ne fut mise que pour donner l'exclusion à Marc-Antoine Colonne le principal auteur de la guerre faite à Sa Sainteté.

 Le Duc d'Albe immédiatement après la conclusion de ce traité, se rendit à Rome où il arriva le même jour que le Duc de Guise en étoit parti. Paul après s'être reconcilié avec l'Espagne, travailla à rétablir la paix entre les deux Couronnes. Le Cardinal Caraffe son neveu fut envoyé dans les Pays-Bas auprès du Roi Philippe, & le Cardinal Trivulce Evêque de Toulon, fut depêché à la Cour de France. Avant que de rapporter ce qui se passa sur les frontieres de ce Royaume durant cette campagne, je dois faire connoître en peu de mots, quel fut le succès de nos armes en Toscane & en Piémont.

Affaires de Toscane.
Montluc sauve Montalcino & prend Pienza.

 Montluc qui avoit succedé à Soubize, dans le commandement des troupes que nous avions en Toscane, fit échouer une entreprise que le Cardinal de Burgos Gouverneur de Sienne, avoit formée sur Montalcino; par sa diligence il sauva aussi Rocca-di-Baldocco, que Dom Alvaro de Sandi Général des troupes ennemies, esperoit de surprendre à la faveur d'une intelligence qu'il entretenoit avec un Capitaine Florentin Gouverneur de cette place; mais l'expédition qui fit le plus d'honneur au brave Montluc, fut la prise de Pienza, où un grand nombre d'Officiers François étoient détenus prisonniers. Il avoit d'abord été résolu que l'on essayeroit de pénétrer dans la place par un égout renfermé entre deux murailles, l'une au-delà, & l'autre en deçà des fossés, & cette derniere pouvoit être escaladée aisément ; mais malheureusement les échelles rompirent, & une entreprise formée pour la délivrance de nos prisonniers, ne servit qu'à en augmenter le nombre. Montluc loin de perdre courage, n'en devint que plus ardent à poursuivre son entreprise : la ruse ne lui ayant pas réussi, il eut recours à la force. S'étant approché de la porte avec une partie de son monde, il fit un trou à la muraille qui dans cet endroit étoit foi-

1557.

Memoire de Montluc, liv. 4. p. 292. De Thou, liv. 18. p. 94.

250 HISTOIRE

1557.

ble & peu épaisse, *& je la tirai*, dit-il, *avec mes mains de telle roideur, que tout le dessus d'icelle tomba sur moi*. Les échelles ayant été dressées dans le même moment, les assiégeans se jetterent à corps perdu dans la place; les prisonniers au nombre de cinquante à soixante, attachés deux à deux, rompirent leurs liens dès qu'ils entendirent crier France, & s'étant saisis des armes de ceux qui les gardoient, ils forcerent leur prison, & s'étant joints aux soldats François & Italiens qui avoient escaladé les murailles, ils firent main basse sur tout ce qui leur opposa quelque résistance. Tous les Officiers de la garnison furent tués ou faits prisonniers, & on enleva aux ennemis un étendart & trois drapeaux, qui en signe de triomphe furent placés dans l'Hôtel de Ville de Montalcino. Peu de tems après cette expédition, Montluc fut rappellé en France (*a*), où il servit avec distinction sous le Duc de Guise. Il eut le

(*a*) Il prit son chemin par Ferrare, & sauva Bersello dont les ennemis n'oserent faire le siége, lorsqu'ils sçurent que Montluc s'étoit jetté dans cette place pour la défendre.

chagrin avant son départ, de voir l'Etat de Sienne qu'il avoit si courageusement défendu, tomber entre les mains du Duc de Florence.

Côme un des plus habiles Princes de son siécle sollicitoit, depuis quelque tems avec beaucoup de chaleur, le remboursement des sommes immenses qu'il avoit avancées pour la guerre de Sienne, non qu'il esperât qu'on voulût le satisfaire en ce point, mais il se flattoit qu'on lui céderoit en dédommagement la Souveraineté de Sienne: tandis qu'il étoit dans cette attente, il apprit que Philippe Roi d'Espagne, résolu à quelque prix que ce fut de faire sa paix avec le Saint Siége, consentoit à mettre les Caraffes en possession de cet Etat; Côme sur cet avis envoya Louis de Tolède à la Cour du Roi Philippe, afin de représenter à ce Prince que si son intention étoit de disposer de Sienne en faveur de quelqu'un, il ne pouvoit sans une injustice manifeste, en gratifier un autre que le Duc de Florence; mais Côme n'en demeura pas là; il donna ordre à Gianfigliacci son Agent à la Cour de Rome, de traiter

1557.

La Souveraineté de Sienne est cédée au Duc de Florence. De Thou, liv. 18. p. 1014 & suiv.

de paix avec Sa Sainteté, & de lui témoigner en son nom qu'il étoit disposé à accepter toutes les conditions qu'on voudroit lui proposer, pourvu qu'il fût assuré des bonnes graces du Roi de France. Le Pape répondit à l'Envoyé, qu'il ne doutoit pas que Sa Majesté très-Chrétienne ne fût très-empressée à s'attacher le Duc de Florence par les plus grands bienfaits; » & j'ose au nom de ce Prin- » ce, ajouta Sa Sainteté, offrir à votre » maître des conditions tres-honora- » bles que je promets de faire con- » firmer par l'alliance d'une fille de » France avec le fils ainé du Duc ». Gianfigliacci instruit des intentions secrettes de Côme, parut charmé de l'ouverture que lui faisoit Sa Sainteté ; mais il représenta que cette affaire devoit être négociée si secrettement & avec tant de promptitude, qu'elle ne pût venir à la connoissance des Espagnols.

Charles de Marillac, Archevêque de Vienne, fut envoyé à Rome avec ordre de faire au nom du Roi, tout ce que Sa Sainteté jugeroit le plus convenable. Bientôt le bruit se répandit que le Duc de Florence avoit quitté le parti de l'Espagne, pour embrasser les intérêts de la France; cette indiscretion des François, ne servit, ainsi que Côme l'avoit prévû, qu'à hâter le succès de ses desseins. Philippe informé de ce qui se passoit à Rome, n'eut point d'autre parti à prendre pour retenir le Duc de Florence dans ses intérêts, que de lui céder l'Etat de Sienne, à condition que cette cession lui tiendroit lieu de remboursement, offre que Côme accepta avec empressement; & c'est ainsi que ce Prince rusé sçut se jouer également & du Pape & du Roi de France. Les Siennois désespérés de se voir sous la domination de Côme leur implacable ennemi, renoncerent en faveur des François à la proprieté de Montalcino, de Grossetto & de Chiusi, les seules places qui leur restoient, & ils en firent dresser un acte de donation qu'ils envoyerent au Roi de France.

La guerre se fit en Piemont avec plus de vigueur que dans la Toscane. Le Maréchal de Brissac après la

Affaires de Piémont. Prise de Valfenieres & de

1557.

Queiras par Brissac.
Guichenon, p. 671.
Gestes de Henri II. p. 48.
La Pope!. liv. 4. p. 78.
Paradin, p. 873.
Memoires de Tavanes, p. 197.
Annales de France, liv. 6. p. 1587.
Villars, liv. 8. p. 765.

prise de Valence mit ses troupes en campagne dès le commencement d'Avril, & alla mettre le siège devant Valfenieres place extrêmement forte, & qui étoit défendue par une garnison de quinze cent hommes de pied Espagnols, Italiens & Allemands. Malgré les pluyes excessives qui inonderent tout le plat-pays, on avança les travaux avec tant de vivacité, qu'en peu de jours la tranchée fut poussée jusqu'au fossé. Les ennemis prévinrent l'assaut, en battant la chamade; mais pendant qu'on étoit occupé à régler les articles de la capitulation, les François entrerent dans la place, & taillerent en piéces une partie de la garnison. Boyvin du Villars fut destiné à porter au Roi la nouvelle de cette importante conquête; il eut ordre en même tems de représenter à Sa Majesté que ses troupes de Piemont ne seroient pas long-tems sans se débander si elles n'étoient promptement payées; mais quelque pressant que fût le besoin du Maréchal, on ne put lui envoyer que soixante mille écus, & cette somme suffisoit à peine pour payer les Suisses qui ne composoient que le tiers de l'armée.

Le siége de Queiras Ville bâtie au confluant de la Sture & du Tanaro, suivit celui de Valfenieres. L'on dressa deux batteries de vingt piéces de canon, l'une sur le haut de la montagne qui regarde Beine, & l'autre sur le bord de la Sture; elles jouerent l'une & l'autre avec un égal succès, & il y eut bientôt des deux côtés une bréche assez grande pour monter à l'assaut. Le Vidame de Chartres qui avoit succedé à Bonnivet dans la charge de Colonel Général de l'infanterie, ne fit marcher les troupes qu'il commandoit, que lorsque l'une des deux bréches eût été emportée l'épée à la main, quoiqu'il eût éte réglé que les deux attaques se feroient en même tems; encore fallut-il que le Maréchal allât animer par sa présence les soldats qui étoient sous les ordres du Vidame; repoussés à la premiere attaque, ils revinrent à la charge & combattirent avec tant de courage qu'ils forcerent ce second poste: la Ville fut mise au pillage, & les soldats qui la défendoient au nombre de près mille hom-

1557.

mes de pied, furent passés au fil de l'épée.

1557.

Il leve le siége de Coni.
Villars, liv. 8. p. 775.
Belcar. liv. 27. p. 893.
La Popel. liv. 4. p. 78.

De Queiras notre armée marcha à Coni, place plus forte encore que les deux premieres. On ne se contenta pas des batteries ordinaires, on éleva une platte-forme pour battre à cavalier dans la Ville, & on eut en même-tems recours à la sappe. Pour serrer la place de plus près, on attaqua les Châteaux de Roqueparvieres, de Demont & de Rocavion qui se trouvent sur l'avenue du col de Tendre à Coni, & qui ne se défendirent que foiblement. Les assiégés si vivement pressés, ne songeoient plus qu'à capituler, lorsqu'ils changerent tout à coup de résolution, &voici à quelle occasion. Quatre de nos soldats s'étant jettés par ordre de leur Capitaine dans le fossé pour reconnoître l'angle d'un bastion, furent si vivement chargés, que trois perdirent la vie. Le quatriéme en fut quitte pour avoir les jambes fracassées, & dans cet état il demanda à être transporté dans la Ville, promettant de découvrir une important secret : ce traitre assura par serment que l'intention du Maréchal étoit de faire re passer tous les habitans au fil de l'épée, sans distinction d'âge ni de sexe, & de reduire leur Ville en cendres, quelques conditions qu'il leur eût accordées. Cet infidéle rapport inspira tant de fureur aux assiégés, qu'hommes & femmes tous résolurent de sacrifier plûtôt mille vies que de se rendre. Les mines cependant jouerent avec tant de succès qu'elles firent sauter une grande partie de la muraille & du bastion. Le Maréchal ayant ordonné toutes choses pour monter à l'assaut, il fut réglé que le Baron de Chepi conduiroit la premiere troupe, & le Vidame de Chartres la seconde; mais ce dernier ne pouvant souffrir qu'on lui préférât le Baron, refusa de le seconder, esperant après sa défaite avoir toute la gloire de l'action; à peine le Baron eut-il fait quelques pas, qu'il fut tué par derriere d'un coup d'arquebuse; sa troupe ne laissa pas que d'avancer fiérement, mais elle fut repoussée n'ayant pas été soutenue comme elle auroit dû l'être: elle auroit pû revenir à la charge, si le Vidame eût voulut hâter son attaque; mais sa lenteur affectée fut cause qu'il fallut sonner la retraite, & ensuite lever le siége, parceque l'on apprit que le Marquis de Pescaire, marchoit au secours de la place avec toutes ses forces.

Le Maréchal de Brissac prévoyant que le Marquis laisseroit le gros de son armée à Fossan, & qu'avec l'élite de ses troupes il marcheroit à Coni, alla se mettre en embuscade dans une forêt par où les ennemis devoient passer. Les choses tournerent ainsi qu'il l'avoit conjecturé ; le détachement que commandoit le Marquis, fut défait, & les troupes qui l'attendoient à Fossan dûrent leur salut, à la précaution qu'elles eurent de faire leur retraite par des chemins détournés.

Le Général François malgré l'infériorité de ses forces, osoit espérer de se rendre maître de Coni & de Fossan ; mais la perte de la malheureuse bataille de Saint-Quentin dérangea tous ses projets. J'ai reculé autant que j'ai pû le récit d'un si funeste événement, & ce n'est qu'à regret que je vais le rapporter.

Affaires de France.

L'entreprise formée sur Douai, le sac de Lens par l'Amiral de Coligni, furent suivis d'une guerre ouverte entre la France & l'Espagne. Dès le commencement d'Avril les garnisons de Charlemont, d'Avenes, de Givet & de Philippeville, se mirent en campagne, & s'approcherent de Rocroi à dessein d'en détruire les nouvelles fortifications ; mais cette premiere entreprise ne leur réussit pas. Les ennemis se retirerent après avoir inutilement essayé d'attirer la garnison de Rocroi, dans une embuscade.

1557.

Cependant Marie, Reine d'Angleterre, gagnée par les sollicitations du Roi Philippe son époux, envoya déclarer la guerre à Henri par un Herault d'armes qui ne fit connoître le caractère dont il étoit revêtu, que lorsqu'il fut arrivé à Reims où étoit le Roi. Le Connétable à qui il s'addressa lui demanda par où il étoit entré dans le Royaume, & s'il avoit déclaré sa qualité aux Gouverneurs des places frontieres ? Et sur ce que le Herault lui répondit qu'on l'avoit laissé librement passer, parce qu'il s'étoit dit être porteur de quelques lettres écrites par la Reine sa maîtresse à son Ambassadeur en France,

La Reine d'Angleterre envoye déclarer la guerre au Roi.
Ribier, Tom. 2. p. 690.
Gestes de Henri II. p. 49.
Rabutin ; liv. 8. p. 1092.
Belcar. liv. 27. p. 897.
Belleforet ; liv. 6. p. 1589.
La Popel. liv. 4. p. 101.

Z ij

le Connétable lui déclara qu'il avoit mérité de perdre la vie pour être entré dans le Royaume sous un habit déguisé, & cependant il le présenta à Sa Majesté qui lui donna audience en présence des Princes & Seigneurs de sa cour, & de tous les Ministres des cours étrangeres. Le Herault conduit par le Capitaine des Gardes, étant entré dans la salle, se mit à genoux, & exposa ses ordres. » J'accep- » te cette déclaration de guerre, ré- » pondit le Roi, mais je veux bien » que tout le monde sçache que j'ai » observé sincérement & de bonne » foi à l'égard de vôtre Reine, ce que » je devois à la bonne amitié que » nous avons ensemble ; & puisqu'el- » le vient avec si injuste cause, j'es- » pere que Dieu me fera cette grace, » qu'elle n'y gagnera non plus que » ses prédécesseurs ont fait, quand » ils se sont attaqués aux miens ; au » reste je vous parle de la sorte, ajou- » ta Sa Majesté, parce que c'est une » Reine qui vous envoye : si c'étoit » un Roi, je vous parlerois sur un » autre ton «. Le Herault s'étant re- tiré, fut conduit chez l'Ambassadeur

DE HENRI II. 261
d'Angleterre avec lequel il repaſſa la mer après avoir reçu du Roi une chaîne d'or de la valeur de deux cent écus.

1557.

Dès que le Herault fut parti, Henri envoya des Ambaſſadeurs en Ecoſſe, pour demander que conformément au traité conclu entre ce Royaume & la France, les Ecoſſois déclaraſſent la guerre à l'Angleterre. Les Ambaſſadeurs François furent auſſi chargés de ſolliciter les Seigneurs qui compoſoient le conſeil de la Régence, d'envoyer en France des députés avec pouvoir de conclure le mariage de la jeune Reine Marie avec le Dauphin. Cette double négociation eut tout le ſuccès que Sa Majeſté s'en promettoit : le mariage fut conclu, & les Ecoſſois donnerent tant d'occupations à la Reine d'Angleterre, qu'au lieu de trente mille hommes qu'elle avoit promis de faire paſſer en France, elle ne put y en envoyer que dix mille ; encore ces troupes ne purent-elles ſe joindre à l'armée ennemie compoſée de près de cinquante mille hommes, que

Le Roi demande du ſecours aux Ecoſſois.
De Thou l. liv. 19. p. 144.

lorsque la Ville de Saint-Quentin eut été investie.

L'on apprit vers la mi-Juillet que le Duc de Savoye accompagné du Duc d'Arschot, du Comte de Mansfeld, du Comte d'Egmond & des autres principaux Officiers de son armée, s'étoit avancé jusqu'à Givet où étoit le rendez-vous général des troupes ennemies. Cette marche du Duc de Savoye, donnant sujet de penser qu'il en vouloit à Rocroi, ou à Mezieres, afin de brider Mariembourg, le Duc de Nevers Gouverneur de Champagne, ne négligea aucune des mesures nécessaires pour pourvoir à la sûreté de ces deux places. Il donna ordre que l'on hâtât les fortifications de Rocroi, & il y mit une garnison composée de deux cent chevaux légers, d'une compagnie d'hommes d'armes & d'onze enseignes de gens de pied, sous les ordres de Fontaines, Lieutenant du Duc de Montpensier; mais toutes ces précautions ne furent pas capables de rassurer Sa Majesté sur le fort de cette place, informée par Saint-Heran qui avoit eu ordre de visiter

1557.

Les ennemis sont repoussés devant Rocroi. Rabutin, liv. 8. p. 115. Belleforet, liv. 6. p. 1390. Ribier, Tom. 2. pag. 659.

les Villes frontieres, que Rocroi nouvellement fortifié n'étoit pas en état de soutenir un long siége, elle ne sçavoit si on ne devoit pas l'abandonner; mais le Duc de Nevers fit sçavoir au Roi que cette place étoit si forte qu'il ne craindroit pas de s'y renfermer, s'il prenoit envie aux ennemis d'en faire le siége. Ils s'en approcherent en effet le vingt-cinquiéme de Juillet, dans l'espérance de s'en rendre maîtres aisément; mais ils furent si bien reçus, qu'après quelques vives escarmouches, où ils perdirent bien du monde, ils furent obligés de se retirer au gué de Houssu entre le Village de Nîmes & Hauteroche; & de-là ils prirent leur route par Chimai, Glaion, Trelon & Montreuil-aux-Dames, & passerent ensuite près de la Capelle & de Vervins qu'ils pillerent & réduisirent en cendres. S'étant depuis avancés jusqu'à Guise, on ne douta pas que leur dessein ne fût d'assiéger cette place où Vassé s'étoit enfermé. Toutes leurs forces étoient alors réunies, & elles formoient une armée d'environ quarante mille hommes de pied &

de près de quinze mille chevaux, la plûpart Allemands.

Il s'en falloit bien que nous eussions des forces égales à leur opposer. On ne comptoit dans notre armée rassemblée à Attigni, que dix-huit mille fantassins, & cinq à six mille chevaux ; elle osa cependant côtoyer les ennemis à travers la Tierache, & marcha à Pierre-Pont où elle se retrancha. Le Connétable de Montmorenci, le Maréchal de Saint-André, & l'Amiral de Coligni s'étant rendus au camp le vingt-huitiéme de Juillet, il se tint le même jour un conseil sur le parti qu'on devoit prendre. Les uns soutinrent que la campagne se passeroit sans que l'ennemi formât aucune entreprise considérable : que n'ayant pû assembler ses forces assez à tems pour les faire agir avec sucès, il ne s'étoit mis en campagne que pour nous obliger de nous tenir sur la défensive ; & qu'ayant fait d'inutiles tentatives sur les frontieres de la Champagne, il ne cherchoit plus qu'un prétexte pour faire une honnête retraite ; mais les autres furent d'un sentiment tout opposé ; ils

1557.

Conseil tenu sur les opérations de sa campagne. La Popel. liv. 4. p. 102. Memoires de Rabutin, liv. 8. p. 116.

ils prouverent que ces marches & contremarches des ennemis étoient un piége qu'ils nous tendoient, que leur dessein étoit de nous surprendre en attaquant quelque place qu'ils sçauroient n'être pas en état de défense, & que selon toutes les apparences ils se jetteroient sur la Picardie. Et ce qui ne permettoit pas d'en douter, c'est qu'ils avoient laissé à Hedin les vieilles Bandes Espagnoles, qui étoient leurs meilleures troupes.

1557.

L'Amiral qui avoit ouvert cet avis ne raisonnoit que trop juste ; on apprit que le Duc de Savoye s'étoit retiré de devant Guise, après avoir feint durant trois jours de vouloir assiéger cette place, & que précédé de sa cavalerie légere, il étoit allé avec le reste de son armée mettre le siége devant Saint-Quentin où commandoit le Capitaine Breuil, Gentilhomme Gascon. Il n'y avoit pour la défense d'une si importante place que quelque peu d'infanterie, & quelques hommes d'armes de la compagnie du Dauphin, sous les ordres de Teligni. L'Amiral, Gouverneur de Picardie offrit d'aller se renfermer

Siége de St. Quentin.
Rabutin liv. 8. p. 116.
Belcar, liv. 27. p. 897.
Vie de l'Amiral de Coligni, p. 56. & suiv.
Gestes de Henri II. p. 50.
La Popel. liv. 4. p. 102.
Belleforet, liv. 6. p. 1590.

dans Saint-Quentin; & pour faire plus de diligence il ne mena avec lui ni bagages, ni équipages. Il partit le second jour de Pierrepont, conduisant avec lui quatre cornettes de cavalerie, & trois compagnies de chevaux legers; il fut obligé de prendre sa route par la Fere, parce que les ennemis s'étoient emparé de tous les autres passages, & delà il se rendit à Han, ayant ordonné que les cinq enseignes de gens de pied qui composoient la garnison de la Fere, le suivissent de près; mais il n'y eut environ que deux cent cinquante soldats de cette troupe qui entrerent à Saint-Quentin; la cavalerie légere qui avoit été détachée pour aller à la découverte, ne rejoignit point l'Amiral, & la plus grande partie de sa Gendarmerie s'égara dans les chemins, ou se retira par lâcheté.

A peine fut-il arrivé qu'il ordonna une sortie pour reprendre un Fauxbourg que les assiégés avoient abandonné, & qui fut heureusement repris. Ce n'est pas que l'Amiral espérât de conserver ce poste long-tems, mais il vouloit reculer autant qu'il pouvoit les approches de l'ennemi; & afin de les leur rendre plus difficiles, il fit couper un grand nombre d'arbres, & brûler plusieurs maisons qui auroient pû favoriser les assiégeans. On dressa par son ordre un état exact de toutes les munitions de guerre & de bouche qui se trouvoient dans la place; on rassembla dans un magasin tous les outils propres à fouiller la terre, ou qui pouvoient servir dans un siége; & quantité d'ouvriers furent employés à en fabriquer de nouveaux; on fit un rôle de tous les Bourgeois qui étoient en état de porter les armes; & l'on assigna à chaque Capitaine le poste qu'il auroit à défendre.

1557.

Toutes ces précautions étant prises, Coligni résolut de faire reconnoître les logemens des ennemis, par cinquante ou soixante hommes d'armes de la compagnie du Dauphin. Il leur fut ordonné de s'avancer jusqu'au Village de Remicourt; mais il leur fut expressément défendu d'en venir aux mains à moins qu'ils n'y fussent forcés. Teligni, Lieutenant de la Cornette du Dauphin fut char-

Mort de Teligni. *Vie de l'Amiral de Coligni*, p. 76. *De Thou*, liv. 19. p. 152. *Rabutin*, liv. 8. p. 127.

A a ij

gé de régler tout ce qui regardoit cette sortie; mais l'Amiral qui alors étoit retenu au lit par un violent mal de tête le pria instamment de ne pas sortir lui-même. Teligni promit d'obéir, & ne le fit pas. Informé que ses gens lâchoient le pied, il laissa le sieur de Cuisieux auprès du moulin qui se trouve au de-là de la porte de Saint Jean, & marcha au secours de ses hommes d'armes; mais il fut lui-même enveloppé & percé de plusieurs coups, il demeura sur la place après avoir été dépouillé. L'Amiral qui étoit un peu soulagé de son mal de tête, s'étant levé pour aller sçavoir quel avoit été le succès de cette sortie, trouva sur son chemin Harnac & Lusarches qui lui rapporterent tout ce qui s'étoit passé; & sur ce qu'ils lui dirent que l'on ne sçavoit pas si Teligni étoit mort ou vivant; il résolut à quelque prix que ce fût de le retirer d'entre les mains de ses ennemis, & ordonna pour cet effet à tous ceux qui l'accompagnoient de monter à cheval. Mais comme l'action s'étoit passée près des murailles de la Ville, un soldat s'offrit d'aller enlever Teligni : encouragé par la récompense que lui promit l'Amiral, il sortit effectivement de la place accompagné de quelques-uns de ses compagnons qui l'aiderent à porter Teligni. Ce brave Officier tout blessé qu'il étoit fit bien des excuses à Coligni sur ce qu'il n'avoit pas ponctuellement exécuté ses ordres. Ce « n'est point à moi, Monsieur, lui » répondit l'Amiral, mais à Dieu à » qui vous devez demander pardon » dans l'état où vous êtes. « Il mourut en effet une heure & demie après avoir été transporté dans la Ville (a).

1557.

Deux jours se passerent sans que les ennemis fissent autre chose que

Accident arrivé aux assiégés.
La Pop:l. liv. 4. p. 102. Rabutin, liv. 8. p. 129. Vie de Coligni, p. 81. Belleforêt, liv. 6. p. 1590. Belcar, liv. 27. p. 898.

(a) » Ce M. de Teligni, dit Brantome,
» fut en son tems réputé & estimé un très-
» sage Chevalier & bon Capitaine, & qui
» servit bien les Rois deça & delà les monts.
» Il fut Gouverneur pour quelque tems de
» l'Etat de Milan, en l'absence de M. de
» Lautrec, & se comporta en cette charge
» si sagement & modestement qu'il n'y perdit
» pas un seul pouce de terre ; il garda aussi
» très bien Terrouanne d'un siége de neuf
» semaines, y étant Lieutenant du Roi Louis
» XII, là où se donna la journée des Eperons ».

A a iij

de creuser des fossés auprès des maisons où les assiégés avoient mis le feu; l'Amiral avoit aussi fait percer celles du Fauxbourg, afin que s'il étoit obligé de l'abandonner, ces maisons pussent être brûlées plus aisément. Les meubles avec toutes les munitions de guerre & de bouche furent transportés dans la Ville, & ceux qui défendoient le Fauxbourg eurent ordre d'y mettre le feu, & de rentrer dans la place dès que les batteries des ennemis commenceroient à tirer; ce qui fut si ponctuellement exécuté que nous ne perdîmes pas un seul soldat, & il n'y eut que le seul Monastère de l'Isle qui échappa à l'incendie. Mais cet heureux succès fut suivi d'un accident qui faillit à faire tomber la place entre les mains des ennemis. L'Amiral ayant été informé qu'il y avoit un grand amas de poudre dans les deux tours, qui défendoient la porte du fauxbourg qu'il faisoit réparer, donna ordre qu'on la transportât dans un autre endroit; mais il y avoit si long-tems que cette poudre étoit enfermée dans le caveau où elle se trouvoit, que l'humidité du lieu en avoit pourri les caques qui se brisoient à mesure qu'on vouloit les soulever. Pour remédier à cet inconvénient, les soldats furent obligés d'employer des draps qu'ils chargeoient sur leurs épaules après les avoir remplis de poudre; mais le feu s'y prit malheureusement, & sa violence fut telle que trente-six soldats sauterent en l'air, & qu'il se fit une bréche où trente hommes auroient pû marcher de front. On ne sçait si cet accident fut causé par un coup de canon que tirerent les assiégeans, ou par quelques étincelles poussées des maisons du Fauxbourg qui étoit encore tout en feu. L'Amiral accompagné de sept de ses gens, accourut à la bréche, & y demeura plus d'une demie heure, toujours dans la crainte que les ennemis disposés à donner l'assaut, n'entreprissent d'entrer dans la Ville; mais l'embrasement du Fauxbourg joint au bruit des maisons qui tomboient, leur déroba la connoissance de ce qui venoit d'arriver; & les assiégés firent tant de diligence qu'en

1557.

Défaite de Dandelot.
Belcar, liv. 27. p. 898.
La Popel. liv. 4. p. 102.
Geftes de Henri II. p. 50.
Rabutin, liv. 8. p. 132.
Bellforet, liv. 6. p. 191.
Vie de Coligni, p. 85.

moins de deux heures la bréche se trouva parfaitement réparée.

Cependant le Connétable de Montmorenci informé par l'Amiral son neveu que la Ville assiégée ne pouvoit se défendre sans un prompt secours, s'avança jusqu'à la Fere avec toute son armée, & donna ordre au Maréchal de Saint-André de marcher à Han avec trois cent Gendarmes. Ce détachement devoit être soutenu par une partie de la cavalerie legere sous les ordres du Prince de Condé, & par huit à dix enseignes de gens de pied dont le commandement fut donné à Dandelot. L'Amiral se flattoit que ce secours pourroit entrer sans danger dans la place. Il avoit en effet observé du haut d'une tour, & avoit fait remarquer à Vaulpergue un quartier du camp ennemi, & c'étoit le poste destiné aux Anglois, où il n'y avoit que deux foibles corps-de-garde ; c'étoit par là que Dandelot devoit conduire sa troupe, pendant que le Maréchal de Saint-André & le Prince de Condé amuseroient les ennemis par quelque escarmouche. Mais, soit que Vaulpergue qui devoit servir de guide à Dandelot, se fût trompé de chemin, soit que le dessein de l'Amiral eût été découvert aux ennemis par quelques Anglois de l'armée de France, qui avoient été faits prisonniers, & qui pour se conserver la vie trahirent le secret de Coligni ; cette entreprise eut pour les François le plus malheureux succès. Dandelot tomba dans une embuscade, où une partie de sa troupe fut taillée en piéces, & l'autre fut mise dans un si grand désordre qu'elle ne put trouver son salut que dans une fuite précipitée.

Si la nouvelle de ce désastre déconcerta les assiégés, privés de l'espérance d'être secourus, ils furent encore bien plus épouvantés lorsqu'ils apprirent que l'armée ennemie venoit d'être renforcée de neuf mille fantassins Anglois, & de quinze cent chevaux qui étoient sous les ordres du Comte de Pembroch & des Milords Grey & Clinthon. Avant que de se rendre au camp ennemi, ils se presenterent devant Ardres à dessein d'en faire le siége ; mais le brave San-

1557.

Dix mille Anglois se joignent à l'armée ennemie.
La Popeliniere, liv. 4. p. 102.
Rabutin, liv. 8. p. 133.
Belcar, liv. 27. p. 898.

sac qui défendoit cette place leur fit perdre l'espérance de s'en rendre maîtres.

Le Connétable entreprend de secourir Saint Quentin.
Rabutin, liv. 2. p. 138.
Belcar, liv. 27. p. 898.
La Popel. liv. 4. p. 102.

L'Amiral pour renforcer sa garnison, donna ordre à d'Amerval & à Collincourt, Gentilshommes Picards de choisir parmi les paysans qui s'étoient retirés dans la Ville les hommes les plus robustes, & d'en former deux compagnies ; & il fit en même tems sortir de la place huit cent bouches inutiles. Toujours occupé à chercher quelque endroit par où l'on pût faire entrer du secours dans la Ville, il crut enfin en avoir découvert un qui lui parut très-propre à son dessein. C'étoit un marais, au milieu duquel couloit un ruisseau qu'on ne pouvoit passer qu'avec des bateaux. Le Connétable ayant eu avis de cette découverte, voulut aller reconnoître lui-même l'endroit qui lui avoit été indiqué ; & pour cet effet il partit de la Fere le 8 du mois d'Août à la tête de deux mille chevaux, & de quatre mille fantassins François & Allemands commandés par le Capitaine Enard, Mestre de Camp. Le Connétable étant arrivé au Grand Essigni,

Village peu éloigné de Saint-Quentin, y fit ranger ses troupes en bataille; & accompagné du Duc de Nevers, du Prince de Condé, des Comtes de Villars & de Sancerre, de Montmorenci son fils aîné, & d'Andelot, il s'avança jusqu'au marais, & donna ordre au Baron de Fumet & à deux autres Capitaines, de sonder la profondeur du ruisseau, & de mesurer exactement l'espace qu'il y avoit de là jusqu'à la Ville. Le rapport que firent ces trois Officiers s'étant trouvé parfaitement conforme, le Connétable retourna à la Fere, afin de hâter les secours qu'il se proposoit de faire entrer dans la place assiégée. Il déclara dans un conseil de guerre qui se tint le même jour qu'il étoit résolu de marcher avec toutes ses forces; mais le Maréchal de Saint-André fit sagement observer que dans ce cas la bataille paroissoit inévitable; qu'il étoit plus à propos de ne détacher de l'armée que le nombre de gens de pied qui devoient entrer dans la place, & qu'il suffiroit de les faire escorter par un gros corps de cavalerie qui pourroit se retirer en toute sûreté, dès que cette infanterie auroit traversé le marais ; que si au contraire l'on marchoit avec toute l'armée, la retraite ne pourroit se faire qu'avec beaucoup de danger, & très-lentement à cause de l'artillerie & des bagages ; & que cette lenteur donneroit le tems aux ennemis de nous attaquer avec des forces bien supérieures à celles des François. Cet avis du Maréchal quelque sage qu'il fût, déplut au Connétable. Il répondit fiérement qu'instruit par une longue expérience de ce qu'il convenoit de faire, c'étoit à lui à juger s'il étoit à propos de donner bataille, ou de ne la pas donner, & que si on la lui présentoit, il ne craignoit pas qu'on pût l'obliger d'en venir aux mains malgré lui. Dès le lendemain neuviéme du mois, il fit prendre les devants à son infanterie, composée de trente-huit compagnies Françoises & Allemandes ; il fit aussi passer sur un pont que l'on avoit construit à la hâte quinze pieces d'artillerie de différentes espéces ; le jour suivant, le Connétable à la tête de la Gendarmerie & de la cavalerie legere sortit de la Fere; mais pour n'avoir pas bien pris ses mesures, il ne put arriver à la vûe de Saint-Quentin qu'à neuf heures du matin. Ce contre-tems fut cause que l'Amiral se vit obligé de faire retirer les barques qu'il avoit fait préparer pour le passage des troupes destinées à entrer dans la place; & il fallut attendre qu'on les eut renvoyées.

1557.

Toutes les troupes ayant été rangées en bataille, on attaqua le Fauxbourg de l'Isle où étoient logées quatre enseignes Espagnoles, les mêmes qui au commencement du siége s'étoient saisies de ce poste: non loin de là étoit le quartier du Duc de Savoye qui s'étendoit au de-là du marais. Deux enseignes d'Espagnols chargées de défendre un moulin où elles s'étoient retranchées, furent forcées de l'abandonner, après avoir opposé quelque résistance; & presque dans le même tems notre artillerie ayant foudroyé le quartier du Duc de Savoye, elle y mit un si grand désordre que l'on voyoit les ennemis fuir de toute part dans la campagne, la tente du Duc même fut renversée,

Bataille de Saint Quentin.
Rabutin, liv. 8. p. 142.
La Popel. liv. 4. p. 103.
Belleforet, liv. 6. p. 1591.
Belcar. liv. 27. p. 899.
Gestes de Henri II, p. 51.
Paradin, p. 873.
Tavannes, p. 198.

278 HISTOIRE

1557.

& sans avoir eu le tems de prendre ses armes, il se sauva avec précipitation au quartier du Comte d'Egmont.

Pendant que ces choses se passoient le Connétable, donna ordre à Deschenets de se mettre à la tête de cent cavaliers armés de pistolets, & d'aller se saisir d'un défilé qui étoit à trois mille du Fauxbourg de l'Isle, & où les ennemis auroient pû dresser une embuscade pour attaquer nos troupes à leur retour; mais le plus difficile restoit à faire. Les troupes destinées à entrer dans la place, n'ayant trouvé qu'un petit nombre de bateaux s'y jetterent en foule, de façon que ces bateaux trop chargés, s'enfoncerent dans la Vase; quantité de soldats qui voulurent sauter sur l'autre rive, tomberent dans des trous profonds, où ils demeurerent abimés; & plusieurs autres s'étant égarés dans les sentiers, se disperserent de côté & d'autre sans pouvoir arriver jusqu'au fossé. Ainsi tout le secours que reçut l'Amiral se réduisit à cinq cent soldats, & à quinze ou seize Capitaines ausquels s'étoient joints, le Vicomte du Mont-Notre-Dame, Lacurée, Mathas, & quelques autres volontaires; Dandelot, frere de Coligni, & Saint-Remi l'un des plus habiles Ingenieurs de son tems, furent du nombre des Officiers qui entrerent dans Saint-Quentin.

1557.

Cependant le Duc de Savoye, & le Comte d'Egmont ayant réuni leurs forces, détacherent deux milles chevaux pour aller s'emparer du poste que l'Eschenets avoit ordre de défendre; & le Duc de Nevers à la tête de sa compagnie, & de celles d'Aubigni, de Curton, & de Vassé, se rendit au même endroit; mais il trouva qu'une partie de la cavalerie ennemie, derriere laquelle étoit l'infanterie rangée en bataille s'étoit déja saisie de ces défilés. Malgré l'inégalité de force, le Duc eut d'abord dessein de charger ce nombreux détament; mais les ordres du Connétable le retinrent, & il alla joindre le Prince de Condé, qui s'étoit posté avec quelque cavalerie légere près du Moulin dont nous avons parlé; les deux Princes prenant ensuite sur la gauche se retirerent en bon ordre auprès du Connétable (a), qui avec une partie de l'armée reprenoit déja le chemin de la Fere. Mais sa retraite n'eut pas le succès qu'il s'en promettoit, les ennemis ayant rassemblé leurs troupes, le Comte d'Egmont à la tête de deux mille chevaux commença l'attaque & chargea une des ailes de l'armée Françoise, pendant que Henri & Ernest, Ducs de Brunswich attaquerent l'autre aîle avec deux mille arquebusiers à cheval, soutenus par mille gendarmes, qui étoient sous les ordres de Philippe de Montmorenci, Comte de Horne. Le Prince de Mansfeld & les Comtes de Lalaín & d'Ochstral, s'étant en même tems avancés avec trois mille

***

(a) Ne sçachant quel parti prendre, il consulta le Capitaine d'Oignon, son Lieutenant, un de plus vieux Officiers de l'armée; *bon homme que faut-il faire*, lui dit le Connétable, *je n'en sçais rien*, repartit d'Oignon, *mais il y a deux heures que je le sçavois bien*. Il avoit en effet conseillé au Connétable de faire défiler l'infanterie & l'artillerie vers la Fere, lui prédisant que s'il ne prenoit cette précaution, il se trouveroit dans un grand embarras ; & c'est ce qui arriva.

chevaux

chevaux, fondirent sur le centre de l'armée avec tant d'impétuosité qu'il ne fut pas possible à notre cavalerie de soutenir ce premier choc. Elle plia de tout côté, & ce ne fut partout que trouble & que confusion. On prétend que le désordre commença par les Gouzats, les Vivandiers & autres gens de cette espéce, qui ayant pris l'allarme entrainerent le soldat dans leur fuite. Une précaution qu'eurent les ennemis après s'être saisis du défilé dont nous avons parlé, fut de le faire garder par un escadron, qui étoit sous les ordres du Comte de Schaumbourg, ce qui leur procura la facilité de nous approcher de plus près : le Duc de Nevers essaya inutilement de rallier les fuyards ; étant sorti d'un vallon où il étoit pour gagner la hauteur & faire face aux ennemis, il se trouva accablé tout à la fois par leur nombre, & par la multitude des cavaliers François qui se retiroient en désordre ; ainsi ses troupes n'eurent pas un sort plus heureux que celles qui avoient essuyé le premier feu. Ce Seigneur se distingua par des prodiges de valeur, & ne se retira qu'après différentes attaques, où il perdit la plus grande partie de ses gens.

La déroute entière de la cavalerie Françoise, ne fit point perdre courage à l'infanterie ; elle tint ferme pendant quelque tems, & se défendit avec beaucoup de valeur jusqu'à ce qu'elle eût été mise en désordre par le feu de l'artillerie ennemie. Ce furieux combat qui dura près de quatre heures, se donna entre Essigni, & Liserolles, en un lieu appellé Blanc-fossé. La Noue & Rabutin témoins oculaires, ne font monter qu'à deux mille cinq cent le nombre des morts ; mais d'autres ont écrit qu'il demeura près de quatre mille fantassins François sur le champ de bataille. Le nombre des prisonniers fut encore plus grand, & ne put être compté. Nous perdîmes toute notre artillerie à l'exception de deux piéces, que le sieur de Bourdillon conduisit à la Fere. Les vainqueurs poursuivirent les débris de notre malheureuse armée jusqu'à une lieue de cette Ville ; & on ne sçait ce qui les empêcha de s'en rendre maître, ce qu'ils auroient pû d'autant plus aisément, que tout y étoit dans le plus grand désordre; & il faut ajouter, que la victoire qu'ils venoient de remporter leur avoit si peu coûté, qu'ils n'avoient pas perdu plus de quatre-ving soldats, avec le Comte de Piegelberg & le Baron de Brederode. Ce que cette bataille eut de plus triste pour la France, c'est qu'elle lui enleva ses plus braves Officiers, avec la fleur de la Noblesse du Royaume. Jean de Bourbon Duc d'Anguin, après avoir long-tems soutenu le combat avec une valeur & une intrepidité digne de son sang, reçut au travers du corps un coup d'arquebuse, & fut emporté dans le camp ennemi, où il expira peu de momens après; François de la Tour Vicomte de Turenne, Nicolas Tiercelin fils du fameux la Roche-du-Maine, Chandenier, Guyon, Goulaines, la Roche-chouart, Pluvaux, Saint Gelais, Pont-Dormi, Michel de Gassion, Hercules son frere, & six cent autres Gentilshommes perirent dans le combat.

Le Connétable après avoir été blessé à la hanche, & s'être défendu comme un lion tomba entre les mains des ennemis; Louis de Bourbon Duc de Montpenfier, Eleonor d'Orleans Duc de Longueville (a), Louis de Gonzague frere du Duc de Mantoue, le Maréchal de Saint-André, Vaffé, le Baron de Curton, la Roche-du-Maine le pere, le Rhingrave Colonel des Lanfquenets, tous chevaliers de l'Ordre du Roi ; François Comte de la Rochefoucaut, d'Aubigni, Rochefort, Montberon troifiéme fils du Connétable, Jean Gontaud de Biron, la Chapelle Biron, Saint-Heran, Neufvi, la Vernade,

(a) Il étoit fils de Jaqueline de Rohan, Marquife de Rothelin, qui avoit eté nouvellement mife en poffeffion de la Comté de Neuchâtel. Cette Princeffe ayant expofé au Sénat de Berne le fujet de fon affliction, & le peu de fecours qu'elle trouvoit dans fa maifon, & auprès de fes amis, pour fournir à la rançon de fon fils ; l'Etat outre un prêt de trente mille écus qu'il lui fit, écrivit deux lettres de recommandation, l'une au Roi d'Efpagne, l'autre au Comte de Horn ; auquel le Duc de Longueville étoit échu dans le partage que les Généraux Efpagnols avoient fait des prifonniers, pour lui procurer tous les adouciffemens poffibles. La recommandation du Canton de Berne eût bientôt tout l'effet que la Princeffe pouvoit défirer. *Hift. Militaire des Suiffes*, Tome 4. p. 263.

le Baron de Thouarçai de la maison du Bellay, Mareci, Mouy, Molinont, Fumet, Rezé, Montfalel, Buffai, Montreuil, furent les principaux prisonniers.

Le Duc de Savoye après une victoire si complette, ramena ses troupes devant Saint Quentin afin d'en continuer le siége. Le Roi Philippe, qui jusqu'alors s'étoit tenu à Bruxelles se rendit au camp, où il fut reçu avec des grandes démonstrations de joye. Le Duc de Savoye s'étant approché pour lui baiser la main, ce Prince la retira en disant au Duc, *ce sont les vôtres, mon cousin, que je dois baiser, puisqu'elles se sont si généreusement employées pour moi.* Et pour marque de sa reconnoissance, il lui fit présent de tous les drapeaux & étendarts pris sur les François, & qui furent depuis placés dans l'Eglise de Notre Dame de Nice.

Cependant deux jours se passerent sans que les habitans de Saint Quentin fussent instruits de la déroute de notre armée, mais ils n'en eurent pas pas plutôt appris la nouvelle, qu'ils perdirent toute espérance de sauver

1557.

Le Roi Philippe se rend à son armée.
Guichenon, p. 672.

Suite du siége de Saint Quentin.
Memoires de Tavannes, p. 198.
Rabutin, liv. 8. p. 154.
Gestes de

leur Ville, & en effet une batterie que les ennemis éleverent sur une Tour du Fauxbourg de l'Isle, comença à tirer avec tant de furie, qu'il ne fut plus possible aux assiégés de se tenir sur le rempart. Dandelot pour remédier à cet inconvenient fit porter sur les ruines de la muraille les mêmes batteaux qui avoient servi au passage du Marais; & ayant ordonné qu'on les plaçât les uns sur les autres, il les fit remplir de terre; ensorte qu'il forma en moins d'un jour une espéce de retranchement, qui mettoit les assiégés à couvert du feu de l'ennemi. Vers le même tems le Duc de Nevers envoya au secours de l'Amiral trois cent arquebusiers, escortés par deux cornettes de cavalerie sous la conduite de Chastelus & de Saint Simon, qui se retirerent dès qu'ils se crurent assurés que le secours étoit entré dans la place. Il arriva à la vérité heureusement sur le bord du marais, que l'on pouvoit passer sans avoir de l'eau que jusqu'au nombril; mais une sentinelle avancée des Espagnols ayant donné l'allarme, nos arquebusiers prirent l'é-

1557.
Henri II. p.
53.
Recueil de piéces du tems,
p. 16.
Guichenon,
p. 672.
La Popel.
liv. 4. p. 109.

pouvante, & se disperserent de côté & d'autre, ou s'égarerent dans les sentiers. Cent quatre-vingt de ces malheureux perirent par le fer & par le feu des ennemis, & ceux qui entrerent dans la place y arriverent tout nuds, s'étant crus obligés de jetter leurs armes & leurs habits dans le marais, afin de le passer avec plus de facilité & de promptitude. Ce malheur dût être attribué à l'imprudente précipitation des chefs de cette escorte, qui auroient dû escarmoucher avec l'ennemi, jusqu'à ce que l'infanterie eût traversé le marais.

Il ne restoit plus à l'Amiral d'autre ressource que celle des contre-mines, pour éloigner les assiégeans déja maîtres du fossé presqu'entierement miné. Pendant sept jours consécutifs leurs batteries ne cesserent de tirer avec tant de furie, que toutes les Tours furent abbatues, il y eut jusqu'à onze breches au corps de la place (*a*), & malheureusement il n'y

---

(*a*) Le Capitaine Breuil Gouverneur de la place défendit la premiere, le Comte d'Aran, la seconde, Cuisieux, la troisiéme, la Garde, la quatriéme, Coligni, la cinquiéme,

avoit que huit cent hommes pour les défendre.

Le vingt-septiéme du mois d'Août les ennemis monterent à l'assaut, & commencerent l'attaque par la breche, dont la défense avoit été confiée au Capitaine de la Garde, mais qu'ils trouverent abandonnée, & ce fut par là qu'ils se rendirent maîtres de la place: Coligni accompagné du Capitaine Sarragosse marcha à cette breche dans l'espérance de la reprendre; mais il se vit bientôt enveloppé de de toute part, & obligé de se rendre. Dandelot son frere fut de même accablé par la multitude & fait prisonnier, mais il fut depuis assez heureux pour s'échapper des mains des ennemis. Salevert, la Fayette le fils, Ogier, Vicques, Gourdes, la Barre, l'Estang, & quelques auttres Capitaines, furent laissés morts sur la bréche. De Breuil Gouverneur de la place, Rambouillet, Saint Remi, Mou-

---

Rambouillet, la sixiéme, Jarnac, la septiéme, les Capitaines Forces, Ogier, Soleil & Vaulpergues, la huitiéme, Dandelot, la neuviéme, Lignieres, la dixiéme, & Salevert, la derniere.

lins, Jarnac, Cuisieux, de Humes, Saint Roman, Lignieres, Soleil, & Saint-André perdirent la liberté.

Tel fut pour la France le malheureux succès du siége de Saint Quentin, ce fut à l'occasion de cette conquête, & de la célébre victoire dont elle avoit été précédée, que le Roi d'Espagne fit bâtir le superbe Monastère de l'Escurial, qu'il dédia sous le nom de Saint Laurent. Quelques Ecrivains rapportent que Charles V. ayant eu avis de la bataille gagnée par son fils, demanda au Courier qui lui en apporta la nouvelle, si le Roi d'Espagne étoit à Paris, voulant faire entendre que la conquête de cette Capitale auroit dû être le fruit de la victoire remportée par les ennemis; mais comme le remarque judicieusement Louis Cabrera Historien Espagnol, s'il eut prit envie au Duc de Savoye de marcher vers Paris, il auroit eu à craindre le même sort qu'avoit éprouvé le Duc son pere, lorsqu'en 1536. il accompagna Charles V. dans son expédition de Provence, *qui fut d'entrer en France en mangeant des Faisans, &*

d'en sortir en ne mangeant que des racines.

Quoi qu'il en soit, on peut dire que la France dut en partie son salut à la belle défense de l'Amiral de Coligni, qui avec une poignée de monde, eut la gloire d'arrêter pendant dix-sept jours l'armée victorieuse devant Saint Quentin, ce qui donna au Roi le tems de se reconnoître.

Les débris de l'armée vaincue se rassemblent à Laon.
Rabutin, liv. 8. p. 149.
La Popel. liv. 4. p. 103.

Les débris de notre armée, s'étant rassemblés sous les murailles de Laon par ordre du Duc de Nevers, ce Prince commença par renforcer les garnisons des places voisines. Le Comte de Sancerre se chargea de défendre Guise, où il conduisit sa cornette de cavalerie, celle du Prince de la Roche-sur-Yon, avec les deux compagnies d'Estrée & de Pisieux; Bourdillon demeura à la Fere avec cinq enseignes de gens de pied, & autant de compagnies de cavalerie. Le Baron de Solignac fut envoyé au Catelet, d'Humieres à Peronne, le Comte de Chaulnes à Corbie, Sepois à Han, Clermont d'Amboise à Saint Disier, Bouchavanes à Couci, & Montigni à Chaulny.

Le Duc de Nevers avant que de faire ces dispotions, dépêcha Descars au Roi, qui pour lors étoit à Compiegne, afin d'informer Sa Majesté du malheureux succès de la bataille que nous venions de perdre. Si cette cruelle nouvelle pénétra Henri de la plus vive douleur, sa fermeté, & sa constance ne l'abandonnerent pas dans cette occasion. Son premier soin fut d'envoyer la Reine son épouse à Paris afin de rassurer les habitans, qui saisis de frayeur abandonnoient leurs maisons, & alloient chercher un azile dans les Villes voisines, ne doutant pas que l'ennemi ne dût bientôt se présenter aux portes de la Capitale; la Reine ayant fait assembler les Magistrats, & les principaux Bourgeois dans l'Hôtel de Ville, leur fit remontrer par le Cardinal Bertrandi, Garde des Sceaux & Archevêque de Sens, qu'ils devoient se rassurer sur l'amour & la tendresse de leur Roi, prêt à sacrifier sa vie pour éloigner les dangers qui sembloient les menacer; que quelque accablante que fût la perte que la France venoit de faire, elle n'étoit cependant pas irréparable; si

1557

Assemblée tenue dans l'Hôtel de Ville de Paris.
La Popel. liv. 4. p. 103.
Annales de France, liv. 6. p. 1592.
Rabutin, liv. 8. p. 151.
Tavannes, p. 198.

le Roi trouvoit dans ses fidéles sujets le même zéle qu'ils avoient toujours eu pour la gloire & les intérêts de l'Etat; que Sa Majesté pour ne pas surcharger ses peuples n'avoit pas hésité d'engager son propre Domaine; mais que s'étant ôté cette réssource, elle ne pouvoit plus compter que sur les secours volontaires qu'elle se promettoit de l'amour de ses sujets; que plus le besoin étoit pressant plus ils ils devoient faire d'efforts pour mettre leur Roi en état d'opposer des forces égales à celles de ses ennemis. Ce discours du Garde de Sceaux, appuyé de la présence & des remontrances de la Reine toucha sensiblement les Parisiens, & sans attendre qu'on les taxât, ils s'engagerent à fournir trois cent mille francs pour les frais de la guerre; les Villes principales des autres Provinces de la France imiterent l'exemple de la Capitale, & sans que le Roi fût obligé d'avoir recours à des impots extraordinaires, il trouva dans la tendresse de ses sujets, tous les secours qu'il pouvoit désirer pour faire face à l'ennemi, & l'éloigner des frontieres.

Henri étant venu de Compiegne à Paris, acheva de tranquilliser les esprits par les sages mesures que prit ce Prince, pour arrêter les progrès de l'armée ennemie ; on fit par ses ordres des compagnies de Bourgeois, dont on donna le commandement à Charles de Bourbon, Prince de la Roche-sur-Yon. De Thermes fut rappellé du Piémont, & on lui confia le soin de faire travailler à des fortifications, qui missent Paris hors d'insulte. Tous les Nobles & Roturiers qui avoient porté les armes ou qui étoient en état de les porter, eurent ordre de s'assembler à Laon, sous la conduite du Duc de Nevers, & l'on dépêcha Couriers sur Couriers au Duc de Guise, pour le presser d'accélerer le retour de l'armée qu'il commandoit en Italie. Il fut pareillement ordonné au Maréchal de Brissac de renvoyer en France la meilleure partie de sa cavalerie, & l'infanterie Suisse : la cavalerie se mit d'abord en marche, mais les Suisses ne partirent qu'après le retour de Boivin du Villars, que Brissac avoit dépêché à à la Cour, pour représenter à Sa Ma-

1557.
Sages mesures prises par le Roi.
Belcar, liv. 27. p. 901.
La Popel. liv. 4. p. 104.
Bellefôret, liv. 6. p. 1592.
Gestes de Henri II. p. 52.
Rabutin, liv. 8. p. 153.

jesté, que la perte de tout ce que nous tenions au-delà des Alpes seroit une suite infaillible du départ de l'infanterie Suisse, outre qu'elle ne pourroit être d'une grande utilité dans les Pays-Bas; qu'il lui faudroit au moins six semaines pour se rendre en Picardie; & qu'avant d'y arriver, la longueur de la marche, les chaleurs & le changement de climat, en auroient fait périr plus de la moitié, & c'est ce qui arriva. A peine les Suisses furent-ils arrivés à Lyon, qu'ils furent contremandés; mais le mal qu'il y eut, c'est qu'affoiblis par les fatigues & les maladies, ils demeurerent plus de six mois en Piémont sans pouvoir faire aucun service; de façon que le Maréchal de Brissac se vit obligé, faute de monde, de faire démolir quelques forteresses qu'il ne pouvoit garder, sans trop dégarnir les postes les plus importants.

Avis donné au Roi par le Maréchal de Brissac. La Popel. liv. 4. p. 104. Memoire de Villars, liv. 8. p. 796.

Il ne tint pas à Brissac que le Roi n'eût en peu de tems des forces bien supérieures à celles de l'ennemi. Son avis étoit que Sa Majesté, outre les troupes qu'elle avoit sur pied, fît une nouvelle levée de trente mille soldats

François, & de vingt mille étrangers; qu'on doublât pareillement le nombre des hommes d'armes & des chevaux legers; & que les fonds pour fournir à la subsistence de tant de troupes, seroient pris sur les trois Etats du Royaume; que le Clergé, sans exception d'aucun bénéfice seroit obligé de donner une année de son revenu; que les Gentilshommes, quoiqu'exempts de toutes contributions, se taxeroient eux-mêmes, chacun selon ses facultés; & le Maréchal, pour donner l'exemple, offroit de ne se reserver que deux mille écus pour son entretien & celui de sa famille, abandonnant au Roi le reste de ses revenus. Enfin que le Tiers-Etat comme plus nombreux que les deux autres, fourniroit aussi de plus grosses sommes d'argent; mais ces moyens proposés par le Secrétaire du Maréchal demeurerent sans effet, parce que le Cardinal de Lorraine qui avoit la principale administration des finances, s'y opposa.

1557.
Belcar, liv. 27. p. 901.

On exécuta cependant en partie ce qui avoit été suggeré par le Maréchal au sujet d'une augmentation

Le Duc de Nevers fait la revûe des troupes.

1557.

Rabutin, liv. 8. p. 155.
La Popel.
liv. 4. p. 104.

de troupes, les ordres furent expédiés pour la levée de quatorze mille Suisses (a), & de huit mille Allemands, & on forma dans les différentes Provinces du Royaume, des compagnies de tous les jeunes gens en état de porter les armes. On jugera de la nécessité de ces nouvelles levées par la revûe que le Duc de Nevers fit des débris de notre armée. De neuf cent hommes d'armes & de mille chevaux dont étoit composée la cavalerie Françoise, à peine en restoit-il quinze cent. L'infanterie se trouvoit réduite au quart de ce qu'elle étoit avant cette malheureuse ba-

(a) Comme le Roi alloit à la messe, un jeune homme surnommé Caboche natif de de Meaux, lequel suivoit d'ordinaire, & dès long-tems la Cour, servant à cause de sa belle écriture aux Secrétaires d'Etat, soit qu'il fût hors de sens, ou poussé d'autre cause, se vint mettre au devant avec une épée nue en la main, & cria tout haut, arrête Roi, Dieu m'a commandé que je te tue. Tout soudain les Suisses de la Garde se ruerent sur ce personnage, lequel le Roi fit livrer à Justice pour y aviser. La Cour du Parlement fit pendre Caboche pour tel attentat. *Recueil des choses mémorables avenues en France depuis 1547. jusqu'au commencement de 1597. p. 53.*

taille; encore la plûpart des soldats qui avoient échappés au carnage, se trouvoient hors d'état de servir ou à cause des blessures qu'ils avoient reçues, ou parce qu'ils étoient sans armes; la cavalerie & l'infanterie Allemande n'avoit pas moins souffert que celle de France. De huit cent Reîtres il n'en restoit guères plus de deux cent sous les ordres du Comte de Barbise, qui commandoit en l'absence du Rhingrave fait prisonnier; & on ne comptoit plus que quatre mille Lansquenets, de douze mille qu'ils étoient avant le combat. A ces troupes, le Duc de Nevers joignit son régiment de Champagne, & quatre enseignes de gens de pied qu'il tira de Metz, & dont il donna le commandement à de Jours.

1557.

Cependant, malgré le peu de troupes que la France avoit à opposer à l'armée victorieuse, les ennemis ne tirerent pas un grand avantage de la supériorité de leurs forces. Après avoir réparé les fortifications de Saint-Quentin, ils vinrent assiéger le Catelet. Barbanson, Comte d'Aremberg se présenta devant la place

Prise du Catelet par les ennemis. *Rabutin, liv.* 8. p. 179. *Belcar. liv.* 27. p. 902. *Guichenon,* p. 673. *Belleforet,* liv. 6. p. 1594. *La Popel.* liv. 4. p. 102.

avec douze cent chevaux, trois régimens d'infanterie Allemande, & vingt-une pieces d'artillerie. Après s'être emparé du marais qui s'étend jusqu'à l'Abbaye de Saint Martin; il fit dresser ses batteries du côté qui regarde Cambrai & Saint-Quentin. La défense de cette place avoit été confiée à un Capitaine d'une valeur éprouvée; c'étoit le Baron de Solignac, qui dans mille occasions avoit donné d'éclatantes marques de son intrépidité; aussi le Duc de Nevers avoit plusieurs fois assuré Sa Majesté qu'elle pouvoit être tranquille sur le fort du Câtelet, que le Gouverneur de cette place arrêteroit au moins pendant vingt jours les ennemis, & qu'il ne se rendroit qu'à la derniere extrêmité. Mais le Duc fut trompé dans son attente; dès que les ennemis eurent fait bréche à la place, Solignac prévint l'assaut par une honteuse reddition, & sortit du Câtelet le septiéme Septembre. S'étant rendu à Paris, il y fut arrêté & mis en prison. Mais il fut assez heureux pour se justifier, il s'excusa sur ce que sa garnison n'étoit que de cinq cent

1557.

Gestes de Henri II. p. 53.

hommes, & que le sieur d'Estrée qui avant lui avoit été pressé de défendre la même place, avoit exigé pour premiere condition qu'on y fît entrer deux mille soldats effectifs; que d'ailleurs la place s'étoit trouvée sans fossé du côté où les ennemis avoient dressé leur principale batterie, & qu'un des bastions n'avoit pas encore été réparé; enfin que la garnison découragée par le petit nombre, avoit opiniâtrément refusé de défendre la bréche.

Ce fut durant le siége du Câtelet que les Anglois indignés des manieres fieres & hautaines des Espagnols demanderent & obtinrent la permission de se retirer. Bientôt après les Allemands se mutinerent & abandonnerent l'armée, choqués de ce que le Roi Philippe & le Duc de Savoye vouloient seuls profiter de la rançon des prisonniers faits à la bataille de Saint-Quentin. Cette désertion des Allemands servit à grossir l'armée de France; gagnés par les libéralités du Duc de Nevers, ils prirent presque tous parti dans nos troupes.

Les Anglois se retirent. Rabutin, liv 8. p. 183. De Thou, liv. 19. p. 173.

1557.

Les ennemis s'emparent de Han.
La Popel. liv. 8. p. 3.
Belcar, liv. 27. p. 893.
Gestes de Henri II. p. 54.

La reddition de Han suivit de près celle du Câtelet. Sepois chargé de la défense de cette place dont les fortifications n'étoient pas encore achevées, crut devoir l'abandonner, & mit quelques troupes dans la citadelle. Pisseleu, Seigneur d'Heli eut ordre de venir se renfermer dans cette forteresse avec sa compagnie d'hommes d'armes. Les ennemis essayerent en vain de lui fermer les passages; par son habileté, & plus encore par sa valeur, il se tira heureusement de tous les piéges qu'on lui tendit. La citadelle qu'il venoit défendre étoit à la vérité flanquée de quatre bons bastions; au milieu desquels étoit une tour quarrée; mais il n'y avoit ni fossé, ni rempart, ni aucun autre ouvrage extérieur qui pût en retarder les approches; elle soutint cependant cinq jours de siége, & ne se rendit qu'après avoir essuyé douze cent coups de canon.

De Noyon & de Chaulny.
Belleforet, liv. 6. p. 1595.
La Popel. liv. 4. p. 311.

Pendant que les ennemis étoient occupés à fortifier leur nouvelle conquête, un détachement de leurs chevaux légers habillés & armés à la Françoise, surprit en plein jour la Ville de Noyon où commandoit le Baron de Cleri, ayant sous ses ordres quelque cavalerie Françoise & une compagnie d'Ecossois; ils se rendirent aussi maîtres de Chaulni, place foible, & que l'on ne pouvoit fortifier à cause des éminences qui la commandoient. Les ennemis ne laisserent pas cependant que d'y mettre une nombreuse garnison, parce que cette place leur procuroit la facilité de conduire des vivres dans leur camp, & que d'ailleurs elle se trouvoit environnée d'un vignoble fort étendu qui leur promettoit une abondante recolte de vin.

1557.

 Ce fut là la derniere expédition de l'armée ennemie; affoiblie par la retraite des Anglois, & la désertion des Allemands, elle se sépara sur la fin d'Octobre. Le Roi Philippe se rendit à Cambrai avec toute sa Cour, & de là à Bruxelles, où peu de tems après mourut Ferdinand de Gonzague, autant recommandable par ses talens militaires & l'étendue de ses lumieres, que décrié par son avidité & ses extorsions, qui lui firent perdre le gouvernement du Milanès.

1557.

Camp dressé à Compiegne.
Tavanes, p. 202.
La Popel. liv. 4. p. 111.
Belcar, liv. 27. p. 893.
Rabutin, liv. 2. p. 198.

Cependant l'armée de France grossissoit à mesure que celle de l'ennemi s'affoiblissoit : Varassieux eut ordre d'aller recevoir les quatorze mille Suisses nouvellement levés, & qui étoient déja arrivés sur les frontieres de la Bourgogne & de la Champagne. Mendose & Bois-Rigaut allerent au devant de quatre mille soldats de la même nation, venus du Piémont ; & qui s'étoient avancés jusqu'à Lyon ; mais le Maréchal de Brissac obtint qu'on les lui renvoyât. Les troupes Allemandes levées par les Colonels Rœkrod, & Reiffemberg, après avoir traversé l'Alsace & la Lorraine, s'étoient arrêtés à Issutille, près de Dijon, où Marolles, Commissaire des guerres alla les passer en revûe. Ces renforts joints aux troupes que le Duc de Guise ramenoit d'Italie, & qui déja s'approchoient de Lyon, devoient composer une armée bien plus forte que celles de l'ennemi. Le rendez-vous de toutes ces troupes étoit à Compiegne, que le Duc de Nevers fit fortifier avec un soin extrême, & il fit dresser sous le canon de cette Ville un camp bien retran-

DE HENRI II. 303

ché & si spacieux que cent mille combattans pouvoient y être logés à l'aise.

1557.

Tandis que le Roi paroissoit occupé tout entier du soin de pourvoir à la sûreté de la Picardie, le Baron de Polvillers se mettoit en devoir d'exécuter l'entreprise qu'il avoit formée sur la Bresse, le Bugei & le Lyonnois. Après avoir traversé les montagnes de Voge, & les Comtés de Ferrette & de Montbelliard, il prit sa route par Langres, & entra en Franche-Comté accompagné de dix mille hommes de pied, & de douze cent chevaux qu'il avoit levés en Bohême. Les Franc-Comtois contre la neutralité conclue pour leur pays entre les deux couronnees, ne se contenterent pas d'accorder au Baron un libre passage dans leurs terres ; mais par les vivres qu'ils lui fournirent, ils le mirent en état de hâter sa marche vers la Bresse où il avoit de secrettes intelligences, à la faveur desquels il espéroit de se rendre aisément maître de cette Province, aussi bien que de Lyon. Après avoir rassemblé ses troupes à Treffort, il

Entreprise du Baron de Polvillers sur Bourg.
Gestes de Henri II. p. 54.
Guichenon, 673.
Rabutin, liv. 8, p. 201.
Belcar, liv. 27, p. 903.
La Popel. liv. 4, p. 111.
Belleforet, liv. 6, p. 1595.
Tavanes, p. 202.
Paradin, p. 880.

s'approcha de Bourg, à deſſein d'en faire le ſiége. Deſchenets & de Jours qui avoient eu ordre de côtoyer, les ennemis ſe jetterent dans la place avec huit enſeignes de la légion de Champagne. Le Baron de Digoine y avoit déja fait entrer la compagnie d'hommes d'armes du Comte de la Guiche, Gouverneur de la Province, avec quelque peu d'infanterie Françoiſe. Sur ces entrefaites arriva l'armée d'Italie, dont le Duc de Guiſe détacha deux mille Arquebuſiers, qui furent conduits à Bourg par le Vidame de Chartres, pendant que quatre mille Suiſſes & trois mille Lanſquenets s'approchoient ſecrettement de cette capitale; & pour envelopper les ennemis de toute part, le Duc de Guiſe diſtribua le reſte de ſon armée dans la Breſſe, dans le Mâconnois & le Lyonnois. L'invaſion de Polvillers avoit été précédée d'un manifeſte publié au nom du Duc de Savoye, par lequel ce Prince exhortoit ſes ſujets de Breſſe & de Bugey à ſecouer le joug de la domination Françoiſe pour rentrer dans l'obéiſſance de leur légitime Souverain. A ce manifeste Henri en opposa un autre daté du treiziéme Octobre par lequel Sa Majesté encourageoit les habitans de ces Provinces à se maintenir dans la fidélité qu'ils lui avoient jurée, leur promettant de les secourir contre tous ceux qui entreprendroient de troubler leur tranquillité. Mais cet écrit auroit été d'un foible secours, s'il n'eut été appuyé d'une armée nombreuse. Celle du Général ennemi fut reconnue par Deschenets, qui quoique peu accompagné, porta la terreur & le carnage jusques dans les retranchemens des Allemands. Polvillers leur chef trompé dans les belles espérances dont l'avoient flatté les complices de son entreprise, se hâta de décamper & de reprendre le memê chemin par où il il étoit venu. Sa retraite fut si précipitée & si secrette qu'il avoit fait quatre lieues de chemin avant qu'on se fût apperçu de son départ. Charles de Lusinges, Granget de Myon, Du-Puy, Buscard de Briod, & les Capitaines Rosset & Verdet, Gentilshommes Savoysiens qui avoient eu le plus de part à la conjuration, furent condamnés par un arrêt du Sénat de Chamberi à être écartelés, si l'on pouvoit se saisir de leurs personnes. Ce fut à l'occasion de cette invasion des ennemis dans la Bresse que les Lyonnois firent dans leur Ville des retranchemens qui s'étendoient depuis la montagne de Saint Just jusqu'au Fauxbourg de Veze.

Le Duc de Guise est fait Lieutenant-Général du Royaume.
Gestes de Henri II. p. 54.
Tavannes, p. 202.
La Popel. liv. 4. p. 110.
Rabutin, liv. 3. p. 104.

Le Duc de Guise après la retraite de l'ennemi prit la poste pour se rendre à la Cour où il trouva le Cardinal son frere seul en possession de toute l'autorité dans le ministere depuis la prison du Connétable. Cet ambitieux Prélat obtint pour le Duc la charge de Lieutenant Général de Sa Majesté dans toute l'étendue de la Monarchie Françoise. Henri oublia dans cette occasion le conseil que le feu Roi lui avoit donné de ne pas trop élever la Maison de Guise. Combien de malheurs eussent été épargnés à la France, si un si sage conseil n'eut pas été négligé! Le nouveau Lieutenant Général commença l'exercice de sa charge par la revûe qu'il fit de toutes les troupes de France rassemblées à Compiegne;

& qui formoient une armée si leste & si nombreuse que la France se crut assurée de réparer avec usure les pertes humiliantes que le sort des armes venoit de lui faire essuyer. Le Duc de Guise justifia par les plus glorieux exploits les hautes espérances que l'on avoit conçues de ses rares talens pour la guerre. Nous verrons quel fut le succès de ses premieres expéditions, lorsque j'aurai rapporté en peu de mots ce qui se passa dans l'intérieur du Royaume.

Les troubles de la guerre furent pour les Protestans une occasion de se déclarer plus ouvertement qu'ils n'avoient encore fait. Le quatriéme de Septembre ils s'assemblerent dans une maison vis-à-vis du Collége du Plessis, pour y célébrer la Cêne, & entendre le prêche de leur Ministre, le fameux Jean Masson; mais le bruit courut qu'ils ne s'étoient assemblés que pour se livrer à tout ce que la débauche & l'impiété ont de plus infame & de plus honteux (a). Pour se

Affaires intérieures de la France; assemblée des Protestans. La Pop. l. liv. 4. p. 105. Belcar, liv. 27. p. 903. Gestes de Henri II. p. 54.

(a) *Post convivia extinctis lucernis, nulla cognationis aut affinitatis habita ratione in venerem ruere ferebantur multaque alia pa-*

1557.

justifier, ils publierent un écrit où ils prouvoient que l'on ne faisoit que renouveller contre eux les accusations faites par les payens contre les premiers fidéles; mais cette apologie fit peu d'impression sur l'esprit du peuple dont la fureur ne put être modérée. Les voisins s'étant ramassés autour de la maison où se tenoit l'assemblée des Religionnaires, attaquerent à coups de pierres les premiers qui en sortirent, & firent les plus grands efforts pour enfoncer les portes. Les plus courageux se firent jour l'épée à la main, mais les autres au nombre de cent, hommes & femmes se remirent entre les mains de Martines, Procureur du Roi au Châtelet de Paris, qui le lendemain les fit conduire en plein jour dans les prisons. Leur procès fut bientôt instruit. Quelques-uns des plus opiniâtres furent condamnés par arrêt du Parlement à être pendus & jettés au feu (*a*). Douze autres qui avoient dé-

rare, quæ non solum Christiani, verum etiam à nostra religione alieni execrantur. Belcarius, *lib.* 27. *p.* 903.

(*a*) Clinet natif de Saintonge, ancien Proja été interrogés, auroient sans doute subi le même sort, s'ils ne se fussent avisés de récuser les Juges Commissaires & quelques autres Conseillers. Pendant qu'on déliberoit sur leur requête, les Suisses Protestans & l'Electeur Palatin avec quelques autres Princes d'Allemagne solliciterent si vivement en faveur de ces malheureux, que le Roi intéressé à ménager de si puissans intercesseurs, se laissa fléchir; quelques-uns de ces prisonniers furent élargis, & les autres en furent quitte pour comparoître devant le Juge Ecclésiastique.

Le zéle de Henri pour la religion, lui fit publier cette même année une Déclaration, par laquelle il étoit ordonné aux Evêques & aux Curés sous

Divers Edits, La Popel. liv. 4. p. 74. Belcar, liv. 27. p. 897. De Thou, liv. 19. p. 183.

fesseur de l'Université de Paris, & Taurin Gravele, Avocat au Parlement furent brûlés vifs. Philipine Luns, de Perigord fut étranglée; le Cene, Normand, Médecin de profession, & Gambard, Poitevin furent brûlés, Rebeziers de Stofford, né dans le Condomois & d'Anville, natif d'Oleron furent pendus & jettés au feu. Les Dames de Rantigni, de Champagne, & d'Ouarti furent élargies, & mises dans la maison de la Reine. *De Thou, liv. 14. p. 182.*

1557.

peine de confiscation de leur temporel, de résider dans leurs Dioceses & dans leurs Paroisses; & Sa Majesté crea en même tems dans chaque Diocese du Royaume, des Receveurs destinés à lever les impositions pour la solde de cinquante mille hommes de pied; & il est bon de remarquer que ces impositions n'étoient point comprises dans les decimes qui se levoient sur les biens de l'Eglise.

Le Roi par un autre Edit créa un Président, dans toutes les Cours subalternes établies depuis six ans.

On vit encore paroître cette même année deux autres Edits; l'un pour assurer la vie aux enfans qui naissent hors du mariage, & l'autre pour retrancher l'abus des mariages clandestins. Le premier ordonnoit, que les femmes & filles qui auroient caché leur grossesse, ou qui ne pourroient prouver que leur enfant eût reçu le baptême, & eût été enterré selon l'usage ordinaire, seroient punies comme coupables d'avoir fait périr leur fruit. L'autre Edit déclaroit nuls les mariages des enfans de famille contractés à l'insçu, & sans le consentement de leurs pere & mere. Par cette loi il étoit permis aux parens de révoquer tous les dons qu'ils auroient fait à leurs enfans avant qu'ils eussent désobéi, & il étoit déclaré qu'ils pouvoient les deshériter, & les priver de tous les avantages qu'ils auroient été en droit de prétendre en vertu de leur naissance; il fut aussi réglé par cette Déclaration, que les parens seroient en droit de faire punir selon la rigueur des Loix, ceux qui auroient favorisé cette sorte de mariage. Ce qu'il y eut de particulier dans cet Edit, c'est que le Roi lui donna un effet retroactif, attendu, étoit-il dit dans la Déclararation, que les mariages clandestins contrevenoient directement à la Loi de Dieu, & que par conséquent on ne pouvoit alléguer qu'on eût péché par ignorance. Il y avoit cependant une exception pour les mariages contractés avant la date du présent Edit, & qui auroient été consommés. On excepta pareillement les fils de famille qui auroient trente ans passés, & les filles qui en auroient vingt-cinq accomplis; mais on exigeoit qu'ils eus-

312　*HISTOIRE*

1557.

Mariage de François de Montmorenci avec Diane fille du Roi. *Dans les piéces originales, rapportées par le Laboureur dans ses additions aux Mémoires de Castelnau, Tom. 2. p. 386. & suiv.*

sent auparavant demandé le consentement de leurs pere & mere.

Le public fut persuadé que Henri ne publia cet Edit contre les mariages clandestins, que parce qu'il y fut engagé par le Connétable de Montmorenci, qui craignoit que son fils aîné ne s'obstinât à vouloir épouser Mademoiselle de Pienne, à qui il avoit donné une promesse de mariage. Quoique cette alliance fût très-assortie, & pour la naissance & pour le bien, le Connétable flatté de l'espérance de marier son fils avec Diane veuve du Duc Castro & fille naturelle du Roi, refusa de donner son consentement. La premiere chose qu'il fit fut de solliciter une dispense, qui relevât le Duc de Montmorenci de la promesse qu'il avoit faite ; mais deux raisons engagerent le Pape à laisser trainer cette affaire en longueur. La premiere est qu'il se flattoit d'obtenir Diane de France pour un de ses neveux, & la seconde qu'il ne vouloit pas désobliger le Duc de Guise qui se trouvoit alors à Rome, & qui s'opposoit autant qu'il pouvoit à une alliance trop avantageuse à la maison de Montmorenci

morenci, pour que les Princes de la Maison de Lorraine, ne se crussent pas intéressés à la traverser. Quoique Sa Sainteté ne parût gueres disposée à accorder la dispense qu'on lui demandoit, Montmorenci ne laissa pas que d'écrire à Mademoiselle de Piennes qu'il l'avoit obtenue : & par la même lettre (a) il pria cette

(a) » Mademoiselle de Piennes : ayant con-
» nu l'erreur où j'étois tombé sans y penser,
» & estant déplaisant d'avoir offensé Dieu,
» le Roi, Monseigneur & Madame la Con-
» nétable, j'ai fait entendre à nostre Saint
» Pere le Pape, comme les choses se sont
» passées entre nous deux, & demandé de
» cela pardon à Sa Sainteté, lequel m'a de
» sa bonté & clémence accordé, & en tant
» qu'il étoit besoin dispensé, pour me remet-
» tre en ma premiere liberté, dont je vous
» ai bien voulu avertir; & aussi pour nous
» oster tous deux hors des malheurs & peines
» où nous sommes, je me départs de toutes
» les paroles & promesses de mariage, qui
» sont passées entre nous deux, desquelles
» par ladite dispense, nous demeurerons dé-
» chargés, & vous en quitte ; vous priant
» bien fort faire le semblable en mon en-
» droit, & prendre tel autre parti pour vostre
« aise, que bon vous semblera. Car je suis
» résolu n'avoir jamais plus grande, ni plus
» particuliere communication ni intelligen-

Tom. II. E e

Demoiselle de le tenir quitte des engagemens qu'il avoit contractés avec avec elle. Cette admirable fille, que sa vertu & sa beauté, joint à l'éclat de la naissance la plus illustre, rendoient digne du sort le plus heureux, avoit été enfermée dans le Couvent des Filles-Dieu de Paris, & ont lui avoit ôté jusqu'à la consolation d'avoir aucun commerce avec sa famille. La crainte d'être plus maltraitée encore ne lui permit pas de refuser le désistement qu'on la pressoit de donner. *J'aime beaucoup mieux*, répondit-elle au sieur de la Porte, qui étoit venu

″ ce avec vous, non pas que je ne vous aye
″ en estime, sage & vertueuse Demoiselle &
″ de bonne part, mais pour satisfaire à mon
″ devoir, & éviter les malheurs & inconve-
″ niens, qui nous en pourroient avenir; &
″ surtout pour donner occasion à Sa Majesté,
″ & à mesdits Seigneurs & Dame d'oublier
″ l'offense que je leur ai faite, tant pour le
″ réparer, qu'essayer me rendre digne de
″ leurs bonnes graces, que pour satisfaire à
″ ce que je leur dois par commandement de
″ Dieu; auquel je supplie, vous avoir, Ma-
″ demoiselle de Piennes, en sa sainte & di-
″ gne garde. *De Rome ce* 5 *Fevrier.* Celui
″ *que vous trouverez prêt à vous faire ser-*
″ *vice,* Montmorenci. *Copié sur l'original.*

lui parler de la part du Connétable, que la rupture des promesses de M. de Montmorenci & de moi, vienne de sa part que de la mienne; il montre bien qu'il a le cœur moindre qu'une femme. & n'est pas ce qu'il m'avoit tant de fois dit, qu'il perdroit plutôt la vie que de changer de volonté. Pour moi je pensois bien qu'il se pût marier, quoiqu'il eût pere & mere, parce que le mariage est de Dieu & les cérémonies de l'Eglise; mais puisque M. de Montmorenci me quitte des promesses de mariage, qui ont été faites entre lui & moi, s'il étoit fils de Roi ou Prince, m'ayant écrit ce qu'il m'a écrit, je ne le voudrois épouser & l'en quitte. On envoya au Pape l'acte de ce désistement passé pardevant Notaire, avec une copie de l'Edit contre les mariages clandestins; mais rien de tout cela ne put ébranler Sa Sainteté, & Montmorenci après un séjour de quatre mois à Rome, revint en France sans avoir pû rien obtenir. Il laissa avant son départ un acte de protestation, où il déclare, ,, que depuis ,, cinq ans & davantage, s'étant par ,, chaleur de jeunesse engagé d'ami- ,, tié avec Demoiselle Jeanne de Hal-

» luin dite de Piennes, & contracté
» mariage par parole de préfent, fans
» confentement du Roi & de fes pere
» & mere ; depuis ce tems-là le Roi,
» & fon pere ayant réfolu fon mariage
» avec Diane de France, il feroit ve-
» nu à Rome par leur ordre, pour
» avoir abfolution & difpenfe du Pa-
» pe : depuis quatre mois, qu'il en
» auroit toujours follicité Sa Sainte-
» té, & même juftifié fa demande
» par une difpenfe par elle accordée
» en cas pareil. Surquoi il auroit été
» amufé d'efpérances, & remis à une
» Congrégation de Théologiens &
» Canoniftes, appellée le 23 de Mars
» de cette année 1557, avec les Car-
» dinaux, Archevêques & Evêques,
» fous prétexte de rendre la chofe
» plus juridique, mais en effet, com-
» me il auroit appris de bonne part,
» pour nuire à fon deffein, contre les
» promeffes du Pape, qui auroit fa-
» vorifé les opinions pour fa partie
» adverfe, quoique non requerante;
» fait mauvaife mine, & maltraité
» ceux qui concluoient à fon abfo-
» lution, & donné toutes fortes de
» preuves de lui être contraires. C'eſt

» pourquoi ayant avis de la renon-
» ciation de la Demoiselle de Pien-
» nes, il proteste contre tout ce que
» le Pape pourroit ordonner à l'ave-
» nir, contre la liberté qu'il prétend
» de se pouvoir marier, & demande
» l'enregistrement des suppliques par
» lui présentées à cette fin à Sa Sain-
» teté, comme aussi de la dispense
» par lui accordée en cas pareil ».

Le Duc de Montmorenci étant retourné à la Cour, le Roi commit le Cardinal de Sens, & le sieur de Morvilliers, Evêque d'Orleans, avec du Mortier, d'Avanson & Lagebaston, Maître des Requêtes pour l'interroger au sujet des engagemens qu'il avoit contractés avec Mademoiselle de Piennes, il déclara dans un écrit (a) signé de sa main, qu'il n'y avoit

---

(a) » Messiéurs, pour donner entendre au
» Roi, auquel a plû vous commettre pour
» entendre par le menu l'affaire dont est ques-
» tion, vous en dirai ingénuement la vérité,
» & comme les choses sont passées. C'est qu'il
» y a quatre ans ou environ, que la fortune
» porta que la Ville de Therouenne, où je
» m'étois allé mettre dedans pour le service
» de Sa Majesté, fut prise par les gens de
» l'Empereur, & moi constitué prisonnier,

E e iiij

point eu de mariage véritablement contracté par paroles de préſent;

« & détenu trois ans en captivité de priſon;
« & pour ce que auparavant, j'avois fait ami-
« tié avec Mademoiſelle de Piennes la jeûne,
« ſuivant laquelle avions eſcrit durant ladite
« priſon l'un à l'autre pluſieurs lettres d'a-
« mitié, & eſtant de retour je la trouvai en
« même volonté, de maniere que n'ayant
« amitié pour lors à autre Demoiſelle, je n'en
« faiſois auſſi ſemblant qu'à elle ſeule, & ſur
« ce, & bientôt après, il fut tenu quelque pro-
« pos de me marier, de quoi ladite Demoi-
« ſelle & moi en parlâmes ſouvent: & en fa-
« çon que la voyant fâchée du bruit qui cour-
« roit que je m'allois marier, pour la con-
« tenter je lui dis qu'il y auroit bon remède;
« c'eſt qu'il falloit dire pour le plus expédient
« que nous nous étions tous deux promis ma-
« riage, & par parole de préſent, & que par
« ce moyen avec le tems, nous ferions con-
« deſcendre Monſeigneur & Madame la Con-
« nétable à noſtre volonté; & qu'il falloit te-
« nir ce propos, quand l'on nous en parle-
« roit: qui a été cauſe, que quand nous fû-
« mes enquis du fait que deſſus, nous tîn-
« mes meſme langage, baillant & diſant pour
« desja fait, ce que nous avions deſir & vo-
« lonté de faire, qui eſt la vraye & pure vé-
« rité du fait comme il eſt paſſé: & comme
« il eſt vrai-ſemblable dès lors que je lui ai
« eſcrit que je la quittois, la priant de faire
« le ſemblable, elle n'en a fait aucune diffi-
« culté. *Copié ſur l'Original.*

mais qu'ils étoient convenus de publier qu'ils s'étoient mutuellement engagés leur foi, dans l'espérance que le Connétable ne s'opposeroit point à leur mariage.

Les Commissaires nommés par Sa Majesté déciderent, en conséquence de cette déclaration, que les deux parties étoient libres de tout engagement, & peu après les nôces de Montmorenci avec Diane de France (*a*),

(*a*) Elle n'eut de ce mariage qu'un fils qui mourut en bas âge. La maison de Bourbon, & toute la France dût à cette Princesse la conservation de la Couronne par la réconciliation qu'elle moyenna de Henri IV. lors Roi de Navarre avec le Roi Henri III, qui lui donna les Duchés d'Angoulesme, & de Châtelleraut, le Comté de Ponthieu, & le Gouvernement du Limousin. L'affection qu'elle avoit pour sa maison, lui fit tendrement aimer Charles de Valois, fils naturel du Roi Charles IX. son frere, qui lui fut redevable de la vie & de sa fortune ; car étant prisonnier d'Etat, & en danger d'être convaincu d'intelligence avec le Maréchal de Biron, elle empêcha qu'on ne lui fît son procès, & s'emporta jusques-là de remontrer au Roi, que son sang ne seroit pas plus épargné, que celui de ses prédecesseurs en la personne de ses enfans naturels, s'il étoit l'Auteur d'un exemple où il avoit tant d'intérêt. Elle le maria avec

1558.

furent célébrées avec une si grande magnificence, que les fêtes qui se donnerent à cette occasion absorberent une partie des fonds destinés à la subsistance des armées.

Siége & prise de Calais par le Duc de Guise.
Gestes de Henri II. p. 55.
Mémoires de Tavannes, p. 203.
Rabutin, liv. 3. p. 205.
Paradin p. 883.
Discours de la prinse de Calais, imprimé en 1558.
La Popel. liv. 4. p. 112.
Belcar. liv. 28. p. 904.
Annales de France, liv. 6, p. 1594.

Celle qui avoit été levée après la malheureuse bataille de Saint Quentin, étoit trop belle & trop nombreuse pour qu'on la laissât long-tems dans l'inaction. Dans un conseil de guerre qui se tint à Compiegne en présence de Sa Majesté, l'on délibéra si l'on entreprendroit de chasser les ennemis des places qu'ils venoient de nous enlever, ou si l'on essayeroit de faire sur eux quelque nouvelle conquête. On s'en tint à ce dernier parti, à cause de la difficulté qu'il y auroit eu à reprendre des places que les ennemis avoient eu soin de pourvoir de toutes les choses nécessaires pour soutenir un long siége, & l'on se détermina à faire celui de Calais ; place que Senerpont

Charlotte de Montmorenci niéce de son mari, & laissa ses enfans héritiers de tous ses biens, & de l'Hôtel d'Angoulême, qu'elle avoit bâti à Paris. Elle y mourut l'an 1619. âgée de plus de quatre-vingt ans, & fut inhumée dans sa Chapelle en l'Eglise des Minimes. *Memoires de Castelnau*, Tom. 2. p. 583.

Gouverneur du Boulonnois avoit exactement reconnue dans le tems des conférences qui se tinrent à Mare, entre Calais, Gravelines & Ardres.

1558.

Le Duc de Guise, pour empêcher que les ennemis ne pussent pressentir son véritable dessein, & pour les obliger en même tems de diviser leurs forces, partagea son armée en deux corps. Le Duc de Nevers à la tête de cinq à six cent hommes d'armes, quarante enseignes Suisses & Allemandes, & de quinze compagnies d'infanterie Françoise, marcha du côté d'Alron & de Luxembourg, & l'on fit courir le bruit que ce Général en vouloit à l'une de ces deux places. Les ennemis trompés par cette ruse y jetterent le plus de monde qu'ils pûrent; pendant que le Duc de Guise avec le reste de l'armée marchoit vers les frontieres de la Picardie, comme s'il eût dessein d'empêcher que les ennemis ne fissent entrer des vivres dans Saint Quentin, Han & le Câtelet; s'étant ensuite approché de Dourlens, sous prétexte de ravitailler cette place, il s'avança jusqu'à Amiens, où il fut joint par les troupes du Duc de Nevers. Une autre ruse lui servit à tromper encore mieux les ennemis ; informé qu'un détachement de leurs troupes marchoit du côté du Boulonnois, il y accourut avec toutes ses forces, feignant de craindre pour les Villes d'Ardres & de Boulogne. C'est ainsi que cet habile Général arriva devant Calais la nuit du premier jour de l'an 1558. Trois mille arquebusiers François, soutenus de quelque cavalerie légere, commencerent par s'emparer du fort de Sainte Agathe, bâti à l'entrée de la levée qui conduit au pont de Nieulai. Quatre-vingt chevaux & une enseigne de fantassins Anglois qui gardoient ce poste, le défendirent d'abord avec beaucoup de courage ; mais après une vive escarmouche, ils lâcherent le pied & se retirerent avec précipitation dans le fort de Nieulai. Le Duc de Guise profitant de la terreur de l'ennemi, fit dès le même jour ouvrir la tranchée devant ce second fort ; & accompagné du Duc d'Aumale son frere, du Maréchal de Strozzi, de Jean d'Estrées Grand Maître de l'Artillerie, de Sanſac, de Tavannes, d'Andelot & de Senerpont, il alla lui-même reconnoître le riſban qui défend l'entrée du port. La mer s'étant retirée, Charles de la Rochefoucaut Seigneur de Rendan, le jeune d'Alegre & un autre gentilhomme eurent ordre d'aller ſonder un gué qui avoit été découvert dans le marais, & par où l'infanterie Françoiſe devoit paſſer pour monter à l'aſſaut. Ces obſervations étant faites, le Duc de Guiſe ordonna qu'on élevât des batteries devant les deux forts pour les attaquer en même tems; ce qui fut executé le lendemain dès le point du jour. Ceux qui défendoient le fort de Nieulai, n'oppoſerent qu'une foible réſiſtance. Milord Dumfort Gouverneur de Calais leur ayant envoyé ordre de capituler après qu'ils eurent eſſuyé quelques volées de canon; toute la grace qu'on leur fit, fut de leur accorder la liberté de ſe retirer dans la Ville, mais ſans armes & ſans bagages. La garniſon du Riſban ne fut pas ſi favorablement traitée, les Officiers & les ſoldats qui gardoient ce poſte furent contraints de ſe rendre à diſ-

1558.

cretion une heure après la prise de Nieulai; on trouva dans ces deux forts une nombreuse artillerie avec beaucoup de munition de guerre & de bouche, qui furent d'un grand secours à l'armée Françoise.

Pour ôter à la garnison de Calais, qui se trouvoit extrémement foible, toute espérance d'être renforcée; le Duc de Guise plaça entre la Ville & & le marais, derriere la levée, vingt compagnies d'infanterie Françoise, & les lansquenets du Rhingrave, avec huit cent chevaux Allemands, & trois cent hommes d'armes sous les ordres du Prince de la Roche-sur-Yon; & M. de Thermes fut posté sur le chemin de Guines en tirant vers la mer avec le reste de la cavalerie & les Suisses.

Le mardi quatriéme jour du mois, six canons & trois coulevrines furent mis en batterie contre la porte de la Riviere, & elles firent un feu si vif, qu'en peu de tems elles ruinerent plusieurs tours, & d'autres défenses qui empêchoient que les assiégeans ne pussent monter à l'assaut du côté où devoit se faire la véritable attaque; c'étoit par la citadelle que l'on vouloit se rendre maître de la Ville. Elle fut foudroyée par une batterie de quinze grosses pieces d'artillerie avec tant de furie, que le bruit du canon se faisoit entendre jusqu'à Anvers, qui en est éloignée de trente-trois milles d'Allemagne. Un feu si terrible ayant fait en peu d'heures une très-grande bréche; Dandelot Colonel Général de l'infanterie Françoise, se mit à la tête de douze à quinze cent arquebusiers choisis, & d'un grand nombre de volontaires, & à la faveur du reflux, il passa le marais & alla occuper le terrein qui se trouve entre la Ville & les Dunes. Ce passage ne se fit pas sans danger; il fallut que les soldats se servissent de clayes enduites de poix, que l'eau ne pouvoit pénétrer, & qui les empêchoient d'enforcer dans ce terrein fangeux. On leur avoit aussi donné des espéces de boucliers faits de pieux entrelacés d'osier, de la hauteur d'un homme, & d'un demi pied d'épaisseur. Ces boucliers couverts en dehors de cartons, jusqu'à la concurrence de trois ou quatre doigts, étoient ferrés par le bout des pieux ; & on pouvoit aisément les changer de place en les fichant en terre : ces instrumens de nouvelle invention servoient à deux usages, ils mettoient le soldat à couvert de l'arquebuserie Angloise, & ils lui procuroient outre cela la facilité de pouvoir tirer par les petites ouvertures, qu'on avoit fait exprès à cette sorte de boucliers.

Dandelot ayant heureusement traversé le marais, s'avança jusqu'au fossé de la citadelle, & par le moyen d'une tranchée, il en fit écouler les eaux dans le port. Tout ayant été ainsi disposé pour donner l'assaut, Grammont eut ordre de s'avancer avec trois cent arquebusiers choisis, & de faire un feu continuel qui empêchât ceux qui gardoient la bréche de la réparer. Le Maréchal de Strozzi à la tête d'un pareil nombre de fantassins, & de cent Pionniers sous la conduite du Capitaine Sarlabos, passa vers l'autre côté du Port, à dessein de se loger dans de petites maisons où il vouloit se retrancher ; mais le feu de l'artillerie ennemie l'obligea de se retirer vers le quartier du Duc de Guise, après avoir perdu vingt-cinq à trente de ses meilleurs soldats. Dès que le jour fut venu, la bréche fut reconnue par le Capitaine Brancozzo & quelques autres Officiers, qui l'ayant trouvée assez large pour monter à l'assaut, Grammont avec les arquebusiers, & le Maréchal de Strozzi à la tête de trois cent soldats armés de cuirasses, & suivis de deux cent autres, furent destinées à commencer l'attaque. Le Duc de Guise lui-même s'étant jetté dans l'eau jusqu'à la ceinture, passa de l'autre côté de la riviere, & accompagné du Duc d'Aumale & du Marquis d'Elbœuf ses freres, de Bouillon, de Montmorenci, & de la jeune Noblesse Françoise (a), il s'avança jus-

(a) *La jeune Noblesse Françoise qui alla dans cette entreprise pour y apprendre la vertu & la pratique des armes, entre lesquels fut René de Voyer, Vicomte de Paulmy, nourriture du Connétable, qui fit ici son apprentissage.* Auteur des Annales de France, liv. VI. p. 1595. *Deux Seigneurs de cette illustre Maison firent des prodiges de valeur à la bataille de Pavie. Pierre le Voyer de Paulmy demeura parmi les morts; & son pere se retira du combat tout couvert de blessure.* Histoire de France du P. Daniel. *A la dé-*

qu'au pied du mur, & sans perdre de tems il donna le signal pour monter à l'assaut. L'attaque fut si furieuse que nos soldats renverserent & taillerent en piéces tout ce qui se présenta devant eux. Le peu d'Anglois qui échappa au carnage, ayant été contraint de se refugier dans la Ville, le Duc d'Aumale, & le Marquis d'Elbœuf furent laissés dans la citadelle avec autant de troupes qu'il en falloit pour la garder, jusqu'à ce que l'on pût leur envoyer de nouveaux secours; & le Duc de Guise, fut obligé pour retourner à son camp, de traverser l'eau dans le tems que la mer commençoit à monter. A peine se fut-il retiré, que Milord Dumfort se mit à la tête de tous les Anglois qui composoient la

---

route de Brignoles en 1536. *Messire Jean de Voyer, Vicomte de Paulmy, pour lors assez jeune d'âge, mais de haut cœur & vaillant, comme lors il en donna preuves, étant pris & blessé à la gorge d'un coup de lance, fut en danger de suivre une pareille fortune que son aîné avoit expérimentée à la journée de Pavie, si Dieu ne l'eut reservé pour encore faire de plus grands, & remarquables services à la Couronne.* Belleforet, Auteur des Annales de France, liv. VI. p. 1558.

garnison

garnison de Calais, ne doutant pas qu'il ne lui fût facile de déloger les François, qui durant le flux ne pouvoient recevoir aucune assistance du reste de leurs troupes. Repoussé à la premiere attaque, il donna un second assaut, à la faveur de deux batteries, l'une dressée à l'extrémitité du Pont, qui sépare le Château de la Ville, & l'autre sur une platte-forme que les Anglois éleverent dans une rue de la Ville, d'où ils dominoient le Château; mais les François soutinrent cette seconde attaque avec tant de bravoure, que les ennemis furent obligés de se retirer après avoir laissé sur la place plus de deux cent de leurs meilleurs soldats.

Milord Dumfort à qui toute espérance de secours étoit ôtée, demanda à capituler; & dès le lendemain matin, il envoya au Duc de Guise deux de ses principaux Officiers. Ils osoient se flatter d'obtenir les conditions plus honorables, mais après bien des contestations ils furent obligés d'accepter celles que le vainqueur voulut bien leur prescrire. Il fut reglé que les habitans, hommes, femmes &

enfans auroient la liberté de se retirer où ils voudroient, & qu'il seroit défendu, sous peine de la vie, de leur faire aucune insulte ; que les soldats seroient transportés en Angleterre, mais que le Gouverneur & cinquante autres personnes, au choix du Duc de Guise, demeureroient prisonniers; que les ennemis laisseroient l'artillerie, avec toutes les munitions de guerre & de bouche qui se trouvoient dans la place ; que les meubles, l'or, l'argent & les chevaux demeureroient en la disposition du Général François, qui en feroit telle distribution qu'il voudroit. Ces articles signés le huitiéme de Janvier furent fidélement observés. Ainsi fut prise une Ville que les Anglois avoient gardée pendant deux cent dix ans, & qu'ils craignoient si peu de perdre, qu'ils avoient fait graver sur une des portes cette inscription : *Que les François reprendroient Calais, quand le plomb nageroit sur l'eau comme le liége.* Après la funeste bataille de Creci perdue par les François, Edouard III. Roi d'Angleterre, vint attaquer cette place par mer & par terre avec une flotte de quatre-vingt voiles, & une armée de trente mille hommes. Quoique défendue par une garnison peu nombreuse sous les ordres du célébre Jean de Vienne, elle ne se rendit qu'après plus d'un an de siége, & lorsque les habitans eurent mangé jusqu'au cuirs qui se trouvoient dans leurs maisons.

1558.

La capitulation, telle qu'elle avoit été réglée par le Duc de Guise, étoit à peine signée, que l'on vit paroître une flotte qui venoit au secours des assiégés ; mais à la vûe des enseignes Françoises arborées sur les remparts, elle reprit le chemin de Douvre.

La nouvelle de la prise de Calais, fut un sujet d'étonnement pour toutes les Cours de l'Europe, fortement persuadées que les François, ne se releveroient pas si-tôt de l'entiere défaite de leur armée devant Saint Quentin : le Pape dit ingénieusement à cette occasion, que la perte de Calais étoit tout le Douaire de la Reine d'Angleterre ; & ce fut là en effet tout le fruit que cette Princesse recueillit de son mariage avec Philippe II.

1558.

Les François se rendent maîtres de Guines & de Hames.
Paradin p. 894.
Rabutin, p. 214.
Gestes de Henri II. p. 56.
Annales de France, liv. 6. p. 1596.
La Popel. liv. 4. p. 115.
Belcar, liv. 28. p. 907.
Mémoires de Tavannes n. 203.

On délibéra après la reddition de cette place, si l'on feroit le siége de Guines ou celui de Gravelines. Il eut été plus facile de se rendre maître de celle-ci qui n'étoit pas aussi bien fortifiée que Guines, & où il y avoit aussi moins de monde pour la défendre : on se décida cependant pour l'attaque de la premiere de ces deux places, à cause de la libre communication qu'elle ouvroit entre Calais & les autres Villes de la Picardie. Cette résolution étant prise, l'armée se mit en marche, & parut devant Guines le treiziéme de Janvier. Les soldats François ayant trouvé la Ville abandonnée, y entrerent en foule, & sans prendre aucune mesure pour leur sûreté, ils se mirent à piller avec si peu de précaution qu'ils se laisserent surprendre : les Anglois les voyant en désordre, firent sur eux une sortie, les chasserent honteusement, & ne rentrerent dans la citadelle qu'après avoir allumé dans la Ville un feu qui consuma la plus grande partie des maisons. Le Duc de Guise pour accelerer les travaux, se mit lui-même à la tête des pionniers exposés aux décharges continuelles de l'artillerie ennemie, & par son exemple, il sçut si bien les encourager, qu'en moins de trois jours la tranchée fut poussée jusques sur le bord du fossé. Trente-cinq pieces d'artillerie disposées en trois batteries, firent un feu si terrible & si vif contre le grand boulevart qui couvroit le rempart & la porte de la citadelle qu'en deux jours & demi, elles tirerent jusqu'à neuf mille coups. Le Duc de Guise ne se détermina à donner l'assaut qu'après avoir fait reconnoître la bréche plus d'une fois ; quatre fantassins les plus agiles de l'armée, suivis de vingt de leurs camarades furent chargés de cette dangereuse commission, & s'en acquitterent heureusement ; mais ils rapporterent à leur Général qu'il étoit nécessaire d'élargir la bréche, avant que de l'attaquer. Ainsi l'artillerie des assiégeans recommença à tirer avec une nouvelle furie : le lendemain la bréche fut encore reconnue par cinq autres soldats non moins courageux que les premiers, & qui jugerent que l'on pouvoit y monter avec quelque espérance de l'emporter; enfin cent vingt soldats choisis eurent ordre d'aller se poster sur le haut du parapet qui étoit du côté des assiégeans, afin de soutenir un pareil nombre de pionniers, destinés à applanir les chemins qui conduisoient à la bréche. Un régiment de Lansquenets fut commandé pour commencer l'attaque, & il fut ordonné à Dandelot, Colonel de l'infanterie Françoise de se tenir prêt à les soutenir. Le Duc de Guise, à la faveur d'une espece de pont fait de clayes, mises en travers sur des tonneaux flottans, franchit le fossé profond de soixante & dix pieds, & alla se poster sur une éminence afin d'être à portée de voler où le danger seroit le plus pressant. La plûpart des soldats François, emportés par leur impétuosité naturelle, se jetterent à corps perdu dans le fossé, & le traverserent à la nage. Soutenus des Lansquenets, ils firent leur attaque avec beaucoup de bravoure; mais malgré tous leurs efforts, ils se virent obligés de plier, & il fallut que le Duc de Guise accourût à leur secours. Animés par la présence de leur Général, ils retournerent à la charge, & combattirent avec tant de furie, qu'ils renverserent tout ce qui se présenta devant eux. Près de quatre cent hommes des assiégés, parmi lesquels se trouvoient quatre-vingt Espagnols, perdirent la vie dans ce combat. Les Allemands du Colonel Reckord, conduits par son neveu, chasserent aussi les Anglois de deux bastions où l'on avoit fait bréche, & qui défendoient la basse-cour du château. Maîtres de ce poste nous nous préparions à attaquer le vieux château où Mylord Grai, Gouverneur de la place s'etoit retiré avec l'élite de ses troupes. Mais cet Officier qui s'étoit fait un grand nom dans la guerre contre les Ecossois, perdit courage dans cette occasion, & n'osa attendre un nouvel assaut. Deux Gentilshommes envoyés par son ordre vinrent trouver le Duc de Guise, afin de capituler. Il fut réglé que le lendemain vingt-uniéme de Janvier la garnison au nombre de près de mille soldats Anglois, Flamands & Espagnols sortiroit de la place ; mais sans armes & sans drapeaux, & qu'elle ne pourroit emporter aucune muni-

1558.

tions de guerre ou de bouche ; que le Gouverneur avec le Capitaine Mondragon (a) Espagnol, & tous les autres Officiers demeureroient prisonniers de guerre. La place fut rasée comme étant inutile, parce que Ardres & Calais couvroient assez la frontiere.

La garnison du château de Hames, la seule place qui restoit aux Anglois dans le Comté d'Oye, n'eut pas plutôt été informée de la prise de Guines, que n'osant attendre l'arrivée de nos troupes, elle prit honteusement la fuite. L'abandon de cette place par les ennemis surprit d'autant plus, qu'il n'auroit pas été facile de les y forcer ; cette forteresse étant de tous côtés environnée de marais, outre que l'on ne pouvoit y arriver que par une chaussée étroite, traversée par plusieurs ponts de bois que les Anglois avoient rompus. Le gouvernement de Hames fut donné à Sipierre, Lieutenant de la compagnie d'hommes d'armes du Duc de Lorraine. C'est

(a) Peu de tems auparavant il avoit eu l'adresse de s'échapper du château de la Bastille où il étoit détenu prisonnier.

ainsi qu'en moins d'un mois le Duc de Guise vint à bout de chasser les Anglois hors de France. Ils laisserent dans les places qu'on venoit de leur enlever trois cent canons de fonte, & autant de fer avec une prodigieuse quantité de toutes sortes de munitions.

Peu de jours après la reddition de Hames, le Duc de Nevers, Gouverneur de Champagne se rendit maître du fort château d'Herbemont situé dans la forêt d'Ardennes sur un rocher escarpé de toute part; il s'empara aussi de Jamoigne, de Chigny, de Rossignol, de Villemont & de quelques autres châteaux que les ennemis avoient abandonnés.

Prise d'Herbemont par le Duc de Nevers. Rabutin, liv. 3. p. 220. La Popel. liv. 4. p. 116.

Cependant le Roi, afin de se procurer les secours d'argent qui lui étoient nécessaires pour pousser la guerre avec vigueur, avoit convoqué les Etats de son Royaume, & l'ouverture s'en étoit faite le sixiéme de Janvier. L'assemblée se tint au Palais dans la salle de Saint Louis, qui fut magnifiquement parée; ce qu'il y eut de singulier, & qui ne s'étoit pas encore pratiqué, c'est que la Magistra-

Assemblée des Etats. Belcar, liv. 28. p. 908. Paradin, p. 902. La Popel. liv. 4. p. 112. Rabutin, liv. 8. p. 224. Annales de France, liv. 6. p. 1596.

ture prit séance dans cette assemblée, & forma un quatriéme ordre qui n'avoit rien de commun avec le tiers état. L'ouverture se fit par un discours que le Roi prononça, & dans lequel il représenta que depuis son avenement à la couronne, il n'avoit cessé de faire la guerre aux Anglois les anciens ennemis de la France, qu'il étoit heureusement venu à bout de leur enlever Boulogne, dont ils s'étoient emparés ; mais que pour fournir aux frais de la guerre, il avoit aliené une partie de son Domaine, &, ce qu'il lui faisoit le plus de peine, qu'il avoit été obligé de surcharger ses peuples d'impots ; que touché de leur misere, il s'étoit montré disposé à sacrifier ses plus chers intéà leur tranquillité & à leur repos ; que dans ces sentimens, il s'étoit abbaissé jusqu'à demander la paix à des conditions désavantageuses ; mais que n'ayant pû l'obtenir, il ne lui restoit plus que la voye des armes pour amener ses ennemis à la raison ; que plein de confiance dans la fidélité, & l'affection de ses sujets, il ne doutoit pas que malgré leur épuisement ils ne s'empressassent à fournir tous les secours qu'ils jugeroient être nécessaires pour subvenir aux besoins du Royaume. Henri finit ce touchant discours en déclarant que dès que la paix seroit rétablie, son intention étoit de ne plus s'occuper que du soin de rendre ses peuples heureux, en reformant tous les abus dont ils se plaignoient, & en les déchargeant des nouveaux impots que le malheur des tems l'avoit obligé d'établir; & il ajouta qu'il avoit voulu que le Dauphin fût présent à cette assemblée, non-seulement comme témoin, mais comme garant des promesses du Roi son pere.

Dès que le Roi eut achevé de parler, le Cardinal de Lorraine, le Duc de Nevers, le sieur de Saint-André, Premier Président du Parlement de Paris, & André Guillart du Mortier haranguerent successivement Sa Majesté, & promirent au nom des divers Ordres qu'ils représentoient (a), tous

(a) Le Cardinal de Lorraine parla pour le Clergé, le Duc de Nevers pour la Noblesse, le Président de Saint-André pour la Magistrature; & du Mortier pour le Tiers-Etat.

les secours qu'exigeoit la nécessité publique. Le Cardinal Bertrandi qui faisoit l'office de Chancelier en l'absence du Chancelier Olivier, alors éloigné de la Cour, se mit à genoux devant le Roi pour recevoir ses ordres, puis s'étant levé, il dit que, Sa Majesté vouloit que les députés du Tiers-Etat commençassent par dresser un mémoire des divers abus qui s'étoient glissés dans le Gouvernement, & qui étoient à la charge du peuple, que ce mémoire fût remis entre les mains du sieur du Mortier, & que dès qu'il auroit fait son rapport au Roi, l'on travailleroit à la réforme.

L'assemblée ayant été congediée, les députés des Villes eurent ordre deux jours après, de se rendre chez le Garde de Sceaux pour y apprendre les volontés du Roi, le Cardinal de Lorraine leur déclara, que l'intention de Sa Majesté étoit d'emprunter de ses Sujets trois millions d'or, pour fournir aux frais de la guerre ; que cet emprunt ne pouvant souffrir aucun délai, vû les besoins pressans de l'Etat, il falloit nommer promptement trois mille personnes qui prêtassent chacune mille écus, dont on leur payeroit les intérêts au denier douze; que le Clergé offroit d'avancer le tiers de cette somme, & qu'il falloit que le Tiers-Etat donnât les noms de deux mille Bourgeois aisés, qui sans s'incommoder pourroient avancer les deux autres millions; que Sa Majesté remplie de tendresse pour son pauvre peuple, promettoit non-seulement de ne plus établir d'impots, mais encore de retrancher ou de diminuer ceux dont elle avoit été forcée de le surcharger.

1558.

 Les députés s'étant retirés pour délibérer ensemble sur les moyens proposés par le Cardinal, jugerent que l'on devoit avoir recours à une autre sorte d'imposition moins odieuse, & qui fût d'une exécution moins difficile; ils représenterent que l'on ne pouvoit sans une espéce de violence obliger les particuliers de donner la déclaration de tous leurs biens; que d'ailleurs, il n'étoit pas possible de connoître parfaitement les facultés d'un chacun, que ceux qui avoient quelques biens fonds se trouvoient sans argent, & que tel Marchand qui paſſoit pour riche n'avoit pour toute richeſſe que le crédit ſur lequel rouloit ſon commerce; & qu'ainſi il paroiſſoit plus convenable que l'impoſition des deux millions, fût faite ſur les différentes Provinces du Royaume, & qu'il ſe fît une ſous diſtribution dans chaque Ville, entre les plus riches bourgeois, qui ſe taxeroient eux-mêmes à proportion de leurs revenus, que la répartition ſe faiſant entre un plus grand nombre de particuliers, le fardeau deviendroit plus léger, ſans que perſonne eût ſujet de ſe plaindre.

Tenue d'un lit de Juſtice. Paradin, p. 904. De Thou, liv. 20. p. 214.

Ces remontrances des Députés du Tiers-Etat furent approuvées, & on s'en tint aux moyens qu'ils venoient de propoſer. Peu de jours après leur départ, le Roi accompagné de M. le Dauphin, & des Cardinaux de Lorraine, de Bourbon, de Châtillon & de Sens, ſe rendit au Parlement où il tint ſon lit de Juſtice; on enregiſtra en ſa préſence divers Edits, & Sa Majeſté en fit publier deux nouveaux, l'un qui aboliſſoit les ſemeſtres, & l'autre qui remettoit les

DE HENRI II. 343

Siéges Préſidiaux dans l'état de leur premier établiſſement.

1558.

Le Roi alla enſuite viſiter ſes nouvelles conquêtes. Son entrée à Calais ſe fit avec tout l'appareil du triomphe le plus éclatant; Sa Majeſté reconnut elle-même toutes les fortifications de cette importante place, & elle ordonna qu'on y en ajoutât de nouvelles. Le ſoin d'y faire travailler fut confié à de Thermes, que le Roi laiſſa à Calais pour y commander. Comme la rigueur de la ſaiſon ne permettoit pas que les troupes ſe miſſent en campagne, une partie de l'armée fut congediée, & le reſte fut diſtribué dans les places les plus expoſées aux courſes des ennemis.

Le Roi viſite Calais. Belcar, liv. 28. p. 908. La Popel. liv. 4. p. 116. Rabutin, liv. 8. p. 229.

Les opérations militaires ne recommencerent que vers la fin d'Avril, peu de jours après la célébration des nôces (a) du Dauphin avec Marie Stuart, Reine d'Ecoſſe fille de Jacques V. & de Marie de Lorraine.

Mariage du Dauphin avec la jeune Reine d'Ecoſſe. Tavannes, p. 206. Geſtes de Henri II. p. 56. Belcar. liv. 28. p. 910. La Popel. liv. 5. p. 123. Rabutin, liv. 10. p. 231.

(a) Les Cardinaux de Lorraine, de Bourbon, de Châtillon & de Sens, les Princes de Condé & de la Roche-ſur-Yon, les Ducs de Lorraine, de Nemours, de Guiſe & d'Aumale y aſſiſterent.

Gg iiij

Il fut stipulé dans le contrat, que le Dauphin prendroit le titre de Roi d'Ecosse, & qu'il écarteroit ses armes avec celles de ce Royaume; & que lorsqu'il seroit devenu Roi de France, il réuniroit les armes des deux Royaumes sous une même Couronne; que s'il naissoit un Prince de ce mariage, il hériteroit des deux Royaumes; & que s'il ne naissoit que des filles, l'ainée seroit couronnée Reine d'Ecosse. Ce fut en vain que le Garde de Sceaux pressa les Ambassadeurs Ecossois (a) de présenter au Dauphin la Couronne, avec les autres marques de la Royauté, & de le proclamer Roi d'Ecosse; ils s'en défendirent sur ce que la demande qu'on leur faisoit excedoit leur pouvoir. Mais le Conseil de la Regence d'Ecosse se rendit aux instances de notre Ambassadeur, & la Couronne

(a) Quatre de ces Ambassadeurs, sçavoir, l'Evêque des Orcades, les Comtes d'Angers; & Cassilis & Flemmeng moururent en retournant dans leur patrie, non sans quelque soupçon d'avoir été empoisonné par les freres du Régent d'Ecosse qui étoient opposés à leur dessein.

fut envoyée au Dauphin, qui du consentement de Henri prit le titre de Roi Dauphin

Le mariage de ce Prince avec la jeune Reine d'Ecosse, mit le comble à la puissance des Princes Lorrains, qui depuis la prison du Connétable & celle de l'Amiral de Coligni s'étoient emparés de toute l'autorité; il ne restoit plus à la Cour que le seul d'Andelot, qui pût leur faire quelque ombrage; mais il n'étoit pas aisé de le perdre dans l'esprit du Roi, qui avoit pour ce Seigneur l'amitié la plus tendre. Il se présenta cependant une occasion, dont le Cardinal de Lorraine sçut habilement se servir, pour éloigner de la Cour la seule personne qui lui fût suspecte.

Conférences pour la paix.
Belleforêt, liv. 6. p. 1597.
La Popel. liv. 5. p. 123.
Ribier, Tome 2. p. 769.

Christine Duchesse Douairiere de Lorraine, avoit obtenu un sauf-conduit pour venir voir le jeune Duc son fils, qui s'étoit rendu à Perronne avec le Comte de Vaudemont son oncle. Perrenot de Granvelle Evêque d'Arras & le principal Ministre du Roi Philippe, avoit eu ordre d'accompagner cette Princesse; & ce fut pour cette raison que Henri voulut que le

Cardinal de Lorraine se trouvât à cette entrevûe. Ces deux Prélats eurent ensemble plusieurs entretiens secrets, dans l'un desquels Perrenot témoigna au Cardinal, qu'il ne pouvoit voir sans un mortel chagrin les deux plus grands Princes de l'Europe, obstinés à se faire une guerre cruelle, qui épuisoit les forces des deux nations, pendant que le Turc, l'ennemi commun de la Chrétienté profitoit de leur desunion pour étendre ses conquêtes; » & ce qu'il » y a de plus funeste encore, ajou- » ta Granvelle, c'est que la guerre » ne fournit que trop d'occasions à » l'erreur de répandre son poison; » après avoir infecté le simple peu- » ple, elle commence à s'étendre » parmi la principale Noblesse du » Royaume », & là dessus l'habile Prélat produisit une lettre que d'Andelot avoit écrite à l'Amiral son frere, en lui envoyant quelques livres de Geneve.

Les deux Ministres convinrent que rien n'étoit plus désirable qu'une paix solide, qui mît leurs maîtres en état d'unir leurs forces en faveur de la religion; & ils s'engagerent mutuellement à travailler avec ardeur à ce grand ouvrage. Cependant le bruit se répandit que les ennemis avoient, contre leur parole, poursuivi le Cardinal, lorsqu'il partit de Perronne; mais on sçut depuis que s'ils s'étoient mis en campagne, c'étoit pour s'emparer de la Ville de Nesle qui fut prise & saccagée par les garnisons de Han & de Saint Quentin.

1558.

Le premier soin du Cardinal, dès qu'il fut de retour à la Cour, fut de travailler à la disgrace du seul concurrent qui fit obstacle à son ambition. Il rendit au Roi un fidele compte de son entretien avec Granvelle, & il insista particuliérement sur la confidence que ce Ministre lui avoit faite au sujet d'Andelot. Henri qui aimoit véritablement ce Seigneur, qu'il avoit élevé dans sa maison depuis l'âge de sept ans, voulut luimême l'interroger en présence de toute sa Cour. Ainsi il donna ordre au Cardinal de Châtillon son frere, & à François de Montmorenci son cousin de le faire venir; mais de le disposer auparavant à répondre

D'Andelot est arrêté.
Belcar, liv. 28. p. 910.
La Popel. liv. 5. p. 123.
Belleforet liv. 6. p. 1603.

d'une maniere qui le disculpât publiquement. D'Andelot s'étant présenté au dîner du Roi qui étoit à Monceaux maison de plaisance de la Reine, proche de Meaux, Sa Majesté lui parla avec beaucoup de bonté, lui temoignant qu'elle n'oublieroit jamais les signalés services qu'il avoit rendus à l'Etat ; mais changeant de ton, elle lui dit qu'il courroit d'étranges bruits sur son compte, qu'il étoit accusé non seulement de penser, mais encore de parler mal des plus saints mystéres de notre religion, & là-dessus elle lui ordonna d'exposer sa créance sur le sacrifice de la Messe.

D'Andelot sans se déconcerter, répondit que pénétré des sentimens de la plus vive reconnoissance pour tous les bienfaits dont il avoit plû à Sa Majesté de le combler, il étoit prêt à exposer mille fois sa vie pour son service, que Sa Majesté pouvoit disposer de ses biens & de sa personne, mais qu'en matiere de religion, il ne reconnoissoit d'autre maître que Dieu ; & que sa conscience ne lui permettant pas de déguiser ses sentimens, il ne craignoit pas d'avouer qu'il étoit intimement persuadé que la Messe étoit une abominable invention des hommes: une réponse si hardie transporta le Roi d'une telle colere qu'il chassa cet audacieux de sa présence, ayant hautement protesté qu'il lui auroit passé son épée au travers du corps, s'il n'avoit eu l'honneur d'être son éleve. Sa Majesté s'étant levée de table donna ordre à la Bourdaisiere, maître de la garderobe de conduire d'Andelot prisonnier à Meaux, d'où il fut transferé dans le château de Melun, & sa charge de Colonel Général de l'infanterie Françoise fut donnée à Blaise de Montluc, tout dévoué à la maison de Guise, ayant d'abord été Page de René second, Duc de Lorraine. C'est ainsi que le Cardinal de ce nom vint à bout par ses intrigues d'écarter tout ce qui s'opposoit à ses ambitieux projets.

1558.

Le Connétable informé de tant de fâcheuses particularités, eut recours au seul moyen qui pouvoit lui conserver la faveur de son maître. Sur l'espérance qu'il donna aux ennemis

Le Connétable est renvoyé sur sa parole. Belcar, liv. 28. p. 914. La Popeli-

d'engager Sa Majesté à renouer les conférences pour la paix, il obtint d'être renvoyé sur sa parole à condition de se représenter dans le tems qui lui fut prescrit. Le fruit qu'il recueillit de son voyage, fut de se convaincre que l'absence ne lui avoit rien fait perdre de l'amitié dont le Roi l'honoroit; il fut reçu avec des marques singulieres de la plus tendre affection, & eut même l'honneur de partager le lit de Sa Majesté. Le Duc de Guise avoit osé espérer que la charge de Grand-Maître de la Maison du Roi dont il avoit fait les fonctions au mariage du Dauphin, seroit la récompense de ses importans services; & il apprit de la bouche du Roi même que cette charge étoit destinée au fils aîné du Connétable. Le Duc loin de faire éclater son mécontentement, ne songea qu'à se signaler par de nouveaux exploits. A la conquête de Calais il voulut ajouter celle de Thionville, une des plus fortes places des Pays-Bas, & qui étoit défendue par une garnison de dix-huit cent hommes de pied, & de deux cent chevaux sous les ordres de Jean de Quarebbe, Gentilhomme de Brabant.

1558.

Cette Ville fut investie sur la fin de Mai, ayant été reconnue dès le commencement du même mois par Bourdillon & Vieilleville, Gouverneur de Metz, qui s'étoit mis à la tête d'une cornette de cavalerie & des vieilles garnisons de Toul, de Verdun & de Damvilliers. L'armée destinée à faire le siége, avoit été renforcée de cinq mille chevaux & de quatorze mille hommes de pied Allemands. Le Duc de Guise qui commandoit le corps de bataille, se posta auprès de Florenges en deça de la riviere, & le Duc de Nevers qui conduisoit l'avant-garde, se posta à la Grange-aux-poissons, au-delà du fleuve. Le Duc de Nemours à la tête de la cavalerie légere, prit son quartier sur le chemin de Luxembourg au-dessus du mont d'Estrain, & le Seigneur de Jamets avec la cavalerie Allemande & quelques compagnies d'hommes d'armes, eut ordre de se porter sur le chemin de Metz. L'on ouvrit la tranchée en-deçà de la riviere, & on fit une levée sur laquelle

Siége & prise de Thionville par le Duc de Guise. Tavanes, p. 206. Montluc, liv. 4. p. 373. Gestes de Henri II. p. 57. Chron. de Savoye, p. 423. Belcar, liv. 28. p. 910. La Popel. liv. 5. p. 124. Rabutin, liv. 11. p. 234. Ribier, Tome 2. pag. 747.

on dressa une batterie de quatre couleuvrines & de six grosses pieces d'artillerie destinées à démonter une contrebatterie que les assiégés avoient élevée sur une haute tour, d'où ils faisoient un feu continuel sur notre camp. La nuit suivante on dressa une autre batterie de six canons qui battoient à revers les ouvrages qui couvroient le bastion; on en fit encore une troisiéme de dix canons plus près de la Moselle, pour battre la courtine des deux bastions. Enfin, le cinquiéme jour du siége il y eut une batterie de trente-cinq pieces de canon pointées contre le corps de la place. Philippe de Montmorenci, Comte de Horn marcha au secours des assiégés avec trois enseignes de vieilles troupes Espagnoles; mais il trouva toutes les avenues si bien gardées, qu'il fut obligé de se retirer avec perte de plusieurs de ses meilleurs soldats. Deux jours après quatre compagnies de fantassins Flamands soutenus de cinquante hommes d'armes, firent inutilement la même tentative.

Cependant le feu continuel de l'artillerie

tillerie des assiégeans fit à la muraille une bréche de plus de quarante pas; mais outre que pour y monter, il falloit passer la Moselle, il y avoit derriere cette bréche un fort rempart qui n'avoit point été entamé; ainsi l'assaut fut différé jusqu'à ce qu'on eût reconnu le gué de la riviere & le retranchement qui couvroit les assiégés. Montluc accompagné de son fils & des Capitaines Sarlabos, Millac, Sipierre, & Saint-Estef s'avança jusqu'à la grosse tour, & trouva qu'il y avoit de leau jusqu'aux aisselles. Une autre découverte qu'il fit fut que cette tour étoit environnée d'une palissade qui retenoit l'eau. Le Duc de Guise à qui des transfuges avoient fait un rapport bien différent, ne put ajouter foi à celui de Montluc; & toute la réponse qu'il lui fit, fut que pour plus grande sûreté, il falloit encore reconnoître la bréche; & ce fut là une nouvelle commission dont Montluc se chargea, quoiqu'extrêmement fâché qu'on eût pû douter de son récit. La nuit suivante il prit avec lui quatre cent piquiers qu'il plaça ventre contre terre à cent pas de la bréche, accompagné d'un pareil nombre d'Arquebusiers, il marche droit à la palissade, force un corps de garde de de vingt à trente soldats, en tue une partie, & entre avec le reste dans le ravelin. Il seroit entré avec la même facilité dans le corps de la place si la porte de ce ravelin n'eut été si étroite qu'il ne pouvoit y passer qu'un homme à la fois. Si Montluc eut eu la précaution de faire porter quelques échelles, il auroit pû sur le champ donner l'assaut; les plus courageux de ses soldats s'étant aidés de leurs piques pour grimper sur le rempart, il y eut un combat de main à main qui dura plus d'une heure & qui coûta la vie au Capitaine Saint-Estef & à l'enseigne du sieur de Sipierre. Ce fut durant la chaleur de ce combat que Montluc fit rompre avec des haches la palissade; & par ce moyen il fit écouler l'eau qui remplissoit la tour.

L'attaque qui avoit été faite en-deçà de la riviere, n'ayant pas réussi, on en fit une autre au-delà de l'eau, & on conduisit les tranchées jusqu'au pied d'une grosse tour appellée la tour des puces. Montluc qui dirigeoit les travaux, avoit eu soin de faire tirer des rameaux à droite & à gauche d'où l'on pût battre les ennemis en flanc, s'ils entreprenoient de forcer la tête de la tranchée; & c'est ce qui arriva. Quarebbe, Gouverneur de Thionville fit une sortie à la tête de quatre cent hommes de pied & de six vingt chevaux. Il espéroit qu'à la faveur de cette sortie quelques-uns de ses gens à qui il avoit donné ses ordres, s'échapperoient de la mêlée, & iroient avertir le Comte de Mansfeld, Gouverneur de Luxembourg, de l'extrême nécessité où se trouvoient réduits les assiégés; mais il fut trompé dans son attente. Ses gens commençoient à nettoyer la tranchée, lorsque le Capitaine Lago qui étoit de garde, les prit tout à coup en flanc, & les chargea avec tant de furie qu'il les obligea de se retirer en désordre; une partie de la cavalerie ennemie qui prenoit le chemin de Luxembourg fut forcée de tourner bride après avoir inutilement essayé de s'ouvrir un passage.

H h ij

1558.

Comme il ne restoit plus aux assiégés pour toute défense que la grosse tour, le Duc de Guise entreprit de la faire miner; mais le pic n'ayant pû y mordre, il ordonna que l'on minât à côté de la muraille, à deux ou trois pieds de terre. Les ennemis commencerent alors à travailler à des casemates dont les canonieres répondoient au trou que l'on vouloit faire. Pour ruiner ces nouveaux ouvrages, & percer en même tems la muraille, il fallut avoir recours à une grosse piece de canon devant laquelle l'on plaça des planches de l'épaisseur d'un pied pour mettre les canoniers à couvert du feu des assiégés; le Duc de Guise donna aussi ordre à une troupe de pionniers de travailler à une traverse qui favorisât ceux qui monteroient à l'assaut; accompagné du Maréchal de Strozzi, il voulut le lendemain aller choisir lui-même un lieu propre à y dresser une batterie de quatre couleuvrines. L'endroit fut reconnu; mais le Maréchal fut tué d'un coup d'arquebuse tiré de plus de cinq cent pas, & qui eut cependant assez de force pour le blesfer au-dessous de la mammelle gauche. *Le Roi*, dit ce grand homme (a) en expirant, *perd aujourd'hui un de ses meilleurs serviteurs.*

La batterie fut dressée, & quatre cent arquebusiers furent placés entre la tour & le ravelin. Montluc qui commandoit à l'attaque de la tour, donna ordre au Capitane Volumat de prendre avec lui six arquebusiers

(a) Il étoit fils du fameux Philippe Strozzi dont nous avons parlé. Destiné à l'Eglise dès son bas âge, il se livra tout entier à l'étude, & acquit une grande connoissance de l'histoire & des belles-lettres; mais sur le refus qu'on lui fit d'un chapeau de Cardinal il prit le parti des armes. Il ne discontinua cependant pas de donner bien des momens à la lecture. Il traduisit en Grec les Commentaires de César qui étoient son Livre favori. Il avoit un cabinet rempli de toutes sortes d'armes anciennes; & ces armes, dit Brantome étoient tant à pied qu'à cheval, » à la Françoise, » Espagnole, Italienne, Allemande, Hongroise, Bohêmienne, comme aussi à la » Turquesse, Moresque, Arabesque & Sauvage. Mais ce qui étoit le plus beau, c'étoient ces armes à l'antique, modes des » anciens soldats & Legionnaires Romains. » Le courage de ce grand homme, son habileté, son expérience, l'égalerent aux plus » fameux Capitaines de l'antiquité.

& deux hallebardiers, & de se couler derriere une ruine de muraille, d'où il pourroit se jetter dans les casemates qui n'étoient couvertes que de planches; & pour l'encourager, il lui promit de le faire soutenir par un autre Capitaine à qui il fit prendre le chemin de la traverse qui conduisoit à la tour. Mais ce dernier se fut à peine montré à découvert qu'il fut tué d'un coup d'arquebuse, & un autre après lui. Montluc ne perdit pas pour cela courage; il crie à Volumat que ceux qui devoient le seconder avoient déja gagné le haut de la tour. Volumat piqué d'émulation s'avance fiérement jusqu'aux casemates, & se met en devoir de se jetter dedans avec sa troupe; mais il n'eut point de combat à livrer; les ennemis intimidés abandonnent ce poste, & se retirent le long de la courtine. Montluc le fils, Cossens, la Mole, Castel, Sagrat, & les Aussillons suivis de quelques arquebusiers, vont se joindre à Volumat pour le soutenir pendant que les assiégés honteux de leur lâcheté retournent sur leurs pas; mais ils font de vains efforts pour reprendre le poste qu'ils ont abandonnés, leur chef est tué, & une partie de ses gens est taillée en pieces. D'Anglure, Vallenville & le Duc de Lunebourg accourent avec quelques troupes d'élite; enfin les assiégeans demeurent maîtres de la tour & des casemates que le Duc de Guise fit abbattre. Il ordonna avant que de se retirer qu'on travaillât à trois mines, mais les ennemis ne voulurent pas en voir l'effet, ils battirent la chamade dès le lendemain vingt-deuxiéme de Juin, & capitulerent aux conditions suivantes : Que la place seroit remise entre les mains du Duc de Guise, dans l'état où elle étoit, avec l'artillerie; que les armes & les enseignes appartiendroient aux vainqueurs; que la cavalerie sortiroit à cheval, & les hommes de pied avec leurs dagues & leurs épées seulement; que les Ecclésiastiques & le reste des habitans pourroient emporter leur or, leur argent & leurs autres effets; & qu'enfin on leur prêteroit des chariots & des batteaux avec tout ce qui leur seroit nécessaire pour les conduire en lieu de sûreté. Quatre mille habitans & quinze cent hommes de la garnison sortirent de la place le même jour, & l'on y mit huit enseignes de gens de pied sous les ordres de Vielleville; nous ne perdîmes que quatre cent hommes durant ce siége, mais nous eumes un plus grand nombre de blessés.

<small>Surprise d'Arlon.
Montluc, liv. 1. p. 480.
Belcar, liv. 8. p. 412.
Rabutin liv. 11. p. 245</small>

Après la prise de Thionville Montluc surprit Arlon défendu par une garnison de cent cinquante Allemands & de quatre cent Flamands ; le feu ayant pris malheureusement aux poudres, & s'étant communiqué aux maisons, la plus grande partie de la Ville fut réduite en cendres.

Sur ces entrefaites, de Thermes, Gouverneur de Calais, & qui avoit été honoré du bâton de Maréchal de de France depuis la mort de Monsieur de Strozzi, se rendit maître de Dunkerque & de Bergues Saint-Vinox qui furent abandonnées au pillage ; mais il eut le malheur de se laisser battre à Gravelines par le Comte d'Egmont qui accourut de la Flandre pour arrêter les progrés des François, & vint se poster entre Dunkerque

& Calais avec une armée composée de quinze à seize mille hommes de pied & de trois mille chevaux.

De Thermes n'eut pas plutôt été informé de la marche du Général ennemi qu'il rassembla ses troupes dispersées de tous côtés, & qui avoient porté le ravage jusqu'aux portes de Nieuport; trop foible pour tenter les hasards d'une bataille, il se détermina à se retirer à Calais, & profita du reflux pour faire passer la riviere d'Aa à sa petite armée; mais il fut prévenu par le Comte d'Egmont qui fit traverser la même riviere à ses troupes. Le combat étant inévitable, le Maréchal de Thermes se couvrit de telle sorte qu'il ne pouvoit être pris ni en flanc, ni par derriere. Il avoit à dos la riviere & les marais, la mer à sa droite, & à sa gauche les chariots & le bagage; son artillerie composée de quatre couleuvrines & de trois fauconneaux, fut placée devant le corps de bataille : & c'étoit le seul avantage qu'il eût sur le Général ennemi, qui dans la crainte que les François ne lui échappassent, n'avoit pas jugé à propos d'attendre qu'on lui

1558.

Bataille de Gravelines perdue par les François.
Annales de France, liv. 6. p. 1599.
Belcar, liv. 28. p. 913.
La Popel. liv. 5. p. 127.

amenât du canon de Gravelines. A la tête de deux escadrons de Reîtres & de Flamands, il fit la premiere charge en personne avec une merveilleuse impétuosité; mais l'infanterie Gasconne qu'il avoit en tête, fit des prodiges de valeur à la faveur de notre artillerie, qui foudroya les premiers rangs des ennemis, & tua même le cheval du Comte. L'infanterie Françoise soutint la seconde attaque avec la même bravoure quoiqu'abandonnée des Allemands, qui ne voulurent pas combattre. Déja le combat avoit duré plus de quatre heures, sans que la victoire parût pancher plus d'un côté que de l'autre, lorsque douze Ramberges Angloises parurent tout à coup sur la côte, & firent un feu terrible sur l'aîle droite de nos troupes. La cavalerie qui jusqu'alors n'avoit agi que foiblement, parce qu'elle se trouvoit trop resserrée, prit la fuite la premiere, & abandonna l'infanterie, qui maltraitée par l'artillerie des vaisseaux Anglois, se vit en même tems exposée au feu de la mousquetterie ennemie. Enveloppée de toutes parts, elle ne laissa pas que de tenir ferme pendant quelque tems; mais enfin accablée par le nombre, elle fut entiérement défaite. Quinze cent François demeurerent sur le champ de bataille, & un plus grand nombre fut inhumainement massacré par les paysans qui se vengerent ainsi des cruautés inouies que nos soldats avoient exercées dans les Bourgs & Villages des environs. Plusieurs périrent dans les eaux, & les principaux Officiers de l'armée tomberent entre les mains du vainqueur. De ce nombre furent Villebon, Annebaut, le Comte de Chaulnes, Morvilliers & le Maréchal lui-même dangereusement blessé à la tête. Les Anglois eurent pour récompense de leurs services deux cent prisonniers dont le Comte d'Egmont leur fit présent, & qui furent conduits comme en triomphe en Angleterre.

1558.

Le dernier jour du même mois, une flotte Angloise composée de cent vingt navires, sous les ordres de Milord Clinton, parut devant le Conquest fameux Port de Bretagne. Cent cinquante Paysans mal armés firent de

Descente des Anglois en Bretagne.
Rabutin, liv. 11. p. 256.
La Pop. l. liv. 5. p. 128.
Tavannes p. 207.

1558.

Belleforet, liv. 6. p. 1529.

vains efforts pour s'opposer à la defcente; les ennemis au nombre de sept mille hommes, se répandirent dans le plat-pays après avoir pillé la Ville du Conquest, & y avoir commis les plus affreux désordres; mais leur brutalité leur coûta cher. Sept mille hommes des milices du pays commandés par un gentilhomme Breton, appellé Kersimont, s'étant assemblés, fondirent sur les Anglois occupés au pillage, en taillerent six cent en piéces, firent cent prisonniers, & obligerent le reste à regagner promptement leurs vaisseaux. On apprit d'un des prisonniers, que trente navires Flamans s'étoient joints dans l'Isle de Wight à la flotte Angloise, & que les Officiers des deux flottes avoient ordre sous peine de la vie, de se rendre maîtres du port de Brest. Sur cet avis les milices de Saint Pol-de-Leon, & de Cournailles au nombre de trente mille hommes prirent les armes, & le Duc d'Estampes, Gouverneur de Bretagne se mit en campagne à la tête de quinze mille hommes de pied, & de millle chevaux de l'arriere-ban. Brest, Saint

Malo, & les autres places maritimes, furent pourvûes de nombreuses garnisons; cependant la flotte ennemie qui venoit d'être renforcée de trente vaisseaux, quitta l'Isle de Bast où elle s'étoit retirée, & s'approcha de Brest, mais elle ne fit que se montrer, & ne fut pas même tentée de hazarder une seconde descente.

L'armée de terre commandée par le Roi Philippe en personne, & forte de trente cinq mille hommes de pied, & de quatorze mille chevaux, demeura de son côté campée pendant près de trois mois sur la riviere d'Authie sans oser rien entreprendre. Celle de France quoique plus nombreuse ne fit pas plus de mouvement, & comme si elle eût craint d'être attaquée, elle se retrancha dans son camp le long de la Somme avec des précautions infinies. On comptoit dans cette armée, outre les troupes nationales, huit mille Reitres, vingt-six mille fantassins Allemands & six milles Suisses (a). Montluc nous ap-

1558.

Etat des armées aux Pays-Bas.
Belcar, liv. 28. p. 913.
Belleforet, liv. 6. p. 1599.
Rabutin, liv. 11. p. 252.
Montluc, liv. 4. p. 427.

(a) Parmi ces six mille Suisses étoient les Régimens de Froelich, de Tschudi & de Schawestein qui s'étoient fort distingués au

prend que l'armée rangée en bataille, occupoit une lieue & demie de terrein, & qu'il falloit trois heures de tems pour en faire le circuit. Les négociations entamées pour la paix furent la principale cause de l'inaction des deux armées.

Affaires d'Italie.
Le Duc de Ferrare quitte l'alliance de la France.
Ribier, Tom. 2. p. 722.
De Thou, liv. 20. p. 220.

Celles d'Italie ne formerent aucune entreprise considerable. Les François qui étoient en garnison à Montalcino, essayerent de surprendre Orbitello ; mais les échelles qu'ils avoient préparées pour l'escalade s'étant trouvées trop courtes ils renoncerent à l'espérance de s'emparer de cette place. Les expéditions du Duc de Ferrare, allié de la France, se bornerent au ravage du Parmesan, & à la conquête de quelques places peu fortes qu'il enleva à Octave Farnese ; mais il ne les garda pas long-tems. Vivement sollicité par Côme de Medicis qui ne cessoit de le presser de quitter notre alliance, il se laissa gagner par ce Prince, & fit sa paix particuliere avec l'Espagne. Les conditions du traité furent, qu'il renon-

siége de Calais. *Hist. des Suisses*, Tome IV. pag. 268.

ceroit à la ligue qu'il avoit faite avec le Pape & le Roi de France contre Philippe ; qu'il ne fourniroit au Roi ni artillerie ni aucune autre munition de guerre ; & que les places prises de part & d'autre seroient fidellement restituées. Immédiatement après la conclusion de ce traité, Alphonse fils du Duc de Ferrare fut marié à Lucrece fille de Côme. Peu de tems auparavant, Ferdinand d'Est frere du Duc, avoit quitté le service d'Espagne, pour s'attacher à celui du Roi, qui l'honora du collier de son Ordre, & l'envoya en Toscane avec la qualité de Généralissime des armées de France.

1558.

Depuis plus d'un an, l'Espagne disputoit à cette Couronne un droit dont elle étoit en possession de tems immémorial ; je veux parler de la préséance de l'Ambassadeur de France sur celui d'Espagne. Cette querelle s'étoit élevée à Venise, & voici à qu'elle occasion.

Préséance assurée à l'Ambassadeur de France sur celui d'Espagne. *Ribier, Tom. 2. p. 730. & suiv.*

Charles V. après avoir abdiqué l'Empire & s'être retiré en Espagne, renvoya Vargas à Venise, pour y continuer de sa part & de celle de son fils les fonctions d'Ambassadeur. Dominique du Gabre Evêque de Lodeve, Ambassadeur de France, ardent à défendre les droits du Roi son maître, ne crût pas devoir souffrir que Vargas se prévalût d'un titre dont il n'étoit plus revêtu. Il représenta au Senat que cet Ambassadeur ne pouvoit être considéré que comme Ministre du Roi d'Espagne, & non comme Ambassadeur de Charles V. qui s'étoit solemnellement demis de l'Empire, & qui avoit renoncé à tous ses Etats en faveur du Roi son fils; & qu'ainsi sa qualité d'Ambassadeur du Roi de France, lui donnoit la préséance sur Vargas. Le Senat interressé à menager également les deux Puissances, ne voulut point décider cette importante question, & obtint que les deux Ambassadeurs ne paroîtroient point à la procession qui devoit se faire le jour de l'Ascension. Cette affaire demeura indecise jusqu'à l'année suivante, que François de Noailles, Evêque d'Acqs succeda à l'Evêque de Lodeve. Le nouvel Ambassadeur plein de fermeté, & de courage résolut à quelque prix que ce fût, de se mettre en possession de l'ancien droit de la Couronne de France, & sa cause paroissoit d'autant plus juste, que l'envoi d'un Ambassadeur de l'Empereur Ferdinand à Venise, sembloit avoir levé toutes les difficultés. Le Senat cependant eut recours au même expédient dont on s'étoit servi l'année précédente. Mais le Roi de France ayant donné ordre à son Ambassadeur de retirer (a) si on ne lui faisoit rai-

1558.

(a) » Très-chers & grands amis confédé-
» rés & alliés, *écrivoit le Roi au Sénat de*
» *Venise*, nous écrivons présentement à no-
» amé & féal Conseiller, Ambassadeur devers
» vous touchant la préséance de notredit
» Ambassadeur & celui du Roi d'Espagne. Que
» vous voulez mettre en dispute avec trop peu
» de respect des lieu & rang que nous tenons
» entre tous les Princes chrétiens après l'Em-
» pereur, combien que ce soit chose vulgaire
» & commune, & qui ne peut être ignorée
» par toute la Chrétienté, au moyen de quoi
» pour ne souffrir tel tort & préjudice être
» fait en mon droit, prééminence & digni-
» té ; nous commandons bien expressément
» audit Evêque d'Acqs notre Ambassadeur,
» qu'au cas que vous n'y vouluissiez donner
» ordre & provision, pour la conservation
» de nosdits droit & prééminences, selon
» que la raison & notre possession immémo-

son, le Sénat après bien des délais jugea enfin; que suivant l'ancienne coutume, l'Ambassadeur de France précéderoit celui d'Espagne dans les cérémonies publiques, ce qui fut exécuté le jour de la Visitation (a). Je reviens aux expéditions des armes de France en Italie.

» riale le requièrent, il ait à prendre congé » de vous, & se retirer pardevers nous » 11 Juin 1558.

(a) Sire, ... par bonne heure est la fête de la Visitation Notre-Dame qui étoit hier, à laquelle pour ce que le Duc a accoutumé ce jour d'aller en l'Eglise de Saint Marc, accompagné des Ambassadeurs, il m'envoya convier pour y assister, comme j'ai fait avec grand ébahissement de tout le peuple, qui y étoit accouru de toutes parts, pour voir comme par merveille votre Ambassadeur en cette cérémonie, qui est Sire, tout ce que votre Majesté pouvoit désirer de ce côté; vous assurant que tout le monde s'étonne fort que ces Seigneurs ayant conclu & résolu en plein pragay de ne procéder à la détermination de cette dispute, ils ayent néanmoins révoqué leur premier decret pour en faire un autre tout contraire à celui-là.... Sire, votre Majesté par ce moyen peut faire état d'avoir eu cette victoire sur son ennemi avec plus grand honneur & gloire, que s'il ne fût intervenu quelque dispute. *De Noailles, Evêque d'Acqs.*

DE HENRI II.

Les Ambaſſadeurs de Sa Majeſté à la Porte avoient obtenu du Grand Seigneur une flotte de cent vingt voiles (a), qui conjointement avec celle de France devoit aſſiéger Nice & Villefranche. La flotte Ottomane après avoir pillé Reggio, fit une deſcente auprès de Salerne & enleva plus de quatre mille perſonnes ; elle s'approcha enſuite de l'Iſle d'Elbe ; mais Côme de Medicis avoit eu ſoin de mettre les principales places de cette Iſle en un ſi bon état de défen-

1558.
Expedition de la flotte Ottomane. Ribier, Tom. 2. p. 730. De Thou, liv. 20. p. 218.

(a) Mon Couſin.... Depuis trois jours eſt arrivé devers moi un Gentilhomme dépêché exprès par le Grand Seigneur, & mon Ambaſſadeur eſtant près de lui, pour m'aſſurer que dans la fête Saint George prochain, il fait ſortir ſon armée de mer, la plus groſſe qui fût il y a plus de cinq cens ans ès mers de Levant & d'Italie, laquelle ſera fournie & équipée au double de gens de guerre, & de toutes proviſions néceſſaires pour s'employer en tous les lieux & endroits que je voudrois commander & ordonner : ayant le Général de ladite armée exprès commandement, de m'obéir, & conſéquemment à mes Miniſtres, comme à la propre perſonne du Grand Seigneur. *Extrait d'une Lettre du Roi au Maréchal de Briſſac. A Paris 12 Fevrier 1558.*

se, que les Turcs n'oserent les attaquer. Après une nuit de séjour dans Porto Longone, ils cinglerent vers l'Isle de Corse, dans l'espérance d'y trouver la flotte de France ; mais elle en étoit partie peu de tems auparavant, & avoit regagné les côtes de Provence. Le Beglier Bey Général de l'armée des Infidéles, gagné par les présens que lui firent les Genois, épargna les terres de la République, & fit prendre à sa flotte la même route que celle de France. On esperoit que l'armée de terre, commandée par le Maréchal de Brissac, seconderoit les efforts des deux flottes ; mais nous n'avions pas trop de toutes nos troupes pour les opposer à celles que le Roi Philippe avoit assemblées dans les Pays-Bas. Les deux flottes cependant auroient suffi pour faire avec succès le siége de Nice ; mais quoiqu'on ne fût encore qu'au commencement du mois d'Août, les Turcs contens du riche butin qu'ils avoient fait, s'éloignerent des côtes de Provence, & reprirent la route de Constantinople, malgré tous les efforts que firent les François pour les retenir (a).

Vers le même tems Codignac, Ambassadeur de Sa Majesté à la Porte, s'étant laissé séduire par le Cardinal de Trente, abandonna le service de son premier maître, & par une infâme désertion, de Ministre du Roi de France, il devint Ministre du Roi Catholique auprès du Grand Seigneur (a).

Trahison de Codignac. Ribier. Tom. 2. p. 772.

(a) Monsieur de la Vigne, vous avez vû par ma derniere dépêche comme je me doutois de ce qui est advenu de l'armée Turquesque laquelle s'en est retournée sans vouloir rien faire, ni entreprendre pour mon service ni le bien de mes affaires : après que le Beglier-Bey, Général où vous aviez si grande espérance, & les Chefs particuliers d'icelle ont pillé, ravi & emmené par-tout où ils ont passés, tout ce qu'ils ont pû trouver, & se sont moqués des grands & somptueux présens qu'ils ont reçu en or, argent & autres choses des Genois, qui les ont festoyés, passant à leur retour par la route de Gênes, où ils ont communiqué & conversé quelque espace de tems avec les principaux Ministres du Roi d'Espagne notre ennemi commun. *Signé Henri.* 24 *Août.*

(a) Codignac a dépêché un homme de Rome en Levant pour y aller sonder le Gai, & essayer les moyens & intelligences qu'il y avoit pratiqués pour l'établissement du Roi

1558.

Brissac vient à la Cour pour se justifier.
Memoire de Villars, liv. 9. p. 835.
De Thou, liv. 20. p. 219.
La Popel. liv. 5. p. 129.
Belcar. liv. 28. p. 914.

J'ai dit que l'on avoit projetté de faire le siége de Nice, & que cette place devoit être attaquée par terre & par mer; mais les fonds manquerent pour l'exécution de cette entreprise. Le Maréchal de Brissac destiné à commander l'armée de terre étoit venu à la Cour pour se justifier des accusations de peculat & de concussion intentées contre lui par le Vidames de Chartres, le mortel ennemi du Maréchal. Ce grand homme dont la gloire faisoit ombrage au Cardinal de Lorraine, & au Duc de Guise, n'eut pas à beaucoup près sujet de se louer de l'accueil que lui firent ces deux Princes qui auroient fort souhaité de faire tomber le gouvernement du Piémont entre les mains du Duc d'Aumale leur frere. Brissac sûr de son innocence, & autant éloigné par inclination que par vertu des

Philippe...... Ce Codignac a pouvoir du Grand-Seigneur pour aller négocier à la Porte au nom du Roi Philippe toutes & quantes fois que bon lui semblera, dont je pense qu'il pourra aller pour ce respect en Levant. *De Venise 3 Mars 1559. De Noailles, Evêque d'Acqs. Lettre au Roi. Ribier. Tome II pag. 484.*

crimes dont on l'accufoit, voulut avoir toute la Cour pour témoin de fa juftification. Il fupplia le Roi d'ordonner que fes accufateurs comparuffent, qu'on lui fît fon procès, & qu'il fût puni felon toute la rigueur des loix s'il étoit coupable; mais il conjura en même tems Sa Majefté qu'on lui rendît juftice contre fes calomniateurs, s'il étoit innocent. Le Roi ne répondit au Maréchal que par les louanges les plus flatteufes; il lui dit en préfence de tous les Seigneurs de fa Cour, qu'il n'oublieroit jamais les importans fervices qu'il avoit rendus à l'Etat, il loua fon zéle fa prudence & fa valeur, & il lui promit que dès que la paix feroit rétablie, il recevroit la récompenfe dûe à fes belles actions; Henri ne s'en tint pas là. Il blâma l'animofité du Vidame, & le menaça de fa difgrace, fi dans la fuite il lui arrivoit de manquer aux égards qu'il devoit au Maréchal.

Briffac n'auroit rien eu à défirer fi on lui eût accordé le fecours dont il avoit befoin pour fe fignaler par de nouvelles conquêtes; mais on continua de l'amuser par de belles espérances; on lui promit qu'il trouveroit de l'argent à la banque de Lyon, pour le renfort & la subsistance de son armée; & après avoir passé trois mois dans cette Ville, il fut obligé d'en partir presque aussi peu riche qu'il y étoit arrivé. De retour en Piémont, tout ce qu'il put faire fut de s'y tenir sur la défensive, encore ne put-il empêcher que les ennemis ne prissent plusieurs places.

Prise de plusieurs places par les ennemis.
Villars, liv. 9. p. 862.
Belcar, liv. 28. p. 914.
La Popel. liv. 5. p. 131.
Guichenon, p. 675.

Leur armée étoit composée de vingt-deux mille hommes de pied, & de trois mille chevaux sous les ordres du Duc de Sesse qui avoit succédé à Jean de Figueroa dans le gouvernemnt du Milanès. Cental fut la premiere place dont s'empara le Général ennemi; mais il ne s'en rendit maître qu'après que Artus Cossé de Gonnor, frere du Maréchal eut défait auprès de Cerisoles un détachement de quatre cent chevaux & de trois mille hommes de pied, qui étoient partis d'Ast pour aller renforcer le camp des Espagnols.

La prise de Cental procura aux ennemis la facilité de ravitailler Fossan & Coni que Brissac tenoit bloquées depuis long-tems. Le Duc de Sesse après avoir fait raser sa nouvelle conquête, fit assiéger successivement Sommerive, Roquemont, Roqueparviere & Carail qui opposerent peu de résistance. Mais il n'en fut pas de même de Montcalve ; cette place défendue par une garnison de huit enseignes de fantassins François, de deux compagnies Italiennes, & d'autant d'Allemandes sous les ordres de Pecquigni, essuya pendant huit jours le feu continuel d'une batterie de vingt-cinq pieces de canon. Le deuxiéme d'Octobre une troupe de soldats Espagnols qui étoient à la tranchée s'étant apperçus que le poste que défendoit Pecquigni étoit mal gardé, monterent à l'assaut & mirent en fuite le peu d'assiégés qui gardoient ce poste. Soutenus par d'autres troupes qui accoururent en foule, ils emportent la place l'épée à la main, & avec tant de bonheur qu'ils ne perdirent pas plus de vingt-cinq hommes. Cette attaque fut si prompte que le Capitaine de l'Isle & le Baron des Adrets qui défendoient un autre poste, se trouverent enveloppés & furent faits prisonniers dans le tems même qu'ils se croyoient le plus en sûreté. Pecquigni qui s'étoit retiré dans la citadelle avec la plus grande partie de la garnison, auroit pû s'y défendre long-tems, si la place eût été abondamment pourvûe de munitions de guerre & de bouche ; mais faute de vivres, il fut obligé de capituler.

Le huitiéme d'Octobre, l'armée ennemie parut devant Casal où commandoit la Mothe Gondrin. Il y avoit dans la place dix enseignes d'infanterie Françoise, & cinq compagnies de gens du pays sous les ordres d'autant de Gentilshommes Piémontois. Dès le premier jour du siége, les Capitaines Bellegarde, la Curée, Gazette, & Tilladet firent une sortie à la tête de trois cent hommes de pied & de quelque cavalerie, renverserent une partie de tentes des ennemis, porterent par-tout le désordre & le carnage, & firent un grand nombre de prisonniers. Cette vigoureuse résistance des assiégés fit comprendre au Duc de Sesse qu'il ne lui seroit pas aussi facile qu'il se l'étoit follement imaginé de se rendre maître d'une place défendue par de si braves gens, & ce qui augmenta la difficulté de son entreprise, fut que son camp se trouva bientôt inondé par les pluyes qui tomboient en abondance. Obligé de lever le siége, il marcha à Pomar dont il se rendit maître, aussi bien que du château de Saint-Martin qu'il fit fortifier.

Les pertes que nous fîmes en Piémont ne dûrent pas être attribuées à la seule jalousie des Guises contre le Maréchal de Brissac. On en doit aussi rejetter la faute sur le Connétable, qui pour sortir de prison, avoit fait espérer au Duc de Savoye la restitution de ses Etats; & ce fut en partie pour cette raison que Brissac fut laissé sans secours, parce que moins il nous resteroit de Places en Piémont, moins il en devoit coûter au Roi de les restituer. La Duchesse de Valentinois, d'un autre côté, entra avec empressement dans les vûes du Connétable dont elle vouloit se faire un appui contre les Guises, qui, fiers de leur crédit, commençoient à ne plus avoir pour cette Dame les mêmes.

égards; elle sçavoit même que le Cardinal de Lorraine avoit poussé l'audace jusqu'à s'échapper en des discours très-offensans qui avoient été fidélement rapportés à la Duchesse, & c'est ce qui lui fit prendre le parti de s'unir plus étroitement que jamais au Connétable; dans cette vûe, elle lui proposa pour son fils Damville le mariage de Henriette de Bouillon sa petite-fille. Elle fit plus, jugeant que la continuation de la guerre ne serviroit qu'à accroître le crédit des Princes Lorrains, elle se servit de tout l'ascendant qu'elle avoit sur l'esprit du Roi pour le porter à la paix, & elle obtint que le Connétable seroit chargé d'en faire les premieres ouvertures. Les conférences se tinrent vers la mi-Octobre dans l'Abbaye de Cercamp au Comté de Saint-Pôl.

Mort de l'Empereur Charles V. Belcar. liv. 28. p. 916. La Popel. liv. 5. p. 128. Ribier, Tom. 2. page 792.

Environ un mois auparavant, sçavoir, le vingt-uniéme Septembre, l'Empereur Charles V. accablé d'infirmités avoit terminé par une mort sainte (*a*) sa glorieuse carriere. Au

(*a*) Strada dit que la nuit même de la mort de ce Prince un lis fleurit dans son petit jar-

mois de Février de la même année étoit morte à Valladolid la Reine Eleonor sa sœur, veuve d'Emmanuel Roi de Portugal, & qui avoit épousé en secondes nôces François I. Roi de France. Marie, Reine de Hongrie qui pendant vingt-cinq ans qu'elle étoit demeurée chargée de l'administration des affaires des Pays-Bas, avoit donné d'éclatantes preuves de ses rares talens pour le gouvernement, survécut peu à l'Empereur son frere, étant morte le dix-huitiéme Octobre de la même année. Rien n'égale la magnificence avec laquelle furent célébrées à Bruxelles, par ordre du Roi Philippe, les obseques du feu Empereur. On lui rendit les mêmes devoirs dans l'Eglise de saint

1558.

din, & qu'il fut exposé aux yeux de tout le monde sur le grand-Autel, comme une marque évidente de la candeur de l'ame de ce grand Empereur. Le même Auteur ajoute qu'au commencement de la maladie de Charles, il parut en Espagne une comette qui devint lumineuse & éclatante à proportion que le mal de ce Prince augmentoit, jusqu'à ce qu'elle tourna son horrible chevelure du côté du Monastère de Saint Just, & qu'elle disparut lorsque Charles V. expira.

Jacques de Rome, mais ce fut avec si peu de ménagement pour la France que l'Evêque d'Angoulême, Ambassadeur de Sa Majesté fut obligé d'en porter ses plaintes à Sa Sainteté (a).

Cependant les Plénipotentiaires nommés pour travailler à la paix, s'étoient assemblés à Cercamp le quinziéme Octobre. Les députés de la part du Roi, furent le Cardinal de

Conférences pour la paix tenues à Cercamp.
Gestes de Henri II. p. 39.
Guichenon, p. 675.
Rabutin, liv. 10. p. 261.
Tavannes, p. 212.
Belleforet, liv. 6. p. 1600.
Belcar. liv. 28. p. 914.

(a) Entre autres écritaux où cet Empereur étoit représenté conquérant des François, ce qui me scandalisa le plus, écrivoit l'Ambassadeur de France au Roi, ce fut un trophée mis en un lieu éminent & conspieux auquel il y avoit deux hommes liés les mains derriere, & attachés à un pillier, & au-dessous en grosses lettres.

Prælio Ticinenci Rex Gallorum simul cum Rege Navarræ captus, cæso, fusoque exercitu Gallo. Et ne faut pas que vous, Sire, pensiez, qu'en la figure par laquelle ils vouloient représenter le feu Roi votre pere, ils se fussent oubliés d'exprimer son visage le mieux qu'ils purent avec les traits & lineamens dont ils l'ont jugé plus remarquable à ceux qui l'avoient vû, ou ses pourtraitures, & afin que nul, pour ne sçavoir lire ne pût ignorer, qui étoient ces deux personnages là, les armes de France & de Navarre n'y étoient oubliées.

Lorraine, le Connétable de Montmorenci, le Maréchal de Saint-André, Jean de Morvilliers, Evêque d'Orléans, & Claude de l'Aubespine, Secrétaire d'Etat. Le Duc d'Albe, Guillaume de Nassau, Prince d'Orange, Granvelle, Evêque d'Arras, Ruy Gomés de Silva, & le Président Viglius furent destinés à soutenir les intérêts de l'Espagne. La Reine d'Angleterre nomma pour ses Plénipotentiaires Thirleby, Evêque d'Ely, Thomas Howard, premier Gentilhomme de la Chambre, & Nicolas Woton, Doyen d'Yorck. Le Duc de Savoye envoya aussi trois députés au congrés, qui furent, le Comte de Stroppia, Jean-François Caqueran, Président du Conseil d'Ast, & Pierre Maillard, Maître d'Hôtel de son Altesse. Christine, Douairiere de Lorraine, & le jeune Duc son fils, qui devoit épouser Claude de France, firent les fonctions de médiateurs.

La premiere chose dont on convint, fut que les deux armées ennemies campées en présence l'une de l'autre se sépareroient. Celle d'Espagne fut distribuée dans l'Artois, &

1558.

les troupes de France furent mises en quartier d'hyver dans les places fortes de la Picardie & de la Champagne, après qu'on eut licentié les Allemands & les Suisses qui composoient la plus grande partie de l'armée.

Les Plénipotentiaires d'Espagne commencerent par proposer l'entiere restitution des Etats du Duc de Savoye, mais ils ne s'en tinrent pas là; ils prétendoient que la France rendît aux Anglois tout ce que cette couronne leur avoit enlevé, & qu'elle rendît de même à Côme de Medicis & aux autres alliés du Roi Philippe tout ce qu'elle avoit pris sur eux. Les Plénipotentiaires de France répondirent que s'il étoit question de restitutions, l'on devoit commencer par celle de la Navarre dont l'usurpation étoit manifeste (*a*) & bien antérieure aux prétendues usurpations alléguées par les Ministres d'Es-

(*a*) Jules II. ayant jetté un interdit sur les Etats de tous les Princes qui par leurs Ambassadeurs avoient assisté au Concile de Pise, Ferdinand Roi d'Arragon attaqua la Navarre, & s'en rendit maître, & c'est sur ce beau titre de possession que l'Espagne est demeurée en possession de ce Royaume.

pagne; que les droits de Louise de Savoye, mere du feu Roi, sur la plus grande partie du Piémont étoient incontestables; & quant à Calais, que cette place étant une ancienne dépendance du Royaume, les François en la reprenant n'avoient fait que se remettre en possession d'un bien qui leur appartenoit légitimement. Les Ministres Anglois n'ayant pas voulu se relâcher sur cet article, & ceux d'Espagne n'ayant rien voulu rabattre de leurs prétentions, on se sépara sans avoir rien arrêté. L'on convint cependant d'une suspension d'armes, & comme l'on n'avoit pas perdu toute espérance de paix, il fut décidé que les conférences recommenceroient au mois de Janvier de l'année suivante.

1558.

Sur ces entrefaites arriva la mort de Marie Reine d'Angleterre. Il y avoit déja quelque tems que cette Princesse étoit attaquée d'une hydropisie, qu'elle prenoit pour une véritable grossesse, & dans cette persuasion elle eut recours à des remédes qui ne servirent qu'à augmenter son mal. Elle décéda le quinziéme de Novembre dans la quarante troisié-

Mort de Marie Reine d'Angleterre. Proclamation d'Elizabeth.
Belcar, liv. 28. p. 916.
Gestes de Henri II. p. 60.
Rabutin liv. 10. p. 264.
Annales de France, liv.

me année de son âge, après un regne d'un peu plus de cinq ans. Le Cardinal Pool son parent, Prélat recommandable par les plus éminentes vertus, ne lui survêcut que de seize heures. Marie Reine d'Ecosse & épouse de M. le Dauphin, se porta héritiere de la feue Reine, & commença dès-lors à joindre les armes d'Angleterre à celles de France & d'Ecosse, & il faut convenir que ses droits paroissoient très-bien fondés; ils étoient appuyés sur son titre de fille unique d'Edouard V. petit-fils d'Henri VII. Roi d'Angleterre, & sur l'illégitimité d'Elizabeth, déclarée bâtarde par un acte qui n'avoit jamais été revoqué. Cette Princesse fut cependant reconnue & proclamée Reine par le Parlement d'Angleterre, qui sans vouloir entrer dans la discussion des droits des deux concurentes, s'en tint au testament de Henri VIII. qui appelloit Elizabeth à la Couronne, au défaut d'Edouard & de Marie.

 Philippe second, qui par la mort de la Reine Marie son épouse, perdoit le titre de Roi d'Angleterre, songea sérieusement à la recouvrer; &

pour cet effet il donna ordre au Comte de Feria son Ambassadeur à Londres, d'employer tout ce qu'il avoit d'habileté pour engager la nouvelle Reine, à accepter la place de Marie sur le throne d'Espagne en épousant Sa Majesté Catholique. Elizabeth reçut cette proposition avec beaucoup de civilité, & parut très-sensible à l'honneur que lui faisoit le Roi d'Espagne; mais elle fit entendre à son Ambassadeur, qu'elle ne pensoit pas que sa conscience lui permît de se marier avec un Prince qui avoit été l'époux de sa sœur; qu'elle étoit intimement persuadée que de tels mariages étoient contraires à la loi de Dieu, & qu'il n'y avoit aucune puissance sur la terre qui pût légitiment en accorder la dispense. Henri d'un autre côté interressé à traverser cette nouvelle alliance, s'y opposa autant qu'il put. Son Ambassadeur à la Cour de Rome, eut ordre de représenter à Sa Sainteté que la naissance d'Elizabeth étant illégitime, elle ne pouvoit être reconnue pour Reine; que d'ailleurs l'on n'avoit que trop de preuves de l'attachement de cette Princesse aux nouvelles erreurs, & qu'il étoit par conséquent à craindre que son élévation sur le throne n'entraînât la ruine entiere de la religion en Angleterre. Paul IV. prevenu de la même pensée hâta par sa hauteur les malheurs qu'il appréhendoit. Il déclara au Chevalier Carne qui lui avoit annoncé l'avenement d'Elizabeth à la Couronne, que l'Angleterre étant un Fief du Saint Siége, il lui paroissoit fort étonnant qu'Elizabeth qui étoit bâtarde eût osé y prétendre, & que sans son aveu, elle eût pris possession de la Couronne; qu'une pareille audace étoit inexcusable; que si cependant elle renonçoit à ses prétensions, & qu'elle les soumît à la décision de la Chambre Apostolique, il la recevroit en grace, & l'obligeroit en tout ce qu'il pourroit, pourvû que la dignité de Vicaire de Jesus-Christ, dont il étoit honoré ne fût pas blessée.

Elizabeth vivement offensée de l'indigne procédé du Souverain Pontife, ne garda plus de ménagement. Les Edits qui avoient été publiés par la feue Reine en faveur de la religion furent abolis; & tous les actes faits sous Henri VIII., & sous Edouard contre l'autorité du Pape furent rétablis; les biens de toutes les maisons Religieuses, & les terres des Evêchés vacans furent adjugés à la Reine, & on lui défera en même tems le titre de Chef supreme de l'Eglise Anglicane.

Ces innovations n'empêcherent pas que Philippe ne fît de nouvelles tentatives, pour conserver à sa maison le Royaume d'Angleterre, qui venoit de lui échapper par la mort de sa femme. Il conseilla à l'Empereur Ferdinand son oncle, d'envoyer un Ambassadeur extraordinaire à Elizabeth, pour lui proposer l'alliance de l'Archiduc Ferdinand son second fils. Le Comte de Lodrone chargé de cette négociation, fut reçu avec des honneurs extraordinaires par la nouvelle Reine, mais il n'obtint rien de plus; Elizabeth lui déclara qu'elle se trouvoit liée par le serment qu'elle avoit fait à son sacre, de n'épouser aucun Prince étranger. Cette habile Princesse n'éluda pas avec moins d'addresse la requête que lui présenta le

1558.

Parlement, pour la supplier de se choisir un époux. Elle répondt que par la cérémonie de son sacre, elle s'étoit mariée à son peuple, & qu'elle regarderoit toujours ses sujets comme ses enfans; qu'au reste elle se sentoit peu d'inclination pour le mariage, & qu'il n'y auroit jamais que le seul besoin de l'Etat, qui pût la déterminer à prendre des engagemens contraires à son penchant.

Le Connétable est remis en liberté.
Belcar, liv. 28. p. 914.
La Popel. liv. 5. p. 129.

Pendant que ces choses se passoient en Angleterre, le Connétable sembloit n'être occupé que des moyens de lever les difficultés qui s'opposoient à la conclusion de la paix. Renvoyé sur sa parole, il avoit fait plusieurs voyages à la Cour, d'où il retournoit en Flandres pour s'abboucher avec les Ministres d'Espagne. Mais enfin ennuyé de tant d'allées & de venues inutiles, il déclara au Duc de Savoye à qui il avoit donné de fortes espérances de le rétablir dans ses Etats, qu'il ne travailleroit plus à la paix qu'il ne fût libre. Le Duc interressé à procurer l'élargissement du Connétable, se servit avec succès du crédit qu'il avoit auprès du Roi Philippe, pour l'engager à consentir que ce premier Officier de la Couronne pût se racheter. Sa rançon & celle de Coligni son neveu furent fixées à deux cent mille écus. Le Connétable de retour à la Cour, fut reçu du Roi avec de nouveaux témoignages de l'amitié la plus tendre; il obtint de Sa Majesté la grace de son neveu d'Andelot; & dès le lendemain Henri donna ses ordres pour la célébration des nôces de Henriette de la Marck, petite-fille de la Duchesse de Valentinois & de Damville fils du Connétable.

1558.

Vers la fin de Janvier de l'année suivante, les conférences pour la paix recommencerent à Cateau-Cambresis. Le renversement de la religion en Angleterre, & le refus qu'Elizabeth avoit fait d'épouser Philippe, changerent les dispositions de ce Prince; on commença dès-lors à s'appercevoir de son réfroidissement pour les intérêts de la nation Angloise, & c'est ce qui engagea Elizabeth à donner ordre à ses Députés au congrès de traiter séparement avec les Plénipotentiaires de France. Cette habile

1559.
Continuation des conférences pour la paix.
Rabutin, liv. II. p. 272.
Guichenon, p. 676.
Belleforet, liv. 6. p. 1602.
Belcar, liv. 28, p. 917.
La Popel. liv. 5. p. 132.

L l iiij

Princesse bien persuadée que la paix lui étoit nécessaire pour affermir sa puissance, & surmonter toutes les difficultés qui s'opposoient à l'exécution de ses grands projets, ne crut pas devoir insister plus long-tems sur la restitution de Calais. Mais comme la cession absolue de cette place auroit pû offenser les Anglois, Elizabeth imagina un tempérament qui pût sauver son honneur & celui de sa nation. Elle permit à ses Plénipotentiaires de traiter à ces conditions : Que le Roi de France demeureroit en possession de Calais, & des autres places de Picardie conquises sur les Anglois; mais qu'au bout de huit ans, il seroit obligé de les restituer, sous peine de payer cinquante mille écus à l'Angleterre; que pour sûreté de cette somme, il donneroit sept marchands étrangers qui ne seroient pas François, & cinq ôtages jusqu'à ce les que cautions eussent été nommées; & que *néanmoins soit que ladite somme fût payée, ou qu'elle ne le fût pas, le Roi de France, & ses successeurs demeureroient obligés à la restitution de Calais, & des autres places, comme ils s'y engageoient*

Act. publ. Tom. XV. p. 505.

par ce traité : qu'il ne seroit permis ni au Roi de France, ni au Roi & à la Reine d'Ecosse, ni à la Reine d'Angleterre, de rien attenter l'un contre l'autre, ni directement, ni indirectement : que si la Reine d'Angleterre violoit cet article, le Roi de France, & la Reine d'Ecosse seroient quittes de leurs engagemens, aussi bien que les ôtages & les cautions ; & que si la trangression venoit de la part du Roi France, il seroit tenu de rendre Calais & les autres places, de la même maniere que si les huit années étoient expirées ; & que s'il refusoit de faire cette restitution, les cautions & les ôtages demeuroient toujours obligés. Il fut de plus réglé, que les fortifications d'Aymouth, & toutes les autres faites depuis le traité de Boulogne, conclu en 1549. seroient démolies.

La paix avec l'Espagne souffrit plus de difficultés ; ou plutôt, les chicanes continuerent, quoique tous les articles du futur traité eussent été secrettement réglés entre le Roi d'Espagne & le Connétable.

Ce fut durant le cours de ces négociations que Claude de France, seconde fille du Roi, fut mariée à Charles de Lorraine. Les nôces furent célébrées par les plus superbes fêtes, qui durerent pendant huit jours.

Vers le même tems le sieur de Bourdillon, qui fut depuis Maréchal de France, & Charles de Marillac, Archevêque de Vienne, furent envoyés à la diette d'Ausbourg convoquée par l'Empereur Ferdinand. Tous les Princes chrétiens avoient été priés d'envoyer leurs Ambassadeurs à cette assemblée, où l'on devoit délibérer sur les mesures qu'il convenoit de prendre pour arrêter les progrès des Infideles, qui après s'être emparés de la plus grande partie de la Hongrie & de la Transilvanie, menaçoient l'Autriche d'une prochaine invasion. Si Ferdinand fut sensible à la politesse du Roi de France qui l'envoyoit complimenter sur son avénement à l'Empire; politesse qui le charma d'autant plus que le Pape avoit jusqu'alors refusé de le reconnoître pour Empereur, il ne laissa pas que de prendre ombrage de cette députation. Il s'imagina que les Ambassadeurs de

(marginalia:)
1559.
Claude de France avec Charles de Lorraine.
Le Roi envoye des Ambassadeurs à la diette d'Ausbourg.
Belcar, liv. 28. p. 919.
La Popel. liv. 5. p. 132.
Rabutin, liv. 11. p. 268.
Belleforet, liv. 6. p. 1603.
Ribier, Tom. 2. p. 783.

France avoient ordre de leur maître d'empêcher autant qu'ils pourroient que Maximilien, fils de Ferdinand ne fût élu Roi des Romains; & dans cet-te pensée il les pressa d'exposer sans délai les instructions dont ils étoient chargés; mais ils s'en excuserent sur ce qu'il leur étoit ordonné de ne s'expliquer que lorsque tous les Princes de l'Empire seroient assemblés à Ausbourg. L'Archevêque de Vienne chargé de porter la parole, fit un éloquent discours qui roula particulierement sur le zéle du Roi son maître pour la gloire & les intérêts du corps Germanique, & sur le désir ardent que ce Prince avoit de renouveller l'alliance qui depuis longtems subsistoit entre la France & l'Empire.

Ferdinand, secondé par le Comte d'Aremberg, Ambassadeur du Roi Philippe, représenta aux Princes assemblés qu'ils ne devoient pas laisser échapper l'occasion qui se présentoit, de profiter de l'épuisement du Roi de France pour le forcer de restituer les places qu'il avoit enlevées à l'Empire, c'est-à-dire, Metz, Toul &

Verdun. Mais la plûpart des Princes & des Electeurs furent d'un sentiment contraire; ils repréfenterent à l'Empereur que les fâcheufes conjonctures où l'on fe trouvoit, ne permettoient pas que l'on rompît avec la France; que l'Allemagne déchirée par des guerres de Religion, fe trouvoit d'un autre côté plus expofée que jamais aux excurfions des Infidéles, qui faifoient chaque jour de nouveaux progrès, pendant que les Moscovites portoient d'une autre part leurs armes victorieufes dans la Livonie: que d'ailleurs l'on ne devoit pas efpérer que le Duc des Deux-Ponts, & les autres Princes Allemands les plus voifins de la France puffent fe déterminer à contribuer aux frais d'une guerre qui expoferoit leurs Etats aux invafions des François, ou au pillage des troupes de l'Empire. Les Princes affectionnés à la France, ajouterent qu'il étoit étonnant que l'on fe récriât fi fort fur l'aliénation de Metz, Toul & Verdun, pendant que l'Empire avoit confenti que le feu Empereur fe mît en poffeffion de Cambrai & d'Utrecht Villes Impériales, & que Constance fût unie au domaine de l'Empereur régnant.

Le Roi informé par ses Ambassadeurs des favorables dispositions des Princes Allemands, fit l'accueil le plus gracieux au Cardinal d'Ausbourg & au Duc de Wirtemberg députés de la Diette à la Cour de France ; & par un traité qu'il fit avec eux, il fut convenu que Sa Majesté demeureroit en possession de ses nouvelles conquêtes, jusqu'à ce qu'elle eût été remboursée des frais qu'elle avoit faits pour la défense de la liberté Germanique.

Cet accord fut suivi de la conclusion du traité de paix avec l'Espagne, qui fut signé le troisiéme d'Avril. Paix honteuse, qui sera pour la France le sujet d'un opprobre éternel ! Mais ne lui est-il arrivé que dans cette occasion de sacrifier ses plus brillantes conquêtes, & qu'il lui importoit le plus de conserver ? Les secrettes intrigues de la Duchesse de Valentinois, son ressentiment contre la Maison de Guise qui n'avoit plus pour cette Dame les mêmes déférences, &, plus que tout cela, la jalousie du Con-

Paix de Cateau-Cambresis.
Belcar, liv. 28. p. 919.
La Popel. liv. 5. p. 132.
Tavanes, p. 214.
Annales de France, liv. 6. p. 1602.

nétable contre les Princes Lorrains qui avoient profité de son absence pour s'emparer de toute l'autorité; telles furent les funestes causes de cette malheureuse paix, qui ôta à la France jusqu'à près de deux cent places qu'elle fut obligée de rendre.

Les principales conditions de ce fameux traité furent: Que les deux Rois travailleroient conjointement à rendre la paix à l'Eglise en procurant l'assemblée d'un Concile général; qu'il y auroit une amnistie pour ceux qui auroient suivi le parti de l'un ou de l'autre Roi, à l'exception cependant des bannis de Naples, de Sicile & du Milanès qui ne seroient point compris dans ce pardon général; que Thionville, Mariembourg, Damvilliers, Ivoy, Mommedi, Hedin, le Comté de Charolois, & Valence dans Lomeline avec tous les châteaux qui en dépendent, seroient restitués au Roi Philippe; qu'Ivoy seroit démantelée en compensation de Terouanne qui avoit été entiérement ruinée; que l'on rendroit à la France les Villes de Saint-Quentin, du Câtelet & de Ham; que Philippe épouseroit Isabelle de France, fille aînée du Roi, qui assureroit à cette Princesse une dot de quatre cent mille écus d'or; & que le Duc de Savoye épouseroit Marguerite, sœur de Henri, avec une dot de trois cent mille écus, & l'usufruit du Duché de Berry; que l'on restitueroit à ce Prince toutes les places qui lui avoient été prises, tant en-deçà qu'au-delà des Alpes, à l'exception de Turin, de Pignerol, de Quiers, de Chivas & de Villeneuve d'Ast, dont la France demeureroit en possession jusqu'à la décision du procès intenté par Louise de Savoye, ayeule de Sa Majesté; & qu'il seroit de même permis au Roi d'Espagne d'entretenir à ses dépens des garnisons dans les Villes d'Ast & de Verceil, jusqu'à l'entiere évacuation de ces cinq places; que le Roi se dessaisiroit de tout ce qu'il avoit pris dans la Toscane & dans l'Isle de Corse; que la forteresse de Bouillon (a) seroit restituée à l'Evêque de

---

(a) Sire, j'ai reçu la lettre qu'il vous a plû m'écrire, par laquelle votre Majesté m'a commandé aussi à M. de James, & à mon fils de Bouillon de remettre entre vos mains

Liége, sans préjudicier néanmoins aux droits de la Maison de la Marck; que Marie de Bourbon jouiroit du Comté de Sain-Pol, sauf le droit des parties; que l'Infante de Portugal seroit mise en possession des biens qui le Duché & Château de Bouillon, pour vous en aider & servir dans le bien de la paix, qui importe tant à votre service, & universellement à toute la Chrétienté; surquoi, Sire, je vous supplie très-humblement de vouloir croire, que si mes Prédécesseurs, & ceux de mes enfans, n'ont jamais épargné leurs propres vies, & leurs biens pour le service des feux Rois de bonne memoire vos Prédécesseurs, & le vôtre de fraiche mémoire, feu M. de Bouillon mon mari; ayant mondit fils, & mondit sieur de James & moi, tant de devoir & obligation à votre Majesté que nous avons, ne voulons faillir, Sire, de vous offrir non-seulement ledit Bouillon, mais encore tout le demeurant de nos vies, qui ne sont dédiées que pour votre service, pour en disposer ainsi qu'il plaira à Votre Majesté. A cette cause, Sire, vous commanderez, s'il vous plaît ès mains de qui votre intention est que je fasse mettre ladite place, en quoi je ne ferai faute, ni de tout ce que jamais me commanderez, avec l'aide du Créateur, que je supplie, Sire, vous donner très-bonne & longue vie. De Chasteau-Thierry 29 Mars. Vostre très-humble & très-obéissante sujette & servante, *De Bresse*..

lui

lui appartenoient du côté de la Reine Eleonor sa mere, veuve de François I; enfin que les deux Rois rendroient au Duc de Mantoue ce qu'ils avoient pris sur lui dans le Montferrat, mais qu'ils pourroient démolir les citadelles qu'ils y avoient bâties.

Cet infâme traité excita contre le Connétable l'indignation de tous les bons François. Peu de jours avant que le Roi le signât, Sa Majesté dit au Duc de Guise avec qui elle s'entretenoit familiérement, *que grace à Dieu il lui restoit encore de quoi se faire craindre à ses ennemis.* Sur quoi le Duc reprit brusquement : *Je vous jure, Sire, que c'est mal en prendre le chemin, car quand vous ne feriez que perdre durant trente ans Sire, sçauriez vous perdre ce que vous voulez donner à ce seul coup. Mettez-moi dans la pire place de celles que vous voulez rendre, je la conserverai plus glorieusement sur la bréche, que je ne ferois jamais durant une paix si désavantageuse qu'est celle que vous voulez faire. Vous avez, Sire, d'autres serviteurs qui en feront autant que moi, & deçà & delà monts.*

Réponse hardie du Duc de Guise au Roi.
Mémoire de Villars, liv. 10. p. 19.

Tom. II.   M m

1559.

Zéle admirable du Maréchal de Brissac.

Villars, liv. 10. p. 25. & p. 18.

Je ne rapporterai pas ici toutes les sages remontrances que le Maréchal de Brissac fit faire à Sa Majesté au sujet de cette paix, & avant & après qu'elle fut conclue. *O misérable France*, s'écria-t'il, lorsqu'il apprit la nouvelle de cet indigne traité; *à quelle perte, & à quelle ruine t'es tu laissée ainsi réduire, toi qui triomphois par sus toutes les Nations de l'Europe!* Le zéle de ce grand homme, l'un des plus fameux Capitaines que la France ait jamais porté, alla si loin qu'il fit proposer à Sa Majesté de le bannir, & de le déclarer rebelle avec tous ceux qui servoient sous ses ordres en Piémont, & dans cet état il offroit de se défendre contre toutes les forces de l'Espagne ; il représentoit, ou qu'il périroit en combattant, ou qu'il ajouteroit à la conquête du Piémont celle de l'Etat de Gênes & du Milanès ; qu'au reste, s'il échouoit dans son entreprise, Sa Majesté ne perdroit que ce qu'elle étoit résolue de perdre volontairement; mais ces propositions du Maréchal furent à peine écoutées. L'ordre qu'il reçut de faire travailler en toute diligence à la démolition d'un grand nombre de places qui devoient être restituées, lui fournirent l'occasion de faire de nouvelles remontrances, & elles furent aussi infructueuses que toutes les autres de même nature qu'il avoit déja faites.

Les affaires de la Religion furent le principal objet de l'attention des deux Rois, dès que la paix eut été rétablie. Philippe pour arrêter les progrès que l'erreur faisoit dans les Pays-Bas, députa à Rome le Docteur Sonnius, l'un des plus habiles Théologiens de l'Université de Louvain pour demander à Sa Sainteté qu'il lui plût de partager les dix-sept Provinces de Flandres en trois Archevêchés, & treize Evêchés. Il n'y avoit alors que quatre Evêchés dans ces Provinces, sçavoir, Arras, Cambray, Tournay & Utrecht dont les trois premiers relevoient de l'Archevêché de Reims, & le quatriéme de celui de Colologne. Paul IV. qui ne doutoit pas que ce qu'on lui demandoit ne lui servît de dégré pour introduire l'Inquisition dans les Pays-Bas, entra avec empressement dans les vûes de

1559.

Erection de plusieurs Evêchés dans les Pays-Bas.
Ribier, Tom. 2. pag. 805.
Hist. des Papes, p. 635.

Sa Majesté Catholique. Cambrai, Utrecht & Malines furent érigés en Archevêchés, & on leur donna pour suffragans, Anvers, Harlem, Deventer, Lewarden, Gronningue, Mildebourg, Bois-le-Duc, Ruremonde, Saint-Omer, Ypres & Bruges qui furent érigés en Evêchés; & on y joignit encore Arras & Tournay qui furent démembrés de l'Archevêché de Reims aussi bien que Cambrai.

M. de la Bourdaisiere, Evêque d'Angoulême, Ambassadeur de Sa Majesté à la Cour de Rome, s'opposa inutilement à cette nouveauté; (*a*)

(*a*) J'ai vû les propos, écrivoit le Roi à l'E-
» vêque d'Angoulême son Ambassadeur à
» Rome, que vous avez eu avec le Saint Pere,
» sur le consistoire, qu'il avoit tenu à l'im-
» proviste pour le démembrement des Pays-
» Bas de la Province & Archevêché de Reims,
» érigeant Cambrai en Archevêché, & éta-
» blissant un autre à Malines avec certains
» nombres d'Evêchés répondans à iceux : cho-
» se qui est trouvée bien extraordinaire d'un
» chacun intelligent en telle matiere; & me
» semble que cette façon de faire, si extraor-
» dinaire comme elle est, ne se devoit point
» pratiquer, ni expérimenter sur moi, au
» préjudice des droits & autorité de ma Cou-

mais ce qu'il y eut d'étonnant, c'est que le Cardinal de Lorraine, qui en qualité d'Archevêque de Reims auroit dû mettre le plus d'obstacle à cette diminution de sa Jurisdiction spirituelle, ne se mêla non plus de cette affaire, que si elle lui eût été étrangere ; & de là vinrent les premiers soupçons que l'on eut de ses secrettes intelligences avec le Conseil d'Espagne.

Si le venin de l'erreur se répandit dans les Pays-Bas, il fit encore de plus grands ravages en France, malgré la rigueur des Edits les plus severes publiés par Henri contre les Hérétiques. Au commencement de Juin ce Prince étant à Escouan en donna un dernier pour punir de mort les Novateurs, lequel fut publié & vérifié par tous les Parlemens sans limitation, ni modification quelcon-

Edit donné à Escouan contre les Hérétiques. Mémoires de Castelnau, liv. 1. c. 3. p. 5.

» ronne ; outre l'intérêt notable de l'Arche-
» vêque de Reims, & ne pourroit faire de
» moins nostredit Saint Pere, que d'appel-
» ler & d'ouir les parties interressées ; mais
» ce ne sont pas les premiers traits de legere-
» té, qu'il a faits & fait faire, chacun jour
» à tort & à travers, sans aucun respect de
» personne ».

que, avec défense aux Juges de diminuer la peine, comme ils avoient fait plus d'une fois.

Ce qui donna occasion à cet Edit, fut que le Roi avoit été informé que dans la mercuriale (a) qui s'étoit faite sur la fin d'Avril en son Parlement; les sentimens avoient été fort partagés au sujet des peines dont on devoit punir les Protestans. Les uns sou-

Mercuriale. Plusieurs Conseillers sont arrêtés. Belcar, liv. 28. p. 920. Ribier, Tom. 2. p. 805. Maimbourg, Hist. du Calv. p. 113. La Popel. liv. 5. p. 136.

(a) » Je n'ai autre chose à vous dire, écri-
» voit le Roi au même Ambassadeur, sinon
» qu'il y a quelques jours que je fus adverti,
» que les gens de ma Cour de Parlement de
» Paris, les Chambres assemblées étoient à
» opiner sur aucuns articles d'une mercuria-
» le, ou quelques-uns d'entre eux, qui avoient
» déja commencé à opiner estoient fort te-
» merairement à entrer, à parler fort avant
» du fait de la Religion & du Saint Sacre-
» ment, au moyen de quoi je me déliberai
» d'aller à l'improviste audit Parlement, pour
» achever d'ouir ceux qui restoient à opiner....
» j'espere bien puisque Dieu m'a donné la
» paix, d'employer le tems, & ce que j'aurai
» de force en main à faire punir, chastier &
» extirper tant ceux qui se trouveroient imi-
» tateurs de ces nouvelles doctrines, sans y
» épargner personne, de quelque qualité ou
» dignité qu'ils soient, en sorte que j'en pur-
» gerai & nettoyerai mon Royaume, s'il est
» au monde possible ».

tinrent que l'on devoit exécuter à la
la rigueur les arrêts portés par Sa Majesté contre les Sectaires; & les autres
qui formoient le plus grand nombre,
furent d'avis que l'on suspendît la sévérité de mêmes arrêts jusqu'à ce
qu'un Concile œcuménique eut reformé la discipline de l'Eglise. Sur ces
entrefaites la Duchesse de Valentinois qui selon M. de Thou espéroit
de s'enrichir par la confiscation des
biens de ceux qui seroient condamnés, & les Guises qui cherchoient à
se rendre agréables aux peuples par
la punition des Sectaires, représenterent à Sa Majesté que le mal étoit
venu à un point que les remédes les
plus prompts & les plus violens pourroient à peine le guérir; que l'audace
des Novateurs croissoit chaque jour,
qu'ils ne se contentoient plus de dogmatiser en secret, qu'ils publioient
leurs sentimens avec insolence, qu'ils
tournoient en ridicule les mysteres
les plus respectables de notre religion; & qu'en particulier ils faisoient
de l'autorité du saint Siége le sujet de
leurs continuelles railleries; qu'il y
avoit par conséquent tout sujet d'ap-

préhender qu'à l'exemple des anciens Hérétiques ils ne finissent par une révolte ouverte contre l'autorité Royale, après avoir secoué le joug de l'obéissance dûe aux Puissances Ecclésiastiques.

Ces remontrances du Cardinal de Lorraine & de la Duchesse de Valentinois furent appuyées par celles de même nature que le Premier Président Gilles le Maître, créature de la Duchesse, & gagné par les sollicitations de cette Dame, fit peu de jours après à Sa Majesté. Les Présidens de Saint-André & Minard, & Gilles Bourdin, Procureur Général accompagnerent le Maître à l'audience qu'il eut du Roi. Ce chef du Parlement, personnage d'un génie élevé, & d'un esprit vif représenta à Henri que si l'on avoit eu inutilement recours à la sévérité des loix pour bannir l'erreur, ce peu de succès ne venoit que de ce que l'on n'avoit jusqu'alors sévi que contre des gens de néant, dont la punition n'avoit fait aucune impression sur les esprits; que les coupables ne pouvoient être intimidés que par des exemples

exemples signalés qui leur fissent perdre toute espérance d'impunité; qu'au reste, il n'étoit pas étonnant que l'hérésie fit chaque jour de nouveaux progrès, puisqu'elle trouvoit des protecteurs jusques dans le sanctuaire de la justice; qu'il y avoit dans le Parlement même d'indignes prévaricateurs, qui par intérêt de parti ou par une lâche pusillanimité favorisoient en secret les Sectaires en refusant de procéder contre eux selon la rigueur des loix; que pour couper la racine du mal, il falloit commencer par châtier ces dangereux fauteurs de l'erreur; & là-dessus le Maître conseilla au Roi de venir au Parlement, lorsqu'il seroit assemblé à l'occasion des mercuriales & d'ordonner qu'on délibéra en sa présence.

Ce fut là le parti que prit Henri. Accompagné des Princes du Sang, des Cardinaux de Lorraine & de Guise, du Connétable, du Garde des Sceaux & des Grands du Royaume, il se rendit le quinziéme de Juin au Parlement qui tenoit alors ses séances dans le Couvent des Augustins, parce que l'on préparoit la grand^e salle du Palais pour la solemnité des nôces qu'on alloit célébrer.

Sa Majesté après avoir témoigné la douleur qu'elle avoit de voir son Royaume déchiré par des différends de religion, après les soins qu'elle s'étoit donnés pour y rétablir la paix, ordonna que l'on continuât les délibérations qui rouloient sur le genre de peine dont on devoit punir les Sectaires.

Arnauld du Ferrier, Président aux Enquêtes, l'un des plus célébres Jurisconsultes de son siécle, Antoine Fumée, Paul de Foix, Nicolas du Val, Eustache de la Porte, & Claude Viole furent d'avis que l'on commençât par la réforme de la Cour Romaine, & que les peines portées contre les Novateurs fussent suspendues jusqu'à ce qu'on eût convoqué un Concile œcuménique qui mît fin aux troubles dont l'Eglise étoit agitée. Gaston du Grieu opina à ce que l'on accordât six mois aux Sectaires pour se reconnoître, & que ce terme écoulé, ils fussent bannis du Royaume, s'ils refusoient de retracter leurs erreurs, en leur laissant cependant la liberté d'emporter leurs meubles les plus précieux. Louis du Four dit que l'on ne pouvoit à la vérité punir trop sévérement les auteurs des troubles qui désoloient l'Etat, mais que l'on devoit auparavant bien examiner, qui étoient véritablement ceux sur lesquels ce reproche dût tomber, de peur qu'on ne s'exposât à se voir confondu par la même réponse qu'Elie fit autrefois au Roi Achab, *c'est vous qui troublez Israël.*

Anne du Bourg renchérit encore sur un discours si hardi. Après avoir parlé en termes magnifiques de la Divine Providence à laquelle tout doit être soumis, il dit que les crimes les moins pardonnables, tels que les blasphêmes, les adulteres, les parjures étoient non seulement laissés impunis, mais qu'encore on les fomentoit par une honteuse condescendence, tandis que l'on punissoit par les plus affreux supplices des hommes à qui l'on n'avoit aucun crime à reprocher; » Car enfin, ajouta-t'il, les ac-
» cuseroit-on d'avoir manqué au res-
» pect dû à leur Souverain, & ils n'en

» parlent que dans les vœux & dans
» les prieres, qu'ils addreffent pour
» lui au Seigneur; feroient-ils foup-
» çonnés d'avoir fouflé le feu de la
» révolte dans les Villes & dans les
» Provinces ; & parmi cette foule
» de témoins qui ont dépofé contre
» eux, & dont la plûpart avoient été
» fubornés; en étoit-il un feul qui fe
» foit avifé de les accufer de rien de
» femblable. Tout leur crime eft
» donc d'avoir été trop éclairés fur
» les honteux défordres de la Cour
» de Rome, & d'en avoir demandé
» la réformation.

 Les Préfidens du Harlai & Seguier dirent que la gloire de la religion, le maintien de l'autorité Royale, le bien de l'Etat avoient été les feules régles que la Cour du Parlement avoit jufqu'alors confultées dans fes jugemens, & que toujours elle s'en tiendroit à des régles fi fûres. Le Préfident de Thou ajouta que les Gens du Roi méritoient une cenfure publique pour avoir ofé accufer de trop d'indulgence les arrêts de la Cour. René Baillet fut d'avis que l'on revît ces mêmes arrêts, & le Préfident Minard opina à ce que les édits portés contre les Hérétiques fussent exécutés selon toute leur rigueur. Gilles le Maître parla le dernier, & le fit avec une véhémence extrême contre les Sectaires : il justifia la sévérité des supplices dont on les punissoit par l'exemple de Philippe-Auguste qui en un seul jour fit brûler six cent Albigeois, & par celui de François I. qui ordonna la terrible exécution faite en 1545 sur les malheureux habitans de Cabrieres & de la Merindol.

Après cette délibération le Garde des Sceaux se fit remettre par Saint-Germain, Greffier de la Cour, ces feuilles où il venoit d'écrire ce qui avoit été dit, & il les porta au Roi ; Sa Majesté après les avoir parcourues parla une seconde fois, & dit qu'il ne lui avoit pas été permis de croire qu'il y eut dans cet auguste corps des gens assez insolens pour mépriser son autorité & celle de l'Eglise, mais qu'elle venoit d'en être convaincue par sa propre expérience ; qu'à la vérité le nombre des coupables n'étoit pas grand, mais que leur exemple pouvoit avoir de dangereuses suites qu'il falloit prévenir par une punition exemplaire qui empêchât que d'autres ne s'écartassent de leur devoir ; & là-dessus elle commanda au Connétable de faire arrêter du Four & du Bourg qui furent conduits à la Bastille par Montgommeri, Capitaine des Gardes. Paul de Foix, André Fumée & Eustache de la Porte furent arrêtés dans leurs maisons ; mais du Ferrier, Duval & Violé destinés à la même captivité furent assez heureux pour échapper aux poursuites de ceux qui les cherchoient pour les arrêter.

Condamnation de Spifame, Evêque de Nevers. Belcar, liv. 28. p. 921. La Pop. l. liv. 5. p. 135.

Le lendemain seiziéme de Juin, le Parlement eut ordre de se rassembler pour procéder au jugement de Jacques Spifame (a), Evêque de Ne-

(a) Il fut successivement Conseiller au Parlement de Paris, Président aux Enquêtes, Maître des Requêtes, & Conseiller d'Etat. Retiré à Geneve il fut admis dans le grand & le petit Conseil. Le Prince de Condé l'envoya en Allemagne pour demander du secours aux Princes Protestans. *Quelque tems après il fut envoyé en France, pour y servir en qualité de Ministre ;* mais on eût avis qu'il tachoit secretement de rentrer en quelque autre Evêché, ce qui fut cause qu'à son retour, on

vers qui s'étant marié secrettement, s'étoit retiré à Genève, les informations dressées contre le Prélat fugitif ayant été mûrement examinées, les Chambres assemblées decernerent contre lui une prise de corps.

Tant d'exemples de sévérité ne furent pas capables de réprimer l'audace des Sectaires. Leurs Ministres s'étant assemblés à Paris, y tinrent dans une maison du Fauxbourg saint Germain un synode où furent dressés quarante-deux articles, qui tous avoient pour objet la discipline Ecclésiastique. Ce fut le vingt-huitiéme de Juin que se tint cette fameuse as-

1559.

Sinode des Protestans. *La Popel. liv. 5. p. 138.*

éclaira sa conduite de plus près, & on éplucha sa vie passée. On découvrit qu'avant son mariage, il avoit eu un enfant de celle qu'il avoit épousée, & qu'afin qu'il ne fût pas déclaré bâtard, il avoit fait faire un faux contrat de mariage antidaté, & même de faux Sceaux pour l'autoriser davantage, & rendre son fils capable de succeder à son hérédité qui étoit assez ample: pour toutes ces causes, il fut emprisonné, & ayant tout avoué, il fut décapité à la place du Molard, avec grande repentance de ses fautes, qu'il témoigna par une belle remontrance qu'il fit au peuple sur l'échaffaut. *Spon. Hist. de Geneve, liv. iij. p. 263.*

416 HISTOIRE

1559.

Les Protestans d'Allemagne, s'intéresserent en leur faveur.
Belleforet, liv. 6. p. 1603.
De Thou, liv. 20. p. 264.

semblée sous la présidence d'un Ministre nommé François Morel.

Vers le même tems, les Electeurs Frederic, Comte Palatin, Auguste de Saxe ; Joachim, Marquis de Brandebourg, Christophe, Duc de Wirtemberg, & Voltang, Comte de Veldens envoyerent des députés au Roi avec des lettres par lesquelles ils supplioient Sa Majesté de terminer par les voyes de la douceur les dissentions qui s'étoient élevées dans son Royaume sur les matiéres de la religion, & de suspendre la sévérité des arrêts portés contre des gens de bien qui ne s'étoient rendus odieux que parce que leur zéle leur faisoit souhaiter que les abus introduits par l'avarice & l'ambition de la Cour Romaine, fussent réformés suivant les régles de l'Ecriture, les décrets des anciens Conciles, & l'autorité des premiers siécles.

On ne peut rien ajouter à l'acceuil gracieux que fit Henri à ces envoyés ; il leur promit qu'il feroit incessamment sçavoir ses intentions à leurs maîtres, & qu'ils seroient satisfaits des égards qu'il auroit à leurs recommandations ; mais à peine furent-ils partis de la Cour que les ordres furent donnés pour procéder contre les Conseillers prisonniers.

Le Président de Saint-André, Jean-Jacques de Mesme, Maître des Requêtes, Louis Gayant & Robert Rouette, Conseillers, Euſtache du Bellay, Evêque de Paris, & Antoine de Mouchi, dit Démocharès, Inquiſiteur de la Foi, furent nommés Commiſſaires. On voulut commencer par l'interrogatoire du Conſeiller du Bourg ; mais il refuſa de répondre, alléguant qu'en vertu du privilége de ſa charge il ne pouvoit être jugé que par les Chambres aſſemblées. Les choſes en demeurerent là juſqu'à ce que le Procureur Général Bourdin eut obtenu de nouvelles lettres du Roi, qui obligeoient du Bourg de répondre, & qui portoient qu'en cas de déſobéiſſance, il ſeroit déclaré coupable de crime de leze-Majeſté ; il obéit, mais ce fut en proteſtant que ſa ſoumiſſion ne pouroit préjudicier aux prérogatives de ſa charge. Interrogé, il ne diſſimula pas ſa créance, & il parut par ſes réponses que ses sentimens n'étoient pas différens de ceux de Luther & de Zuingle; ce fut sur une confession si franche & si nette qu'il fut déclaré hérétique par l'Evêque de Paris, & livré au bras séculier après avoir été dégradé des ordres sacrés de Sous-Diacre & de Diacre; mais du Bourg appella de cette sentence à l'Archevêque de Sens, comme Métropolitain de l'Eglise de Paris (a).

Tandis que l'on procédoit avec une rigueur extrême contre les Novateurs, la Cour sembloit n'être occupée que des préparatifs qui s'y faisoient pour la solemnité des nôces d'Elisabeth de France & du Roi d'Espagne, & qui devoient être suivies

Tournoi où le Roi est blessé mortellement.

Tavannes, p. 217.
Annales de France, liv. 6. p. 1604.
Belcar. liv. 6. p. 922.
Ribier, Tom. 2. p. 809.

(a) L'Archevêque de Sens ayant confirmé le jugement de l'Official de Paris, du Bourg en appella à l'Archevêque de Lyon, qui étoit alors le Cardinal de Tournon; & qui renvoya du Bourg à l'Evêque de Paris, après avoir confirmé la sentence portée par l'Archevêque de Sens. Enfin après trois sentences il fut condamné le vingt-uniéme Décembre à être pendu & brûlé en place de Greve. Il étoit de Riom en Auvergne d'une famille fort riche, dont étoit sorti Antoine du Bourg Chancelier de France sous François I.

de celles de Marguerite, sœur du Roi & du Duc de Savoye. Le vingt-septiéme de Juin, le Duc d'Albe accompagné du Prince d'Orange & du Comte d'Egmont, épousa au nom du Roi Philippe son maître la Princesse Elisabeth, fille aînée du Roi. Le jour suivant fut marqué par un superbe tournoi où le Roi qui tenoit le *pas* avec le Duc de Guise, le Duc de Nemours, & le Prince de Ferrare soutint plusieurs assauts avec beaucoup d'applaudissement ; son adresse ne se fit pas moins admirer le lendemain, & il avoit déja rompu plusieurs lances, lorsqu'il lui prit envie d'en rompre encore une contre Montgommeri, l'un des Capitaines de ses Gardes ; deux fois ce jeune Seigneur s'excusa, & autant de fois la Reine fit prier Henri par le Duc de Savoye de ne plus courir ; mais ce fut inutilement. Montgommeri contraint d'entrer en lice, ne combattit que trop malheureusement pour le Roi ; la rencontre fut si rude que les deux combattans briserent leurs lances jusqu'à la poignée ; mais un éclat de celle de Montgommeri étant passé au travers de la visiere du casque du Roi, lui perça l'œil droit, & pénétra même bien avant dans la tête. M. le Dauphin, le Duc de Savoye, le Cardinal de Bourbon, le Connétable & les autres Seigneurs de la Cour s'étant assemblés autour de Sa Majesté, jugerent par l'abondance du sang qui sortoit par sa blessure, qu'elle étoit incurable. Elle fut en effet trouvée telle dès qu'on eut levé le premier appareil. Le Duc de Savoye qu'un si funeste contretems inquiétoit plus que tout autre, parce que l'on avoit jusqu'alors différé les cérémonies de son mariage avec la Princesse Marguerite, supplia instamment Sa Majesté qu'il lui plût de consentir qu'ils reçussent en sa présence la bénédiction nuptiale; ce que Henri lui accorda. Ce Prince que ses vertus ont placé au nombre de nos plus grands Rois, mourut le dixiéme de Juillet âgé de plus de quarante ans, après avoir régné douze ans & trois mois.

Brantôme nous apprend que le fameux Astrologue judiciaire Luc Gauric avoit tiré l'horoscope de ce Prince, & qu'il lui avoit prédit le genre de mort dont il finiroit ses jours. Cet Historien ajoute que cet horoscope fut remis entre les mains de l'Aubespine, & qu'il y demeura jusqu'à ce que le Roi fut blessé, que le Connétable se le fit alors présenter, & que l'ayant parcouru il s'écria les larmes aux yeux, voilà le combat singulier qui devoit m'enlever mon bon maître ; c'en est fait, le Roi est mort.

Henri avoit épousé en 1533 Cathenine de Medicis, Duchesse d'Urbin dont il eut cinq fils & cinq filles ; sçavoir, François II. qui lui succéda, Louis mort jeune, Charles IX, Henri III, & François, Duc d'Alençon, d'Anjou & de Brabant ; les filles furent Elisabeth mariée à Philippe II, Claude qui épousa Charles, Duc de Lorraine, Margueritte premiere, femme de Henri IV, & Victoire & Jeanne mortes au berceau.

Ce Prince eut d'une Dame Ecossoise de la Maison de Lerwslon nommée Flamin, Henri d'Angoulême, Grand-Prieur de France, & d'une Demoiselle Piémontoise, appellée

Philippe-Duc, Diane d'Angoulême qui fut mariée à Horace Farnèse, Duc de Castro, & qui épousa en secondes nôces François de Montmorenci.

FIN.

TABLE
GENERALE
DES MATIERES.

A

AGOUSTE, pris par les Turcs, *Tom. I. p.* 316.

Albe. Les François s'en rendent maîtres, I. 296.

Amyot (Abbé de Bellofane) protefte au nom du Roi contre le Concile de Trente, I. 254. & *fuiv.*

Angleterre (l') envoye un Ambaſſade en France. Sujet de cette Ambaſſade, I. 58. Trève entre les deux Couronnes, 61. Traité de paix, 212. La Reine d'Angleterre en-

A

voye déclarer la guerre à la France, *Tom. II. p.* 259. Dix mille Anglois joignent l'armée ennemie, 273. Ils abandonnent cette même armée, 299. Ils font une defcente en Bretagne, & ravagent le Conqueſt, 363. Ils échouent devant Breſt, 365.

Annebaut (l'Amiral d') eft difgracié, fon éloge, I. 4.

Archevêchés & Evêchés érigés dans les Pays-Bas, II. 403.

Arriereban. Sa défaite près de Bapaume, II. 129.
Artois, ravagé par la Roche-fur-Yon, II. 4.
Aumale (le Comté d') est érigé en Duché, I. 15.
Ausbourg. Diette assemblée dans cette Ville, I. 148.

B

BAYART, Secrétaire d'Etat, sa disgrace, I. 5.
Bayonne (l'Evêque de) son discours dans la Diette de l'Empire, I. 359. Il écrit aux Princes Protestans, 361.
Bellay (le Cardinal du) est disgracié, I. 202. Sa lettre au Roi, 284.
Bellay (Martin du) est recompensé par Henri, I. 16.
Bertrandi est fait premier Président du Parlement de Paris, obtient les Sceaux, I. 6.

Biele. Les François s'en rendent maîtres, II. 43.
Biès (le Maréchal de) est dépouillé de sa dignité & mis en prison, I. 8.
Bonifacio. Siége de cette place par les Turcs, I. 491.
Bouillon, pris par le Maréchal de la Marck, I. 377.
Bourdaisiere, Ambassadeur de France à Rome s'oppose vivement à l'Erection de plusieurs Evêchés dans les Pays-Bas, II. 404.
Bourdillon, (Maréchal de France) est chargé de traiter au nom du Roi, avec les Princes de l'Empire assemblés à Ausbourg, II. 394.
Bouvines, les François s'en rendent maîtres, II. 15.
Brangdebourg (Albert de) publie un manifeste contre l'Empereur, I. 308. Honteuse trahison de ce Prince, 388.

Il bat & fait prisonnier le Duc d'Aumale, 399. le Marquis se retire en France, II. 98.

Bourg, (Anne du) Conseiller au Parlement de Paris, infecté des erreurs de Luther est condamné à être pendu & brûlé en place de Greve, II. 418.

Brissac est fait grand maître de l'artillerie, I. 7. Il obtient le Gouvernement du Piemont, 236. Il prend Courteville & Ceve, 296. Il prend Valfenieres & Queiras, & leve le siége de Coni, II. 253. Il bat les ennemis près de Fossan, 258. Sages avis qu'il donne au Roi, 294. Il se rend à la Cour, & se justifie, 374. Il est renvoyé en Piemont, 375. Ses remontrances au Roi au sujet de la paix honteuse conclue à Cateau-Cambresis, 402.

Brochtai (le Château de) pris par les François, I. 187.

Busque, pris par le Maréchal de Brissac, I. 414.

C.

CABRIERES : terrible exécution faite dans cette Ville, I. 160. & suiv.

Calvi : les François sont obligés d'en lever le siége, I. 492.

Cambrai : entreprise sur cette place formée inutilement par les François, I. I. 10.

Cardinaux (François) éloignés de la Cour, I. 10.

Cateau-Cambresis. Les François s'en rendent maîtres, II. 115.

Catelet, prise de cette place par les ennemis, II. 297.

Cercamp. On y tient des Conférences pour la paix, II. 382.

Charles V. (l'Empereur) trompe le Pape, I. 41. Autres artifices de ce Prince, 43. Dureté & perfidie de Charles à l'égard de l'Electeur de Saxe, 67. Il fait trancher la tête au Colonel Voghelsberg, 72. Il s'empare de Piombino & ne peut surprendre Lucques, 129. & *suiv.* Il sollicite le retour du Concile à Trente, & proteste contre celui de Boulogne, 138. & *suiv.* Il fait publier un formulaire de foi, 149. Il refuse de secourir les Anglois, 187. Il trompe le Pape, 193. Il est obligé de se sauver d'Insprück, 350. Il vient assiéger Metz, 381. Il est forcé d'abandonner cette entreprise, 411. Il cède le Milanès & les Royaumes de Naples & de Sicile à son fils, II. 99. Abdication solemnelle de ce Prince, 177. Il se retire en Espagne, 188. Mort de ce Prince, 380.

Chartres (le Vidame de) Sa jalousie & sa lâcheté, II. 257.

Chimai, pris par les François, I. 379.

Clausse, est fait Secretaire d'Etat, I. 5.

Codignac Ambassadeur de France à la Porte trahit le Roi son maître, II. 373.

Coligni (l'Amiral de) entreprend de défendre St. Quentin, bel ordre qu'il y établit, II. 265. & *suiv.* Il ne peut empêcher la prise de cette place, & est fait prisonnier, 288.

Crevecœur, pris par l'armée de France, II. 130.

D.

D ANDELOT, va se renfermer dans St. Quentin; une partie de sa troupe est défaite, II. 272. &

suiv. Il se distingue à la prise de Calais, 325. Il est obligé de se retirer de la Cour, sujet de sa disgrace, 347. & *suiv.*

Diane de France, fille naturelle de Henri est promise en mariage à Horace Farnèse, I. 23.

Dinant, prise de cette place par l'armée de France, II. 12.

Doria (André) conserve la liberté aux Génois, I. 133. Il prend le Château de Corte, II. 95.

Douai, entreprise sur cette place manquée, II. 221.

Dourlens : les ennemis sont battus devant cette place, I. 456.

Duel de Jarnac & de la Chataigneraie, I. 29.

Duval (Tresorier de l'épargne) est disgracié, I. 5.

E.

EDOUARD VI. Roi d'Angleterre, mort de ce Prince, I. 501.

Eleonor (veuve de François I.) quitte la Cour & se retire en Flandres, I. 10.

Elizabeth monte sur le throne d'Angleterre, II. 386. Elle refuse de se marier avec Philippe II. Roi d'Espagne, son habileté à éluder les propositions de son Parlement, 387. & *suiv.* Son indignation contre le Souverain Pontife, elle abolit la religion Catholique & est déclarée Chef de l'Eglise Anglicane, 388. & *suiv.* Elle fait sa paix particulière avec la France, articles de ce traité de paix, 392.

Essé (d') commande l'armée Françoise

en Ecosse, I. 110. Il fait le siége d'Hadington, & bat les Anglois, 117. Il porte la guerre en Angleterre, & prend plusieurs places, 123. Il est rappellé en France, 126.

Estampes (la Duchesse d') se retire de la Cour, I. 9.

F.

FARNESE (Octave) se met sous la protection de la France, I. 47. Il essaye inutilement de surprendre Parme, 196. Son traité avec la France, 231. Il prend Torchiara, 280.

Farnése (Pierre-Louis) reçoit l'investiture de Parme & de Plaisance, I. 30. Caractère de ce Prince, 32. Conjuration formée contre lui, 33. Il est assassiné, 36.

France, état de ce Royaume lors de l'avenement de Henri au throne, I. 3. Changement dans le Ministere, 8.

Frederic (Electeur de Saxe) est fait prisonnier, I. 66. Courage & fermeté de ce Prince, 67. Dures conditions que l'Empereur lui impose, 96.

G.

GAURIC, fameux Astrologue, prédit la mort du Roi Henri II. II. 428.

Genois (les) veulent se mettre sous la protection de la France, I. 133.

George (le Cardinal de Saint) envoyé Légat en France; sujet de sa Légation, le Parlement limite ses pouvoirs, I. 19. & *suiv*.

Glaion, prise de cette place par l'armée de France, I. 374.

Gorze, les François s'en rendent maîtres, I. 332.

Goze, les Turcs s'en rendent maîtres, I. 316.

Guienne: furieuse sédition arrivée dans cette Province, I. 77.

Guise (le Duc de) entreprend de défendre Metz, I. 382. Sages réglemens qu'il établit, 387. Eloquente harangue de ce Seigneur, 407 Grande pieté qu'il exerce envers les ennemis, 413. Il oblige l'Empereur de lever le siége, 411. Il se rend maître de Valence, II. 228. Son entrée à Rome, 232. Il prend Campli, 239. Il leve le siége de Civitella, 242. Il rappelle les troupes qu'il avoit envoyées au secours du Duc de Ferrare, 244. Il ramene son armée en France & sauve Bourg, 304. Il est fait Lieutenant-Général du Royaume, 306. Il se rend maître de Calais, 320. Il prend Guines & Hames, 332. *& suiv*. Il fait le siége de Thionville & se rend maître de cette place, 331. *& suiv*. Il surprend Arlon, 360.

H.

Haguenau, pris par les François, I. 344.

Hainaut (le) est ravagé par l'armée de France, II. 17.

Han. Les ennemis se rendent maîtres de cette place, aussi bien que de Noyon & de Chaulny, II. 300.

Hedin, pris par le Duc de Vendôme, I. 402. Les ennemis le reprennent cette place, 454.

Henri II. Roi de France, son avenement au throne, son caractère, ses belles actions, lorsqu'il n'étoit encore que Dauphin, I. 1. & *suiv*. Il fait élever un mausolée au feu Roi, 3. Magnificence du sacre de Henri, 17 Il fait élever un fort près de Boulogne, 60. Il envoye des Ambassadeurs à la Porte, sujet de cette Ambassade, 74. Il visite les frontieres de son Royaume & passe les Alpes, 75. Superbes fêtes qui lui sont données à Lyon, 104. Lettre de Henri aux Ecossois, 114. Il écrit au Grand Seigneur sur la trêve accordée à l'Empereur, 152. Entrée solemnelle du Roi à Paris, 157. Il y tient son lit de Justice, 159. Il se rend maître de plusieurs forts près de Boulogne, 178. Il envoye du secours à Octave Farnèse, & fait protester contre le Concile, 25. & *suiv*. Il défend à ses sujets de porter l'argent à Rome, 261. Il traite avec les Princes Protestans d'Allemagne, 300. Il publie un manifeste contre l'Empereur, 310. Lettre de Henri aux Chevaliers de Malthe, 318. Ce Prince va au Parlement, discours qu'il y prononce, 329. Il se rend en Lorraine, 335. Son entrée à Toul, 337. Changement qu'il fait dans la Lorraine, 338. Il fait la conquête de la plus grande partie du Luxembourg, 370. Il prend les Siennois sous sa protection, 426. Il fait fortifier Rocroi, II. 8. Il écrit aux Etats de l'Empire, 98. Il entend les remontrances de son Parlement, 109. Il se ligue avec le Pape & le Duc de Ferrare, 173. & *suiv*. Il envoye une ambassade

DES MATIERES.

Philippe Roi d'Espagne, 104. Il fait passer ses troupes en Italie, 207. Sage réponse de ce Prince à un Heraut qui étoit venu lui déclarer la guerre, 260. Il envoye demander du secours aux Ecossois, 262. Sages mesures qu'il prend pour rassurer ses sujets après la perte de la bataille de Saint Quentin, 293. Il assemble les Etats ; harangue qu'il prononce, 337. & suiv. Lettre de Henri aux Venitiens au sujet de la préféance disputée par l'Ambassadeur d'Espagne, 369. il envoye des Ambassadeurs aux Princes de l'Empire, sujet de cette Ambassade, 399. Il obtient la cession de Metz, Toul & Verdun, 397. Il fait la paix avec l'Angleterre, l'Espagne & le Duc de Savoye, 398. Il publie à Escouan un nouvel Edit contre les hérétiques, 405. Il assiste à la Mercuriale, & fait arrêter plusieurs Conseillers, 406. & suiv. Il est blessé dans un tournoi, 420. Mort de ce Prince, ibid. Ses enfans légitimes & naturels, 421.

Hesse (le Landgrave de) est fait prisonnier par une indigne supercherie de l'Empereur, I., 70.

Humes (le fort de) est pris par les François, I. 121.

I.

INCHEKEITH (Isle dans l'Angleterre) prise par les François, I. 125.

Jules III. est élu Pape, I. 201. Il se deshonore par une promotion indigne, 224. Il publie une Bulle pour le rétablissement du Concile à Trente, 226. Il se ligue avec l'Empereur, 232. Il cite les Farnèses à Rome, 249. Il fait sa paix avec la France, 285. Il favorise les Siennois, 435. Il envoye un Légat en France, 482. Mort de Jules III. II. 148.

Ivoy. Les François s'en rendent maîtres, I. 374.

Ivrée. Le Maréchal de Brissac s'en rend maître, II. 40.

L.

LANTZ est pris par les François, I. 291.

Lorraine (le Cardinal de) est fait Chancelier de l'Ordre & Maître de la Chapelle du Roi, I. 15. Indigne traité de ce Prélat avec Longueval, 16. Discours prononcé par ce Cardinal dans le consistoire, 49. Une de ses lettres au Roi, 55. par son ambition il plonge la France dans une guerre ruineuse, II. 199. Il assiste aux conférences tenuës pour la paix, 383.

M.

MAGDEBOURG, prise de cette place par Maurice de Saxe, I. 304.

Malthe. Lettre du Grand Maître au Roi, I. 320.

Marcel II. est élu Pape & meurt peu de jours après, II. 153.

Marciano, bataille de ce nom perdue par les François, II. 58.

Marguerite (Reine de Navarre) son éloge, sa mort, I. 207.

Mariages, du Prince de Joinville fils aîné du Duc de Guise avec Anne d'Est fille du Duc de Ferrare : du Duc d'Aumale avec la fille ainée de la Duchesse de Valentinois: du Seigneur de la Mark

Marck avec la fille cadette de cette même Dame, I 24. D'Antoine de Bourbon avec Jeanne d'Albret, 106. De Diane de France avec Horace Farnèse, 216. De François de Montmorenci, fils du Connétable avec Diane fille du Roi, & veuve du Duc de Castro, II. 312. De Henriette de la Marck avec Damville fils du Connétable, 391. De Claude de France avec Charles de Lorraine, 393. De Philippe Roi d'Espagne avec Elizabeth fille ainée de Henri II. 419. Du Duc de Savoye avec Marguerite sœur du Roi, 420.

Marie monte sur le throne d'Angleterre, I. 509. Elle épouse Philippe II. Son zéle pour la religion, 517. Mort de cette Princesse, II. 385.

Mariembourg pris par les François, II. 4.

Marillac (Archevêque de Vienne) est envoyé à la Diette d'Ausbourg, II. 399.

Martinisius (le Cardinal de) est assassiné par ordre de Ferdinand, I 324.

Masin, fort pris par les François, II. 43.

Maurice (Electeur de Saxe) sollicite la liberté du Landgrave de Hesse, 243. Manifeste de ce Prince contre l'Empereur, 308. Mort de Maurice, 498.

Medicis (Catherine de) Reine de France) tombe malade à Joinville, I. 333. Elle est établie Regente du Royaume, 334. Elle se rend à l'Hôtel de Ville de Paris, harangue les Magistrats, & obtient de grands secours d'argent, II. 291.

Merindol. Cruauté horrible exercée contre les habitans de ce lieu, I. 160. & *suiv.*

Metz, surpris par le Connétable, I. 335.

Mirandole: siége de cette place par le neveu du Pape, I. 277. Sa mort, 281.

Montalcino. Levée du siége de cette place par les Impériaux, I. 484.

Montcalvo, pris par Montluc. II.

Montluc fait fortifier Casal, I. 295. Il sauve Benne, 297. Il se signale à la défense de Sienne, II. 68. Bel ordre qu'il établit, 73. Il sauve Montalcino & prend Pienza, 248. Il contribue beaucoup à la prise de Thionville, 353.

Montmedi, pris par les François, I. 374.

Montmorenci (la Baronie de) est érigée en Duché, I. 267.

Montmorenci (le Connétable de) punit sévérement les Bourdelois rébelles, 97. & *suiv.* Il entreprend de faire lever le siége de Saint Quentin, fausses mesures qu'il prend, II. 274. & *suiv.* Il perd la bataille, & est fait prisonnier, 283. Il est renvoyé sur sa parole & assiste aux conférences tenues pour la paix, 383. Il obtient sa liberté & celle de Coligni son neveu, Henri en sa considération rend ses bonnes graces à d'Andelot, 391. Il est le principal auteur de l'indigne paix de Cateau-Cambresis, 397.

Monneins, Lieutenant de Roi est assassiné à Bourdeaux, I. 92. Son épitaphe, 101.

Mulberg, (bataille de ce nom) gagnée

DES MATIERES.

par l'Empereur, I. 65.

N.

NAPOLITAINS: leur révolte, I. 53.
Nevers (le Duc de) prend plusieurs places dans les Ardennes, II. 5. Il sauve Rocroi, 263. Il fait des prodiges de valeur à la bataille de Saint Quentin, 281. Il ramasse les débris de l'armée vaincue, 290. Il dresse un camp à Compiegne, 302. Il se rend maître d'Herbemont, & de plusieurs autres places, 337.
Nortumberland (le) est ravagé par les François, I. 125.
Nortumberland (le Duc de) est condamné à mort, I. 510.

O.

OLIVIER (le Chancelier) on lui ôte les Sceaux, I. 6.

Il s'oppose à la ligue proposée par le Pape, 195.
Oppede (le Baron d') se rend odieux par sa cruauté, I. 167.
Ostie, prise de cette place par le Maréchal de Strozzi, II. 218.

P.

PARIS: émeute arrivée dans cette Capitale, I. 76. allignement des rues, 219. défense de bâtir au-delà des bornes marquées, 219.
Parme est restitué à Octave Farnese, I. 229.
Passau. Conférences tenues dans cette Ville, I. 351. La paix y est conclue, 366.
Paul III. (Pape) se brouille avec l'Empereur, I. 31. Il tâche d'engager la France dans sa querelle, 42. Il se jette dans les bras de l'Empereur, qui le

Pp ij

trompé une seconde fois, 43. Il veut réunir Parme au Domaine de l'Eglise, 47. Il refuse de transférer le Concile de Boulogne à Trente, 51. Il sollicite la restitution de Plaisance, 128. Il écrit aux Protestans d'Allemagne, 133. Mort de ce Pape, 199.

Paul IV. est élu Pape, II. 155. Il fait arrêter Camille Colonne & le Camerlingue, 159. Conspiration contre sa vie, 163. il envoye solliciter le secours de la France, 168. Il se ligue avec cette Couronne, 173. Il envoye son neveu avec la qualité de Légat en France, 192. Il se brouille avec le Roi d'Espagne, 207. Traité de compromis entre la France & le Cardinal neveu, 213. Paul abandonne le parti de la France, & fait sa paix avec l'Espagne, 246. Belle réponse de ce Pape au sujet de la prise de Calais, 331.

Philippe II. (Roi d'Espagne) fait un traité avec les Farnèses, II. 215. Il gagne la bataille de Saint Quentin & prend la Ville de ce nom, 285. & *suiv.* Il fait bâtir l'Escurial, 289. Il veut épouser Elizabeth Reine d'Angleterre, 387. Il fait la paix avec la France, 398.

Piennes (Mademoiselle de) est lâchement trahie par François de Montmorenci fils du Connétable, II. 315.

Polvillers (le Baron de) entreprend de surprendre Bourg & Lyon, Il échoue dans son entreprise, II. 303. & *suiv.*

Porto Ercolé, pris par les Impériaux, II. 143.

Préséance assurée à l'Ambassadeur de

DES MATIERES.

France sur celui d'Espagne, II. 367.

Q

QUIERS, prise de cette place par les François, I. 296.

R

REGLEMENS, & Edits contre les blasphemateurs, I. 24. Contre les Novateurs, *ibidem.* Le nombre des Officiers du Parlement est réduit à cent, 25. Les Charges de Maire, d'Echevins & de Consuls sont interdites aux Avocats: le nombre des Notaires Apostoliques est considérablement diminué, 26. Jurisdiction accordée aux Prevots des Maréchaux, 27. Reglemens au sujet des mendians, *ibid.* Loix Somptuaires, 28. Reglemens pour la discipline militaire, *ibid.* Edit contre les duels, *ibid.* contre quelques abus de la Cour de Rome, 217. Autre Edit contre les Novateurs, 264. Rétablissement des Mercuriales, 265. Reglement au sujet des Curés, *ibidem.* Création de divers Présidiaux, *ibid.* Erection de la Cour des Monnoye en Cour souveraine, 269. Reglement favorable aux Ducs & Pairs, *ibid.* Ordre de porter la vaisselle d'argent à la Monnoye, 330. Création de différentes charges, 447. Edits Bursaux, II. 34. Il est ordonné aux Evêques & aux Curés de résider sous peine de confiscation de leur temporel, 310. Edit pour assurer la vie aux enfans nés hors du mariage; Edit qui retranche les abus des mariages clan-

destins, 130. &
suiv.

Renti, bataille de ce nom gagnée par les François, II. 24. Ils levent le siége de Renti, 30.

Rheims: Erection d'une Université dans cette Ville, I. 220.

S.

SAINT-ANDRÉ (le Cardinal de) est assassiné, I. 62.

Saint-André (le Maréchal de, reçoit du Roi un don considérable, I. 15. Il est envoyé en Angleterre, 215. Sage conseil qu'il donne au Connétable, & qui n'est pas malheureusement suivi, ce qui nous fait perdre la bataille de Saint Quentin, II. 275. Il est fait prisonnier, 283.

Saint Quentin, siége de cette place par les ennemis, II. 265. Bataille de ce nom perdue par les François, 277. & suiv.

Salerne (le Prince de) vient trouver le Roi, I. 373. il fait sur Sienne une entreprise qui ne lui réussit pas, 438.

Saluces, le Marquisat de ce nom est réuni à la Couronne de France, I. 108.

Sant-Ja, pris par les François, I. 130.

Savoye: mort du Duc de ce nom, I. 473.

Siennois (les) demandent à être reçus sous la protection de la France, I. Les Espagnols sont chassés de Sienne, 432. Les Impériaux échouent devant cette place, 480. Conspiration découverte, 483. Siége de Sienne par le Marquis de Marignan, II. 52. il se rend maître de la place, 86. La Souveraineté de Sienne est cédée au Duc de Florence, 251.

Sommerive, prise de

cette place par le Comte de la Trinité, II. 36.

Spifame Evêque de Nevers condamné comme hérétique, II. 454. il a la tête tranchée à Geneve, 415.

Strasbourg. Les François ne peuvent surprendre cette place, I. 342.

Strozzi, (Leon de) marche au secours des Ecoſſois, enleve le fort de Saint-André aux Anglois, I. 64. Il bat leur flotte, 185. & *ſuiv*. Il quitte le service de France, sa lettre au Roi, 271. & *ſuiv*. Mort de ce grand homme, II. 56.

Strozzi (le Maréchal de) est tué devant Thionville, II. 357.

Stuart (Marie Reine d'Ecoſſe) est conduite en France pour y être élevée, I. 113. Elle épouse le Dauphin, II. 343.

Suffolck (Jeanne de) est proclamée Reine d'Angleterre, I. 505. Elle est arrêtée & mise en prison, 587.

Suiſſes (les) sont parains d'une Dame de France, I. 18. ils renouvellent leur alliance avec la France, 173. ils font un nouveau traité, 445.

Synode des Proteſtans tenu à Paris, II. 415. Les Proteſtans d'Allemagne s'intéreſſent en faveur de ceux de France, 416.

T.

TAIS, Grand Maître de l'Artillerie est diſgracié, I. 7.

Terrouanne, prise de cette place par les Impériaux, I. 449.

Thermes (Paul de) remporte de grands avantages sur les Anglois, I. 187. il s'empare de pluſieurs places dans l'Isle de Corse, 489. il reprend le Château de Corté, II. 95. il est chargé de faire travailler à des fortifications qui missent Paris hors d'insulte, 293. il prend Dunkerque & Saint Vinox, 360. il perd la bataille de Gravelines & est fait prisonnier, 361. & suiv.

Thiers (Jacques) obtient une place dans le ministère, I. 5.

Thionville, prise de cette place par les François, II. 351.

Tolede (Pierre de) est cause d'une révolte à Naples, I. 53.

Tournon (le Cardinal de) est éloigné de la Cour, I. 5.

Trelon. Les François s'en rendent maîtres, I. 379.

Trente, affaires du Concile de ce nom, I. 48.

Tripoli, prise de cette place par les Infidéles, I. 316.

Turin: entreprise sur cette place decouverte, II. 37.

V.

VALENTINOIS (la Duchesse de) place ses créatures dans le ministere, I. 5. & suiv. Libéralité du Roi envers cette Dame, 14. Elle se ligue avec le Connétable contre les Guises, II. 379.

Vaucelles: la trève y est conclue pour cinq ans, II. 184.

Vaudois (les) sont sévérement punis, I. 161.

Venitiens (les) refusent d'entrer dans la ligue proposée par le Pape, I. 47. ils rendent de mauvais offices à la France, 155. Leurs intrigues à la Porte, II. 92.

Verceil. Le Maréchal de Brissac suprend cette place, I. 473.

Verruë est surprise par les François, I. 421.

Vervin

DES MATIERES

Vervin à la tête tranchée, I. 8.
Villegagnon. Son expédition dans l'Amérique, II. 112.
Villeroi, Secrétaire d'Etat est disgracié, I. 5.

Ulpiano, prise de cette place par le Duc d'Aumale, II. 138.
Weissembourg, prise de cette place par les François, I. 344.

Fin de la Table des Matieres.

Tome II.   Q q

www.ingramcontent.com/pod-product-compliance
Lightning Source LLC
Chambersburg PA
CBHW070538230426
43665CB00014B/1730